Enttarnt

THOMAS KNELLWOLF

ENTTARNT

Die ▮▮▮ grössten ▮▮▮
▮▮▮▮ Schweizer
▮▮▮ Spionagefälle ▮▮▮

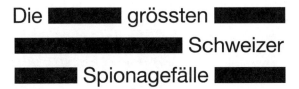

WÖRTERSEH

Wörterseh wird vom Bundesamt für Kultur
für die Jahre 2021 bis 2024 unterstützt.

Juristisches Lektorat: Matthias Seemann
Lektorat: Brigitte Matern
Korrektorat: Andrea Leuthold
Umschlaggestaltung: Thomas Jarzina
Layout, Satz und Herstellung: Beate Simson
Druck und Bindung: Beltz Grafische Betriebe

Print ISBN 978-3-03763-156-0
E-Book ISBN 978-3-03763-851-4

www.woerterseh.ch

*Gewidmet ist dieses Buch den vielen mutigen Menschen,
die es ermöglicht haben, aber nicht genannt werden können.*

Inhalt

DOSSIERÜBERSICHT

Willkommen im Spionageparadies Schweiz

Wer hier spioniert, hat gute Chancen, nicht erwischt zu werden.
Allerdings sollte man dabei nicht unbedingt Sonnenbrille tragen.

Sein Name war Merebaschwili. George Merebaschwili. Der Georgier war mein erster Spion. Kein besonders erfolgreicher. Zumindest nicht in der Schweiz. Dieser George Merebaschwili flog am 9. April 2012 nach Zürich – und am nächsten Tag auf. So etwas passiert äusserst selten.

Überhaupt wird in der Schweiz kaum jemand enttarnt, obwohl ausländische Agentinnen und Agenten hier recht fleissig am Werk sind. Die einen nehmen frischfröhlich die Forschungseinrichtungen oder den Finanzplatz des wirtschaftlich potenten Landes ins Visier. Andere zielen auf die Schweizer Diplomatie ab, da die Eidgenossenschaft immer wieder als Vermittlerin in globalen Konflikten auftritt. Im Fokus der Geheimdienste stehen aber vor allem die internationalen Organisationen, von denen es in der Schweiz sehr viele gibt. Wer hier spionieren möchte, kann dies weitgehend ungehindert tun, denn eine diplomatische Tarnung ist leicht erhältlich.

Am meisten davon Gebrauch machen die mächtigsten Staaten der Welt. Die USA, China und Russland unterhalten – neben ihren Botschaften in Bern mit je fünfzig und mehr Mitarbeiterinnen und Mitarbeitern – in Genf UN-Missionen mit je rund hundertfünfzig Diplomatinnen und Diplomaten und darüber hinaus zusätzlichen Angestellten. Viele – auszugehen ist von einem Viertel bis zu einem Drittel – haben einen nachrichtendienstlichen Hintergrund. Dank ihren Akkreditierungen als Botschafts- oder Konsulatspersonal oder als Vertreterinnen und Vertreter bei internationalen Organisationen wie der Weltgesundheits- oder der Welthandelsorganisation geniessen die Agentinnen und Agenten diplomatische Immunität und damit weitgehenden Schutz vor Strafverfolgung. Kein Wunder, dass Genf neben Brüssel und Wien als europäischer Nachrichtendienst-Hotspot gilt.

Zwei Rivalen vereint

Es gibt aber noch einen weiteren Grund, weshalb die Schweiz sich zu einem Spionageparadies entwickelt hat: Die Abwehr ist schwach. Diese Feststellung ist amtlich, denn sie stammt von der Behörde, die ausländische Geheimdienstaktivitäten eigentlich bekämpfen müsste. Der dafür zuständige Nachrichtendienst des Bundes, kurz NDB, zeichnet ein düsteres Bild seiner eigenen Kapazitäten in der Spionageabwehr: Es gebe, so heisst es in einem internen Bericht, »erhebliche Wissenslücken in Bezug auf die nachrichtendienstlichen Aktivitäten anderer Nachrichtendienste in der Schweiz«. Man sei auf Hinweise von Partnerdiensten angewiesen und müsse sich meist mit einer reaktiven Rolle begnügen.

Diese Analyse stammt von 2011 – könnte in weiten Teilen aber heute noch gelten, auch wenn es inzwischen mehr Personal gibt. Damals, als Merebaschwili in Zürich enttarnt worden war, gab es den Nachrichtendienst des Bundes erst seit etwas mehr als einem Jahr. Der NDB war 2010 das Ergebnis einer Zwangsfusion zweier Rivalen: des für das Ausland verantwortlichen Strategischen Nachrichtendiensts (SND) und des für Spionage- und Terrorabwehr sowie Bekämpfung von Gewaltextremismus im Inland zuständigen Diensts für Analyse und Prävention (DAP). Anfangs verfügte der neu geschaffene Dienst über 237 Vollzeitstellen. Nur etwa zehn Prozent seines Personals – knapp zwanzig Personen – setzte der NDB für die Spionageabwehr ein (und noch einmal so viel für die Cyberabwehr, also die Bekämpfung von Hackerangriffen und Ähnlichem). Demnach hatte man damals kaum sehr energisch versucht, die Wissenslücken zu stopfen und illegale Nachrichtendienst-Aktivitäten einzudämmen. Der Schwerpunkt der Geheimdienstarbeit lag auf der Bekämpfung von Terrorismus. In den Anfangsjahren war al-Qaida das vorherrschende Thema beim NDB, später der sogenannte Islamische Staat (IS). Diese Ausrichtung der Arbeit war angesichts von radikalislamisch motivierten Anschlägen in Nachbarländern zu keiner Zeit umstritten.

Zwar verdoppelte sich die Zahl der NDB-Mitarbeiterinnen und -Mitarbeiter im Laufe der Jahre beinahe. Für das Jahr 2024 sind 434 Vollzeitstellen budgetiert. Im internationalen Vergleich bleibt der Schweizer Dienst aber klein. In Deutschland weisen das Bundesamt für Verfassungsschutz und der Bundesnachrichtendienst (BND) aktuell zusammen rund elftausend Mitarbeiterinnen und Mitarbeiter aus. In Frankreich beschäftigen der Inland- und der Auslandnachrichtendienst gemeinsam mindestens ebenso viele Personen. Damit verfügt Deutschland auf nationaler Ebene über hundertdreissig Nachrichtendienst-Angestellte pro eine Million Einwohnerinnen und Einwohner, in Frankreich sind es sogar rund hundertsechzig – in der Schweiz hingegen nur gerade rund fünfzig.

Die Zahlen lassen sich allerdings nur bedingt vergleichen, da Deutschland und Frankreich auch Teilzeitstellen ausweisen, die Schweiz aber nur Vollzeitstellen. Hinzu kommt, dass die Dienste unterschiedliche Aufgaben haben und dass es in allen drei Staaten weitere Nachrichtendienste gibt. In Deutschland zum Beispiel die Landesämter für Verfassungsschutz, wobei allein schon jenes des Bundeslands Nordrhein-Westfalen über fünfhundert Bedienstete verfügt, was grössenmässig etwa dem Schweizer NDB mit 434 Vollzeitstellen entspricht. Aber auch die Schweiz hat ein weiteres landesweites nachrichtendienstliches Netz, das ganz nützlich, wenn auch eher klein ist: Der Staat finanziert über den Nachrichtendienst des Bundes zusätzlich aktuell rund zweihundert Staatsschutzstellen bei den Kantonspolizeien; zudem gibt es den Militärischen Nachrichtendienst (MND), der aus einer kleinen Truppe von Profis sowie einer grösseren Anzahl Milizlern besteht, die hier ihren Militärdienst leisten.

Drangsaliert und ungeschützt

Ganz konkret befassen sich momentan in der Schweiz allerdings – und das ist noch grosszügig gerechnet – höchstens sechzig Personen mit der Spionageabwehr. Allein schon Russland hat damit mehr diplomatisches Personal mit nachrichtendienstlichen Absichten in der Schweiz stationiert, als es Schweizer Personal für Gegenoperationen gibt. Und zusätzlich lässt Russland, wie andere Länder auch, fleissig Agenten mit Spezialaufträgen in die Schweiz einfliegen.

Aufgrund der geringen schweizerischen Ressourcen blieben bis heute die allermeisten ausländischen Geheimdienstaktivitäten unbeobachtet – und damit auch ungeahndet. Die kleine

Schweizer Spionageabwehr konzentriert sich notgedrungen auf die Länder, die nachrichtendienstlich besonders dreist agieren, allen voran Russland und China. Doch selbst im Fall der Volksrepublik musste der NDB beispielsweise trotz zahlreichen Hinweisen darauf verzichten, im Detail aufzuklären, wie die tibetische Diaspora in der Schweiz ausgeforscht wurde. An deren Demonstrationen tauchten über Jahre immer wieder Personen auf, die das Geschehen filmten und fotografierten. Um dagegen vorzugehen, hatte die Schweizer Spionageabwehr nicht genügend Kapazitäten. Die Eidgenossenschaft konnte somit einem Teil ihrer Wohnbevölkerung, den Tibeterinnen und Tibetern, nicht den Schutz bieten, auf den sie Anspruch gehabt hätte.

Gleiches trifft auch auf türkische Oppositionelle zu, wie etwa Angehörige der PKK. Die kurdische Arbeiterpartei gilt in der Schweiz im Unterschied zu anderen Ländern nicht als Terrororganisation. Der NDB weiss zwar, dass Kurdinnen und Kurden ausspioniert und drangsaliert werden und dass die PKK hierzulande ebenfalls mit Geheimdienstmethoden aktiv ist. Aber das Personal reicht für Gegenmassnahmen einfach nicht aus.

Doch zurück zu meinem ersten Spion, dem Georgier Merebaschwili. Georgien war 2012 alles andere als ein Schwerpunkt der Schweizer Miniabwehr. Denn der Geheimdienst jenes Landes galt bis dahin als hierzulande inaktiv. Dem NDB wäre also komplett entgangen, was sich am 10. April 2012 in Zürich abspielte, hätte George Merebaschwili nicht derart dilettantisch agiert.

Ortskenntnis: null

An jenem trüben Apriltag war es dem georgischen Geheim-
dienstdienst darum gegangen, fernab der Heimat die politische
Opposition auszuforschen. Aus diesem Grund wurden Merebaschwili und sein Vorgesetzter Ermaloz Ebanoidse in die Schweiz
geschickt. Die Zielpersonen: ein georgischer Journalist, der in
der Schweiz Asyl erhalten hatte und nun im Kanton Neuenburg
lebte, sowie zwei georgische Oppositionelle, die diesen Journalisten treffen wollten. Der Hintergrund: Der Journalist hatte
kurz zuvor online ein Mordkomplott publik gemacht. Umgebracht werden sollte demnach Bidsina Iwanischwili, jener Op-
positionsführer, der die Politik in Georgien bald auf Jahre hinaus dominieren sollte. Iwanischwili war wegen der Enthüllung
höchst beunruhigt und schickte zwei Vertraute, ebenjene Oppositionellen, in die Schweiz, um von dem Journalisten mehr
über die angeblichen Attentatspläne zu erfahren.

Von dem geplanten Treffen zwischen dem Journalisten und
den beiden Iwanischwili-Leuten hatte auch der georgische Geheimdienst erfahren, da er die Opposition im Land überwachte.
Er entschied, auch die Zusammenkunft in der fernen Schweiz
zu observieren. Und so flogen am 9. April 2012 nicht nur die beiden georgischen Oppositionellen nach Zürich, sondern auch die
Agenten Merebaschwili und Ebanoidse.

Nach ihrer Ankunft in Zürich nahmen sich die Spione ein
Doppelzimmer im »Marriott«, das gleich hinter dem Hauptbahnhof liegt. Am nächsten Morgen postierten sie sich dann in
der Lobby ihres Hotels, wo sich der exilierte Journalist und die
beiden Oppositionellen treffen wollten. Der Eingangsbereich
mit den tiefen Sofas und den mit Holzelefanten und bemalten

Kühen bestückten Vitrinen bot den beiden Spionen die Möglichkeit, das anstehende Gespräch unbemerkt aufzunehmen und zu filmen. Die Observierung konnte starten.

Der Journalist aus dem Kanton Neuenburg sowie die beiden Vertrauten des georgischen Oppositionsführers trafen ein und nahmen in der »Marriott«-Lobby Platz. Dort redeten sie etwa eine Stunde miteinander. Die Spione konnten alles mitschneiden, »heimlich und mit speziell dafür geschaffenen Geräten«, wie die Schweizer Bundesanwaltschaft später festhalten sollte. Danach gingen die drei Observierten noch etwas spazieren und anschliessend mittagessen. Merebaschwili blieb ihnen auf den Fersen.

Doch der Agent aus Tiflis war offenkundig nicht genügend vorbereitet für diesen Teil der Beschattungsaktion: Ihm wurde sein Nichtwissen um den Platzspitz zum Verhängnis. Der Park zwischen dem »Marriott« und dem Zürcher Hauptbahnhof war in den 1990er-Jahren weithin bekannt gewesen für die offene Drogenszene und für bedrückende Bilder des Elends. Jahre später wurde hier immer noch gedealt, wenn auch längst nicht mehr in dem Umfang. Wer sich aber ohne ersichtlichen Grund dort aufhält, kann leicht in eine Polizeikontrolle geraten. Merebaschwili fiel einer Streife der Zürcher Kantonspolizei auf. War der Mann womöglich auf einen Deal aus? Er wurde kontrolliert.

Natürlich konnte der georgische Spion den Polizisten nun nicht erzählen, dass er oppositionelle Landsleute verfolgte. Und auch nicht, dass er die Hightech-Kamera bei sich hatte, um Observationsbilder zu machen. Also sagte er den Polizisten, er sei Tourist und schiesse Urlaubsfotos. Die nahmen ihm das nicht ab und begleiteten ihn in seine Unterkunft im »Marriott«. Dort trafen sie einen weiteren Georgier an: Ermaloz Ebanoidse. Der behauptete glatt, er habe seinen Zimmerkollegen erst auf dem

Flug in die Schweiz kennen gelernt. Diese Aussage fiel allerdings sehr schnell in sich zusammen. Denn die Polizei stellte Papiere sicher, welche die beiden Kontrollierten als Mitarbeiter des georgischen Innenministeriums auswiesen. Bei der Durchsuchung des Doppelzimmers stiessen die Polizisten zudem auf diverse Überwachungsinstrumente, darunter moderne Video- und Fotokameras, aber auch Wanzen und Richtmikrofone, die teilweise noch sowjetischer Bauart waren. Das Duo wurde festgenommen.

Versteckte News

Die Behörden hielten die Sache unter dem Deckel. Keine Nachricht, nichts. Die Zürcher Stadtpolizei vermeldete gleichentags lediglich dreiunddreissig gebüsste Autolenker, die während des Fahrens ohne Freisprecheinrichtung telefoniert hatten. Die Verhaftung der beiden Agenten aus Tiflis blieb rund vier Monate lang geheim.

Es waren georgische Medien, die im August 2012 als Erstes über die aufgeflogene Observation im fernen Zürich berichteten. Die »Neue Zürcher Zeitung« griff die Sache auf, wenn auch nur mit ein paar wenigen Sätzen mitten in einer langen Vorschau auf die anstehenden georgischen Parlamentswahlen. Dem damaligen Chefredaktor beim »Tages-Anzeiger«, Res Strehle, fiel die versteckte Nachricht auf, und er setzte mich, damals ein wenig erfahrener Reporter, auf den Fall an. So machte ich zum ersten Mal, was ich danach sehr oft tat: im Geheimdienstmilieu recherchieren.

Solche Recherchen können mühsam sein. Akten sind meist als vertraulich oder geheim klassifiziert. Kaum jemand redet offen. In solchen Fällen ist man auf menschliche Quellen angewiesen, auf intime Kennerinnen und Kenner der Materie, die einem dann in einem leeren Café, auf einer Parkbank oder an einem anderen ruhigen Ort dieses oder jenes erzählen. Oder die einem gar, was ganz selten vorkommt, ein Schriftstück oder einen Datenträger zustecken.

Manchmal, insbesondere bei anonymen Tipps, bleiben die Motive undurchsichtig. Bisweilen gelangen Informantinnen und Informanten aus wenig ehrenhaften Gründen an uns: Sie wollen anderen schaden, indem sie Nachteiliges weitergeben. Als Journalist muss man dann herauszufinden versuchen, ob dahinter tatsächlich Missstände stecken, die von öffentlichem Interesse sind.

Doch zum Glück sind, so meine Erfahrung, die allermeisten Informantinnen und Informanten im Bereich der Spionage ganz anders motiviert: Sie wollen schlicht und einfach zu einer guten Berichterstattung beitragen. Sie finden, dass die Öffentlichkeit ein Anrecht hat, zu erfahren, ob ihre Sicherheit bedroht ist und was dagegen getan wird (und was nicht). Viele teilen die Überzeugung, dass eine grösstmögliche Transparenz auch in einem Bereich herrschen sollte, in dem vieles geheim bleiben muss. Und dass der demokratische Rechtsstaat dann besser geschützt werden kann, wenn die dunklen Seiten ausgeleuchtet werden.

Im Georgien-Fall machte ich diese Erfahrung zum ersten Mal. Insider plauderten aus dem Nähkästchen. Auf ihren Ausführungen beruht ein wesentlicher Teil der hier wiedergegebenen Spionageepisode. So erzählte mir beispielsweise eine Person, die den Fall gut kannte, weshalb George Merebaschwili überhaupt in die Fänge der Polizei geraten war: Er hatte trotz trübem Wetter eine Sonnenbrille getragen.

17

Der Bundesrat schreitet ein

Das Verfahren gegen die beiden georgischen Spione übernahm die Bundesanwaltschaft. Deren Staatsschutzabteilung ist in der Schweiz für die strafrechtliche Verfolgung von nachrichtendienstlichen Aktivitäten zuständig. Rund ein halbes Dutzend Staatsanwältinnen und Staatsanwälte arbeiten dort. Diese beschäftigen sich allerdings nicht ausschliesslich mit Spionage, sondern beispielsweise auch mit Geldfälschern, korrupten Beamten oder aber mit Hobbypiloten – und davon gibt es immer wieder den einen oder anderen –, die in eine Flugverbotszone eingedrungen sind. Für die Ermittlungsarbeit spannt die Bundesanwaltschaft die Bundeskriminalpolizei (BKP) ein. Einer der BKP-Ermittler gab dem Georgien-Fall um George Merebaschwili den findigen Namen »Georg«.

Der Sachverhalt war klar wie selten: zwei in flagranti erwischte Spione und viel Beweismaterial. Ein Berner Gericht genehmigte die Untersuchungshaft für die beiden Verdächtigen. Trotzdem kamen George Merebaschwili und Ermaloz Ebanoidse bereits nach drei Wochen wieder frei. Weshalb?

Am sehr erfahrenen Staatsanwalt des Bundes Peter Lehmann, der kurz vor seiner Pensionierung stand, als der Fall auf seinem Pult landete, lag es nicht. In seiner Laufbahn als Staatsschützer hatte er schon so einiges erlebt – gerade bei Fällen, in denen Geheimdienste eine Schlüsselrolle spielten. Immer wieder behinderte aussenpolitische Rücksichtnahme die Strafverfolgung oder vereitelte sie ganz.

Dazu ist die Schweizer Regierung gesetzlich auch durchaus berechtigt: Die Bundesanwaltschaft braucht für die Verfolgung von nachrichtendienstlichen Aktivitäten anderer Staaten eine sogenannte Ermächtigung durch den Bundesrat. Und dieser kann »zur Wahrung der Interessen des Landes«, wie es im Strafbehördenorganisationsgesetz heisst, eine solche Ermächtigung verweigern. Staatsanwalt Lehmann war denn auch nicht übermässig überrascht, als Justizministerin Simonetta Sommaruga und Aussenminister Didier Burkhalter 2012 diese Ermächtigung nicht erteilten – und somit die Strafverfolgung im Fall »Georg« ausbremsten. Der Grund für ihre Weigerung: Die Schweizer Diplomatie spielte damals (wie noch heute) im Kaukasus eine zentrale Rolle. Denn seit dem kurzen Krieg zwischen Russland und Georgien 2008 wirkt die Eidgenossenschaft als diplomatische Schutzmacht der beiden Länder. Wenige Monate vor dem Auffliegen des georgischen Agentenduos in Zürich hatte sie beispielsweise ein Abkommen über die gegenseitige Überwachung der Zollabfertigung vermittelt, das Russland den Weg in die Welthandelsorganisation WTO ebnete. Solche sogenannten Guten Dienste sind Prestigeprojekte der schweizerischen Aussenpolitik. Sie sollten auf keinen Fall durch die Strafverfolgung zweier Spione gefährdet werden.

Und so beliess es der Bundesrat im Fall »Georg« dabei, Tiflis diskret auf diplomatischem Weg deutlich zu machen, dass man illegale nachrichtendienstliche Aktivitäten auf Schweizer Territorium nicht dulde. Georgien entschuldigte sich ebenso diskret für die Aktion. Das wars. Ohne Ermächtigung durch die Regierung musste die Bundesanwaltschaft das Agentenduo laufen lassen. Und niemand sollte etwas davon erfahren.

Ein Plus für die Staatskasse

Als ich herausfand, was sich da ereignet hatte und was verheimlicht werden sollte, fragte ich mich natürlich, ob das bei
Spionagefällen immer so läuft. Dürfen ausländische Agentinnen und Agenten in der Schweiz wirklich ungestraft agieren?
Schauen die schweizerischen Behörden dabei tatsächlich lieber
nicht so genau hin oder gar bewusst weg?

Heute, nach über einem Jahrzehnt weiterer oft intensiver
Geheimdienstrecherchen, kenne ich die Antworten. Sie finden
sich in den folgenden Kapiteln, die jeweils einem Land und
einem dazugehörigen Fall gewidmet sind.

Da die meisten Akteurinnen und Akteure von Kapitel zu Kapitel wechseln und einige zudem unter Decknamen agieren, ist
den Kapiteln jeweils ein Personenverzeichnis vorangestellt.
Darin werden zum Teil auch die jeweiligen Nachrichtendienste
und andere involvierte Organisationen wie zum Beispiel Straf-
verfolgungsbehörden kurz vorgestellt.

Im Folgenden geht es nun also um Geheimdienstaktivitäten
Deutschlands auf dem Schweizer Bankenplatz, um türkische
Agenten im Zürcher Oberland, um US-Spionage rund um den
Globus, um Russen am Genfersee und um chinesische Hoteliers
im Kanton Bern. Es sind die spektakulärsten Schweizer Spionagefälle der vergangenen Jahre, die wir im »Tages-Anzeiger« enthüllt haben. Bei den Recherchen durfte ich fast immer im Team
arbeiten, mit meinen Kolleginnen und Kollegen vom Tamedia-
Recherchedesk oder aus dem Schweiz-Ressort. Das erklärt, warum ich im Folgenden in der Regel von »wir« schreibe und nur
manchmal in der ersten Person Singular.

Eine Ausnahme bildet in dieser Reihe das Kapitel »Herr Mossad und das seltsame Liebesnest«. Der Fall, in dem Israel und Terrororganisationen eine zentrale Rolle spielen, reicht zeitlich etwas weiter zurück, nämlich ins Jahr 1998. Aus welchem Grund ich diese Episode beschreibe, verrate ich erst auf den letzten Seiten.

Für dieses Buch – und parallel auch für die Podcast-Serie »Unter uns – Spione in der Schweiz« des »Tages-Anzeigers« – habe ich all diese Fälle aufgearbeitet und aktualisiert. Deshalb finden sich hierin Weiterentwicklungen und bislang nicht bekannte Aspekte.

Das achte und letzte Kapitel endet mit Enthüllungen zu zwei Fällen, von denen wir erst im Sommer 2024 erfahren haben, als ich im Begriff war, dieses Buch abzuschliessen. Sie betreffen die Militärgeheimdienste zweier Länder, die in der Schweiz besonders aktiv sind: Russland und China.

Gerade diese beiden Fälle, so viel sei hier schon mal vorweggenommen, zeigen: Völlig erfolglos ist die noch immer klein gehaltene Schweizer Spionageabwehr nicht. Manchmal gelingt ihr eben doch eine Enttarnung – dank Bündelung der Ressourcen, dank Fleiss, Cleverness und Glück oder auch dank einem Tipp von einem der über hundertfünfzig ausländischen Partnerdienste. Allerdings bekommt dann meistens der Bundesrat ein Problem.

So war es 2012 auch im Fall der beiden Georgier. Als Staatsanwalt Peter Lehmann keine Ermächtigung zur Strafverfolgung bekommen hatte, blieb ihm nur noch eins: Er musste die beiden freilassen – allerdings erst nach Zahlung einer Kaution von je 10 000 Franken. Er wusste, dass sich die Spione sofort nach Georgien absetzen würden. Womit die 20 000 Franken in der Schweizer Staatskasse verbleiben würden – immerhin waren so die Verfahrenskosten gedeckt. Und exakt so geschah es dann auch.

Am Freitag, den 4. Mai 2012, um 12 Uhr 10 – so hielt es Lehmann minutiös fest, als er das Strafverfahren einstellte – kamen George Merebaschwili und Ermaloz Ebanoidse nach drei Wochen Untersuchungshaft frei. Sie verliessen die Schweiz umgehend und kehrten nie mehr zurück.

MISSION LIEBEFELD

ISRAEL

Benjamin Netanyahu Ministerpräsident 1996–1999, 2009–2021 und ab 2022.

Ephraim Rubenstein alias **Jacob Track** alias **Issac Bental** (alles Decknamen) Agent des israelischen Auslandsgeheimdiensts Mossad. Der Mossad operiert weltweit, um Israelis und Jüdinnen und Juden zu schützen; bekannt ist er auch für seine tödlichen Vergeltungsaktionen gegen Terroristen.

Danny Yatom Mossad-Direktor 1996–1998.

SCHWEIZ

Carla Del Ponte Bundesanwältin 1994–1998, Chefanklägerin des Internationalen Strafgerichtshofs für das ehemalige Jugoslawien und für Ruanda 1999–2007. Der Bundesanwaltschaft unterstand die Bundespolizei (Bupo), gegründet 1935, zuständig für Spionageabwehr und Terrorismusbekämpfung. 1999 wurde die Bupo ins Bundesamt für Polizei (Fedpol) eingegliedert. Später wurde sie zum Dienst für Analyse und Prävention (DAP), der heute zum Nachrichtendienst des Bundes (NDB) gehört. Aus der Bupo ging auch die Bundeskriminalpolizei (BKP) hervor; sie ist bei Fedpol verblieben und erledigt bis heute die Ermittlungsarbeit in Fällen der Bundesanwaltschaft.

Jakob Kellenberger Diplomat, Staatssekretär des Aussenministeriums 1992–1999, Präsident des Internationalen Komitees vom Roten Kreuz 2000–2012.

HISBOLLAH

Nidal al-Din (Name geändert) Schweizerisch-libanesischer Unterstützer der libanesischen Terrormiliz Hisbollah.

Hussein Mikdad Selbstmordattentäter der Hisbollah.

Herr Mossad und das seltsame Liebesnest

Islamisten bereiten in der Schweiz ein Attentat vor. Daraufhin wagt der israelische Geheimdienst in Bern ein Solo, das peinlich endet.

Die Aufregung im und um das Bundesgericht in Lausanne war gross am 3. Juli 2000. Wer war der geheimnisvolle Mann, den hier alle erwarteten und dessen wahren Namen niemand kannte? In den ehrwürdigen Hallen patrouillierten Polizisten mit Schäferhunden. Die Gendarmerie konfiszierte Handys und Laptops, auch die der zahlreichen Medienvertreterinnen und -vertreter aus aller Welt. Aber würde der Angeklagte überhaupt erscheinen? Immerhin hatte die Schweizer Justiz ihn viele Monate zuvor gegen Zahlung einer Millionen-Kaution ausreisen lassen. Würde er sein Versprechen halten und zum Prozess zurückkehren? Und würde damit ein gerichtliches Ende finden, was zweieinhalb Jahre zuvor mit einem Skitraining im Norden Israels begonnen hatte?

Damals, Anfang 1998, hatte der legendäre israelische Auslandsgeheimdienst Mossad zwei Frauen und zwei Männer, alle Ende zwanzig, in einen der wenigen Wintersportorte Israels geschickt, damit sie ihre Alpinski-Kenntnisse auffrischen – und um eine Operation in der Schweiz vorzubereiten. Am 16. Februar jenes Jahres war das Quartett zurück in Tel Aviv und traf sich bereits um 6 Uhr 30 in der Früh im vierten Stock des Geheimdienst-Hauptquartiers mit dem damaligen Mossad-Direktor Danny Yatom. Die vier, braun gebrannt und offensichtlich superfit, sassen am Konferenztisch, wie sie später in der Schweiz auftreten sollten: in zwei heterosexuelle Pärchen gruppiert. Die letzte Besprechung vor Operationsbeginn stand an.

Alle wussten: Es würde eine heikle Sache werden – insbesondere für Danny Yatom. Der Ruf des Mossad hatte jüngst stark gelitten, dessen oberster Chef war angezählt. Denn gerade erst war ein Offizier des Diensts aufgeflogen, der jahrelang Berichte eines Informanten aus Damaskus erfunden und das Geld für seine angebliche Quelle selbst eingesackt hatte. Noch schlimmer war, dass ein halbes Jahr zuvor ein Anschlag auf den Hamas-Führer Khaled Mashal in der jordanischen Hauptstadt Amman kläglich gescheitert war. Zwei Mossad-Agenten hatten dort versucht, Mashal am helllichten Tag auf offener Strasse mit einer Giftspritze umzubringen. Ein Leibwächter konnte beide überwältigen. König Hussein von Jordanien zwang Premier Netanyahu damals, umgehend ein Gegengift zur Verfügung zu stellen, sodass Mashal überlebte. Um die beiden Agenten freizubekommen, denen die Todesstrafe drohte, musste Israel zudem Dutzende Palästinenser freilassen, darunter Hamas-Gründer Scheich Ahmad Yassin. Und das alles trug sich auch noch ausgerechnet in Jordanien zu, dem arabischen Staat, der Israel am wenigsten feindlich gesinnt war. Nun musste wenigstens die Mossad-Operation in jenem Land klappen, das ein enger Verbündeter war: in der Schweiz.

Loyal bis hin zur Exekution

In der Schweizer Bevölkerung genoss Israel seit der Staatsgründung 1948 grosse Sympathien. Es wurde als David wahrgenommen, der sich gegen den übermächtigen Goliath – die arabischen Nachbarn – wehrt; das Land schien, wie die Schweiz im Zweiten Weltkrieg, umzingelt vom Bösen zu sein. Während das Mitgefühl und die Solidarität der Schweizerinnen und Schweizer dann aber vor allem mit der ersten Intifada, dem palästinensischen Aufstand ab 1987, zu schwinden begann, blieb das Verhältnis zwischen den schweizerischen und den israelischen Geheimdiensten ungetrübt. So unterhielt die Bundespolizei, kurz Bupo, weiterhin beste Beziehungen zu Israels Inlandsdienst Shin Bet und dem fürs Ausland zuständigen Mossad.

Gemeinsam mit fünfzehn weiteren Nachrichtendiensten aus Europa und Nordamerika betrieben die Schweiz und Israel ab den frühen 1970er-Jahren ein Terror-Warnsystem. Unter dem Codewort Kilowatt gab es einen intensiven Informationsaustausch, der vor allem der Bekämpfung des palästinensischen Terrorismus diente. Die Geheimdienste hielten sich gegenseitig über Reisen, Personalausweise, Netzwerke und Signalemente von Terrorverdächtigen auf dem Laufenden. Und manchmal leisteten die westeuropäischen Staaten, auch die Schweiz, sogar die Vorarbeit für gezielte Tötungen durch den Mossad. Wie die Basler Historikerin und Geheimdienstexpertin Aviva Guttmann Anfang 2024 enthüllte, hatte die Bupo den Israelis in den Siebzigerjahren detaillierte Angaben zu Mohamed Boudia geliefert, einem Führungsmitglied der Volksfront zur Befreiung Palästinas – was es dem Mossad ermöglichte, Boudia mit einer Autobombe umzubringen. Auch danach war die israelischschweizerische Geheimdienstzusammenarbeit eng geblieben (und sie ist es heute noch).

Nun aber, Anfang 1998, plante der israelische Geheimdienst eine Kommandoaktion in der Schweiz, ohne die Schweizer Partner überhaupt einzuweihen. Hintergrund war, dass die Hisbollah immer gefährlicher zu agieren begann. Die libanesische Terrormiliz stellte bereits seit ihrer Gründung Anfang der 1980er-Jahre eine Bedrohung für Israel dar, da sie sich nie allein auf ihr Hauptziel – die Errichtung eines Regimes im Libanon nach iranischem Vorbild – beschränkte. Sie versuchte immer auch, die Israelis und westliche Verbündete aus dem Nahen Osten zu vertreiben, mittels Guerillaaktionen, Entführungen, auch von Flugzeugen, und Bombenattentaten. Dafür erhielt sie Abermillionen aus dem Iran. Mitte der Neunzigerjahre ging die Hisbollah dazu über, grosse Terrorangriffe gegen Zivilistinnen und Zivilisten in Israel zu richten. Was der Mossad selbstredend mit allen Mitteln zu verhindern versuchte.

Aus genau diesem Grund sassen Danny Yatom und die zwei Agentenpärchen an jenem 16. Februar 1998 im Konferenzsaal des Geheimdienst-Hauptquartiers in Tel Aviv. Sie besprachen die anstehende Operation gegen einen wichtigen Angehörigen der Hisbollah in Liebefeld, einem an Bern angrenzenden Quartier der Gemeinde Köniz. Ganz zum Schluss warnte Geheimdienstdirektor Yatom seine Agentinnen und Agenten noch vor der Deutschschweizer Bevölkerung, die den Hang habe, »die Polizei anzurufen, wenn sie etwas anstössig fände«. Dann schüttelte er ihnen die Hand und wünschte viel Glück.

Champagner zum Auftakt

Als der Mossad seinen Alleingang in der Schweiz wagte, arbeitete ich noch nicht beim »Tages-Anzeiger«, und ich beschäftigte mich auch noch nicht journalistisch mit Agentinnen und Agenten. Die Operation Liebefeld ist deshalb die einzige Spionageaktion, die hier eingehender beschrieben wird, zu der ich nicht bereits beim Auffliegen, sondern erst für dieses Buch vertieft recherchiert habe. Allerdings stiess ich dabei an Grenzen. Im Frühjahr 2024 wollte ich die entsprechenden Dossiers im Bundesarchiv einsehen. Dies verweigerte mir der NDB mit der Begründung: Die Schweizer Akten zum Mossad-Fall unterlägen einer verlängerten Schutzfrist von fünfzig Jahren. Die Identität der darin genannten Personen müsse noch immer umfassend geschützt werden, sonst sei deren »physische oder psychische Integrität ernsthaft gefährdet«.

Trotzdem lässt sich heute gut rekonstruieren, was in jener Februarnacht 1998 in Liebefeld passierte, denn die internationale Presse berichtete intensiv. Die Darstellung der Vorgeschichte der Operation in diesem Kapitel beruht jedoch vor allem auf dem Buch »Gideon's Spies – Mossad's Secret Warriors« des 2017 verstorbenen britischen Geheimdienstexperten Gordon Thomas.

Nach Thomas' Erkenntnissen checkten die beiden Agentenpaare einen Tag nach der Besprechung im Mossad-Hauptquartier auf dem Tel Aviver Ben-Gurion-Flughafen für den El-Al-Flug 357 nach Zürich ein – als zwei Börsenhändler und deren Freundinnen. Mit dabei hatten sie ihre Skiausrüstung. Sie flogen Business-Class. Über den Wolken gönnten sich die beiden befreundeten Liebespaare Champagner, während sie ihre Skipläne besprachen.

In Kloten wurden sie von einem älteren Mossad-Agenten, Deckname Ephraim Rubenstein, abgeholt, der die Schweiz bereits kannte. Gemäss Thomas war er Mitglied eines Kommandos gewesen, das ein halbes Jahrzehnt zuvor in der Gemeinde Wald im Zürcher Oberland operiert hatte. Auf die dort angesiedelte Firma Bioengineering waren 1992 und 1993 gleich dreimal äusserst professionell ausgeführte Sprengstoffanschläge verübt worden. Bioengineering produzierte damals Bioreaktoren, die auch zur Herstellung biologischer Waffen verwendet werden konnten. Die Anschläge galten Material, das für den Iran bestimmt war.

Damals ermittelten Bundesanwaltschaft und Bupo, doch die Unterlagen dazu sind verschollen. »Nach umfassenden internen und externen Abklärungen«, teilte die Bundesanwaltschaft im Frühjahr 2024 mit, habe sie leider »kein vorhandenes oder archiviertes Ermittlungsdossier« zu den Anschlägen im Zürcher Oberland finden können. Die Bundesanwaltschaft kann auch keine Auskunft darüber geben, wie das Bioengineering-Strafverfahren ausgegangen ist. Der Mossad-Agent mit dem Decknamen Ephraim Rubenstein wurde mit ziemlicher Sicherheit nie deswegen belangt. Sonst hätte die Presse dies damals aufgenommen. Und Rubenstein wäre kaum rund fünf Jahre nach den Anschlägen im Zürcher Oberland erneut in die Schweiz eingereist.

Laut dem Autor Thomas hielt er sich aber um den Jahreswechsel 1997/1998 herum – also wenige Wochen bevor er die skifahrenden Liebespaare am Flughafen Zürich abholte – in Bern auf. Für den Mossad sollte er eine mutmassliche Schlüsselfigur der Hisbollah in Europa ausfindig machen: einen Libanesen namens Nidal al-Din, angeblich ein wichtiger Geldbeschaffer für die Terrormiliz. Ein arabischer Informant hatte dem Mossad kurz zuvor berichtet, dass al-Din erstmals seit langem wieder seine Familie im Südlibanon besucht habe. Danach sei er von der Hisbollah nach Beirut eskortiert worden, von wo aus er dann einen Flug in die Schweiz genommen habe. Der Mossad vermutete al-Din inzwischen in Bern.

Das Signalement des Mannes, nach dem Rubenstein Ausschau halten sollte, lautete: zweiunddreissig Jahre alt, schlank, eng geschnittene italienische Anzüge, massgefertigte Schuhe, arabischer, eher heller Teint. Rubenstein streifte zwei Tage lang zu Fuss durch die Bundesstadt. Er checkte Telefonbücher, klapperte Spitäler und Immobilienverwaltungen ab und gab sich dabei als Verwandter auf der Suche nach al-Din aus. Ohne Erfolg. Also dehnte der Mossad-Agent seinen Radius auf Vororte aus, nun im Auto. So gelangte er nach Liebefeld. Dort begegnete ihm irgendwann ein Volvo, auf dessen Fahrer das Signalement zutraf. Allerdings war das Auto weg, bevor Rubenstein wenden konnte. Am Tag darauf wartete der Mossad-Agent am selben Ort, bis der Volvo wieder auftauchte. Dieses Mal konnte Rubenstein ihm folgen. Der Beschattete parkte vor einem Block an der Wabersackerstrasse 27, stieg aus und ging hinein. Es war ein unscheinbares Mehrfamilienhaus, hellgrau, sieben Stockwerke. Auf einem der Briefkästen stand »al-Din«. Die anderen Namen klangen mehrheitlich schweizerisch.

Nun startete die eigentliche Mission. Rubenstein mietete ein sogenanntes Safe House, eine unauffällige Wohnung, nur einen halben Kilometer von der Wabersackerstrasse entfernt. Zusammen mit einem kleinen Team, das zur Verstärkung anreiste, unternahm Rubenstein Ende Januar 1998 eine Rekognoszierungsfahrt in die Wabersackerstrasse 27. Dieses Vorkommando stattete der Wohnung im dritten Stock mit dem Klingelschild »al-Din« einen Besuch ab, als niemand da war. Und es überprüfte mit einem Spezialgerät am Telefonverteilerkasten im Keller, welcher Anschluss zu der Wohnung gehörte.

Schlaflos in Liebefeld

Rund drei Wochen später, Mitte Februar 1998, holte Rubenstein dann die vierköpfige israelische Skitruppe vom Flughafen Kloten ab und fuhr sie ins Safe House. Dort kochten die zwei Frauen das Abendessen, bevor sich alle fünf vor den Fernseher setzten. Kurz nach Mitternacht fuhren sie in zwei Mietautos an die Wabersackerstrasse 27. Mit dabei hatten sie eine hellbraune Holzlatte, massangefertigt, $9 \times 7 \times 200$ Zentimeter. Rubenstein und eines der Pärchen öffnete mit einem Nachschlüssel die Eingangstür, stieg die Treppe in den Keller hinunter, verbarrikadierte die Kellertür von innen und verhängte die Fenster mit schwarzen Stofftüchern. Das andere Paar stand draussen Schmiere und hielt – bei laufendem Motor – vom Auto aus Funkkontakt zu den dreien im Keller. Die machten sich dort an die Arbeit. Die Kellerabteile waren jeweils durch zwei Meter hohe hellbraune Holzlatten getrennt; eine davon ersetzte das Trio nun durch die mitgebrachte. Ausserdem machte es sich am Telefonverteilerkasten zu schaffen.

Dumm war nur, dass eine Hausbewohnerin im Parterre in jener Nacht wenig Schlaf fand – der Legende nach, weil das Agentenduo vor dem Haus den Motor laufen liess (was sich in der Schweiz nicht ziemt). Laut dem späteren Bericht von Bundesanwältin Carla Del Ponte deutet jedoch einiges darauf hin, dass die Aktion aufflog, weil das Haus hellhörig war. Demnach war die Frau »auf ungewöhnliche Geräusche im Keller aufmerksam« geworden und meldete gegen zwei Uhr morgens einen Einbruch. Die Streife, zwei Mann stark, war schnell zur Stelle. Und als die beiden Kantonspolizisten den Keller inspizieren wollten, trafen sie auf die zugesperrte Tür. Mit Gewalt drangen sie ein und fanden drei Personen vor – beim Liebesakt: Eine Frau und ein Mann, das bezeugte einer der Polizisten später vor Gericht, »umarmten sich«, der zweite Mann habe daneben gestanden und die Frau »ab und zu« geküsst. Laut späteren Medienberichten hatten sie dabei nicht viel an.

Auf die Frage, was sie hier machten, antworteten die drei Halbnackten, sie seien als Touristen in Bern unterwegs gewesen und hätten den Keller für einen flotten Dreier aufgesucht. »Uns erschien das Ganze etwas kurios«, gab der Polizist zu Protokoll. Ihm sei klar gewesen, dass hier etwas nicht stimme. Doch viel Zeit zum Überlegen blieb nicht, denn plötzlich schrie draussen eine Frau um Hilfe. Ihr Partner, so schien es, hatte einen Herzinfarkt erlitten. »Der Mann lag wimmernd und gekrümmt am Boden«, erzählte eine Augenzeugin später, »die Frau beugte sich heulend über ihn.« Es war das Mossad-Duo, das Schmiere gestanden hatte.

Und so rannte der eine Polizist auf die Strasse, um zu helfen, während der andere das Trio im Keller in Schach hielt. Bis die Ambulanz eintraf, die den vermeintlichen Herzpatienten samt Partnerin ins Spital brachte. Dort stellte sich schnell heraus, dass es kein Herzinfarkt war. Der Mann und die Frau konnten gehen. Und wurden nie mehr gesehen.

Das Trio im Keller aber kam nicht so einfach davon. Was hatte diese kleine angebliche Touristengruppe aus Israel ausgerechnet hier im Untergeschoss eines Vorort-Wohnhauses zu suchen? Und das auch noch in einer Februarnacht? Bei dem jüngeren Paar konnte man sich ja noch halbwegs vorstellen, dass es eine ruhige Ecke zum Liebemachen gesucht hatte. Aber warum genau hier, und wie waren sie überhaupt ins Haus gekommen? Und was suchte der etwas ältere Herr mit den angegrauten Schläfen in dem engen Kellerverschlag?

Noch verdächtiger wurde die Sache, als dieser Mann partout seine Reisetasche nicht durchsuchen lassen wollte. Er behauptete, das sei Diplomatengepäck, das er für einen Kollegen in der israelischen Botschaft in Bern abliefern müsse. Tatsächlich war das Zahlenschloss mit einem diplomatischen Siegel versehen, aber dieses Siegel wirkte nicht fachgerecht angebracht. Zudem liessen sich in einer Seitentasche Drähte und Klemmen erkennen – Einbruchswerkzeug, so vermuteten die Kantonspolizisten. Sie führten das Trio ab.

Auf der Polizeiwache wurden sie einzeln einvernommen. Und alle drei erzählten übereinstimmend, dass sie sich in Bern auf der Suche nach Freunden verlaufen hätten und schliesslich, von ihrer Libido getrieben, gemeinsam in diesem Keller gelandet seien. Es waren »absolut deckungsgleiche und widerspruchsfreie Aussagen«, wie der Berner Polizeikommandant Kurt Niederhauser später bekannt gab.

Im Polizeicomputer liess sich nichts finden zu den drei Israelis. Ihre Pässe schienen echt zu sein. Da gegen das junge Paar nichts vorlag ausser dem nicht sehr schwer wiegenden Vorwurf des Hausfriedensbruchs, entschied der diensthabende Fahndungsbeamte gegen sieben Uhr morgens, die beiden auf freien Fuss zu setzen. Die Polizei kopierte ihre Pässe, dann konnten sie gehen.

Verdächtige Kabel

Der ältere Mann blieb in Polizeigewahrsam. Denn Rubenstein – sein Pass wies ihn als Jacob Track aus – wollte die Reisetasche noch immer nicht durchsuchen lassen. Weil aufgrund der Drähte und Klemmen in der Seitentasche aber auch ein Sprengstoffdelikt in Betracht kam, schaltete die Kantonspolizei die Bundespolizei ein, die damals für den Staatsschutz zuständig war. Und deren Beamte erkannten sofort: Der Verhaftete musste ein Agent sein. Auch die Adresse Wabersackerstrasse 27 war ihnen bereits bekannt. Sie hatten Nidal al-Din auf dem Radar, weil sie überzeugt waren, dass er Hisbollah-Kontakte pflegte. Der gebürtige Libanese hatte 1990 eine Tessinerin geheiratet, sich aber nach fünf Jahren und erfolgter Einbürgerung wieder von ihr scheiden lassen. Er handelte mit Autos und war Direktor des schiitischen Religionszentrums Ahl al Bayt, das sich ganz in der Nähe der Liebefelder Wohnung befand.

In der Schweiz gab es mehrere solche Zentren. Laut Staatsschutzbericht der Bupo von 1998 galten sie »weltweit als Rekrutierungsstellen für iranische Interessen«. Allerdings lagen der Bundespolizei nicht genügend Hinweise vor, dass sich in den Schweizer Zentren etwas Illegales abspielte. Und solange kein konkreter Verdacht vorlag, durfte die Bupo al-Din oder andere Ahl-al-Bayt-Exponenten auch nicht abhören. Das präventive Anzapfen von Telefonen war dem Schweizer Staatsschutz verboten. Das Parlament hatte die Möglichkeit dazu gerade erst wieder verweigert. Es stand noch stark unter dem Eindruck der Fichenaffäre Anfang der Neunzigerjahre. Damals war bekannt geworden, dass die Bupo über Jahrzehnte Akten zu einem bedeutenden Teil der Schweizer Bevölkerung angelegt hatte.

Nun aber sahen sich die Bundespolizisten in dem Liebefelder Keller um. Und dort verrieten ein Kabelstück, das aus dem Telefonverteilerkasten herausragte, und frisch aufgetragener Gips, dass die Israelis sich in der Nacht keineswegs zum Sex dorthin zurückgezogen hatten. Bei genauerer Inspektion bemerkten die schweizerischen Staatsschützer auch, dass ein Kabel vom Telefonverteilerkasten zu einer der Holzlatten führte. Dort machte die Bupo eine Entdeckung, über welche die Berner Tageszeitung

»Der Bund« später schrieb: »Innerlich wäre der legendäre Q aus den 007-Agentenfilmen« – gemeint ist James Bonds Waffenmeister – »vor Neid erblasst.«

Die Holzlatte sah zwar aus wie alle anderen Latten im Keller, war aber innen hohl und liess sich zerlegen. Im unteren Teil waren 24 Batterien eingebaut, oben ein Handy und eine Elektronikbox. »Das System ist raffiniert«, konstatierte später der Leiter der Sektion elektronische Abwehr und operative Technik bei der Bupo. »Es ist das erste Mal, dass wir ein derartiges System untersuchen.« Er stellte fest, dass das Handy in Betrieb gegangen wäre, »sobald die Latte zusammenmontiert« war. Hätte jemand fortan in der Wohnung al-Dins das Telefon benutzt, hätte das Handy in der Kellerlatte eine Nummer gewählt, die zu einem weiteren Handy führte, auf dem man die Gespräche dann ungestört mithören oder aufzeichnen konnte. Beide Geräte stammten aus Genfer Geschäften, und die Anschlüsse waren – wie seinerzeit noch möglich – nicht registriert. Auf der SIM-Karte des Keller-Handys, eines damals hochmodernen Natel D easy, war ein Guthaben von 3200 Franken geladen, das sich gemäss Bundesanwaltschaft per SMS hätte nachladen lassen.

Für die Ermittler war nun endgültig erwiesen: Kommissar Zufall hatte in den frühen Morgenstunden des 19. Februar eine mutmasslich israelische Kommandoaktion auffliegen lassen. Die Öffentlichkeit erfuhr davon jedoch erst einmal nichts. Das war ganz im Sinne nicht nur Israels, sondern auch der Schweizer Behörden. Vor allem das schweizerische Aussenministerium wollte die Sache in grösstmöglicher Diskretion erledigen. Israel war schliesslich ein befreundeter Staat, und eine Reise des christdemokratischen Departementsvorstehers Flavio Cotti dorthin stand an. Ausserdem musste allen Involvierten klar sein: Die

Schweizer Sicherheitsbehörden würden nicht gut aussehen, sollte bekannt werden, dass ihnen von fünf Mossad-Agentinnen und -Agenten zwei entwischt waren und sie zwei andere, die sie in flagranti erwischt hatten, laufen gelassen hatten. Nichts tun war für den Bundesrat allerdings auch keine Option, denn Israel war zu weit gegangen. Also wurde dessen Botschafter ins Bundeshaus zitiert. Dort wurde ihm eine diplomatische Note überreicht, in der das Aussendepartement »mit Nachdruck gegen diese völkerrechtswidrige Verletzung der schweizerischen Souveränität« protestierte.

Israel versuchte ebenfalls, den Fall unter dem Deckel zu halten, und verhängte eine Nachrichtensperre. Doch für Danny Yatom war das Liebefeld-Fiasko eines zu viel. Seine Tage als Mossad-Direktor waren gezählt: Am 25. Februar 1998 trat er zurück. Und schon bald berichteten die israelischen Zeitungen auf ihren Frontseiten über die gescheiterte Operation im Alpenland, auch Radio und TV kannten nur noch dieses eine Thema. Internationale Medien stiegen mit ein, natürlich auch die schweizerischen. Eine »Tagesschau«-Sprecherin verkündete fast schon stolz: »Die Schweiz hat eine Spionageaffäre.«

Zerknirschung im Bundeshaus

In den zwei betroffenen Ländern und bald auch in der halben Welt fragten sich viele, was nur aus dem Mossad geworden war, jener sagenumwobenen Institution, die 1960 den nationalsozialistischen Judenmörder Adolf Eichmann aus Argentinien nach Israel entführt hatte. Jenem Mossad, der nach dem palästinensischen Terrorangriff auf die israelische Olympia-Delegation 1972 in München einen Täter nach dem anderen und deren Hintermänner aufgespürt und umgebracht hatte. Und der 1976 die

Passagiere einer entführten Air-France-Maschine in Entebbe, Uganda, befreit hatte.

Israels Überleben beruht auf einer starken Armee, einer perfekten Luftwaffe, einer widerstandsfähigen Bevölkerung und auf seinen effizienten Geheimdiensten. Doch nun stellte sogar die ansonsten zurückhaltende Schweizerische Depeschenagentur fest, das Image des Mossad verkomme »in den Augen der israelischen Öffentlichkeit immer mehr zu dem eines Klubs raubeiniger Haudegen, die im Ausland immer häufiger bei dilettantisch inszenierten Gesetzesbrüchen auffallen«.

Am Tag nach Yatoms Rücktritt traten im Bundeshaus in Bern zwei Personen vor die Medien, die bald danach hohe internationale Ämter übernehmen sollten: Bundesanwältin Carla Del Ponte (die künftige Chefanklägerin des Internationalen Strafgerichtshof in Den Haag) sowie Jakob Kellenberger, Staatssekretär im Aussenministerium (künftiger Präsident des Internationalen Komitees vom Roten Kreuz). Das israelische Radio übertrug live, wie Kellenberger die Mossad-Aktion in Liebefeld als inakzeptabel und befremdlich bezeichnete. Del Ponte lobte zwar die beiden Polizisten, die vor Ort gewesen waren, da sie »ihre Arbeit ausgezeichnet gemacht« hätten, gab sich aber keine Mühe, zu kaschieren, dass sie mit der restlichen Arbeit der Kantonspolizei in jener Nacht alles andere als zufrieden war. »Gegen die vier Personen, die nicht angehalten wurden von der Polizei«, sagte sie mit süffisantem Lächeln, »ist Haftbefehl erlassen.«

In der Presse war die Kritik vernichtend. Die Kantonspolizei verteidigte sich halbherzig, dass seit Jahren »Spionage für uns kein Hauptthema mehr« gewesen sei, Einbrüche dagegen schon. Wenngleich Kommandant Kurt Niederhauser einräumte, die Sache sehe im Nachhinein tatsächlich »nicht gut aus«. Sein Stellvertreter Stefan Blättler, der Jahre später Bundesanwalt wurde, bekräftigte:»Von 1000 solchen Einsätzen sind 999 normale Einbruchdiebstähle.« Der Staatsschutz sei, so Blättler, in den Hintergrund gerückt,»weil wir von morgens bis abends Einbrechern und Dieben nachrennen müssen«. Künftig werde es aber wieder Weiterbildungen in diesem Bereich geben, man wolle sich nicht ein zweites Mal so überrumpeln lassen.

Das Haus in der Liebefelder Wabersackerstrasse war damals umgehend von Medien belagert worden, und es hatte sich schnell herausgestellt, dass schon seit langem nur noch Nidal al-Dins Ex-Frau dort wohnte. Laut Aussagen der Nachbarn war der Mann, den nun alle suchten, bereits nach seiner Scheidung vor etwa drei Jahren ausgezogen. Reporter fanden auch heraus, dass der libanesisch-schweizerische Doppelbürger nun am Genfersee lebte und er die Aufgabe erfüllte, bei Personen aus seinem Herkunftsland die Zakat einzuziehen, die religiöse Pflichtabgabe. Er fungierte allerdings weiterhin als Direktor des Berner Religionszentrums Ahl al Bayt und schaute gelegentlich noch am alten Wohnort bei seiner früheren Gattin vorbei.

Nidal al-Din selbst schwieg drei Wochen lang. Dann erst wandte er sich an die Öffentlichkeit und bestritt in einem Fax an die Nachrichtenagentur AP jegliche Verbindung zur Hisbollah.

Ein Buchhalter im Dschihad

Israels Furcht vor einem Netzwerk der Hisbollah in Europa war alles andere als unbegründet. Zwei Jahre vor dem Fiasko in Liebefeld war es in Jerusalem zu einer Explosion gekommen. Spuren führten in die Schweiz.

Am 12. April 1996 um 7 Uhr 15 in der Früh waren im Lawrence Hotel in der Jerusalemer Altstadt plötzlich Scheiben zu Bruch gegangen und Türen aus den Angeln gerissen worden;

laut einem Bericht der »New York Times«, auf dem die nachfolgende Darstellung beruht, hätte eine der Türen fast ein schlafendes Baby getroffen. Polizei und Sanität nahmen damals zunächst ein Gasleck als Ursache der Explosion an. Denn wer verübte schon einen Sprengstoffanschlag auf ein kleines Zweisternehotel? Doch im Zentrum der Zerstörung, in Zimmer 27, fanden sich neben Resten eines auseinandergerissenen Sony-Reiseradios Spuren von militärischem C4-Plastiksprengstoff. In den Monaten zuvor hatten in Israel mehrere Selbstmordattentäter der Hamas viele Menschen getötet. Die Mörder hatten dabei vergleichsweise einfache selbst gebaute Sprengkörper benutzt. Die Explosion im Lawrence Hotel deutete nun auf eine neue Dimension der Gewalt hin, denn der aufgefundene Plastiksprengstoff war ein Spezialprodukt aus den USA und von ganz anderer Sprengkraft als das TNT, das die Hamas-Bombenbauer für gewöhnlich aus Landminen zusammenkratzten. Hier war offensichtlich ein grosses Attentat geplant gewesen. Und das mitten in Israel. Bei der Vorbereitung hatte es jedoch einen Unfall gegeben, das einzige Opfer war – schwer verletzt – der Attentäter selbst.

In den Trümmern von Zimmer 27 fanden die Ermittler ein Swissair-Ticket Zürich–Tel Aviv retour, Reiseprospekte, einen Stadtplan von Zürich und einen britischen Pass. Die Stempel darin zeigten, dass der Inhaber zuvor durch Europa, die USA und Südamerika gereist war. Der Ausweis gehörte einem Andrew Newman, geboren 1970 in London, Buchhalter von Beruf. Über Scotland Yard fanden die israelischen Behörden heraus, dass er in Frankreich einem britischen Camper gestohlen worden war.

Doch wer war der schwer verletzte Hotelgast? Gemäss dem »Lawrence«-Personal war er freundlich und ruhig aufgetreten, hatte morgens das Zimmer mit seiner Touristenkamera verlassen und war erst abends wieder zurückgekehrt. Hotelgäste aus Chicago sagten später aus, dass sie gehört hätten, wie ihr Zimmernachbar nach der Explosion »Allahu akbar! Allahu akbar!« gerufen habe, »Gott ist gross!«.

Im Spital mussten dem Mann beide Beine und der linke Arm amputiert werden, und die Sehkraft hatte er auch verloren. Aber er überlebte. Und das war ein Segen für den israelischen Inlandsgeheimdienst Shin Bet, denn so konnte man den Attentäter später intensiv befragen.

Wie die Ermittler herausfanden, hiess der Terrorist Hussein Mohammed Hussein Mikdad. Der Dreiunddreissigjährige stammte aus dem von Israel zeitweise besetzten Süden Libanons. Er war verheiratet, hatte eine kleine Tochter und war tatsächlich, wie Newman, auch Buchhalter. Zum Attentäter war er auserkoren worden, weil er an der Amerikanischen Universität in Beirut studiert hatte, also Englisch sprach und in etwa so aussah, wie man sich einen Europäer vorstellte. Und natürlich, weil er bereit war, im Dschihad gegen Israel, einem angeblich heiligen Krieg, zu sterben.

Mikdad war von der Hisbollah im Umgang mit Sprengstoff ausgebildet worden. Dann hatte man ihm einen Koffer, einen dunkelblauen Anzug, Freizeithosen und Hemden ausgehändigt. In der iranischen Botschaft in Beirut nahm man sein Passfoto auf und fügte es in den gestohlenen Pass des britischen Berufskollegen ein. Mikdad bekam den Auftrag, über ein neutrales Land in Israel einzureisen. Während er seiner Frau sagte, er wolle in der Türkei Lederkleidung für den Weiterverkauf im Libanon besorgen, flog er in Wahrheit nach Wien und nahm dort den Zug nach Zürich, wo er am 2. April 1995 im Hotel Regina eincheckte. Das lag mitten im Zürcher Rotlichtviertel. Unter seinem Zimmer tanzten die Go-go-Girls.

Wie ein Hotelmitarbeiter später aussagte, hatte »Mr New-man« nicht sehr britisch ausgesehen, aber das taten ja, so fand der Zeuge, viele Briten nicht. Newman habe Englisch gesprochen, den Schlüssel genommen und keine weiteren Fragen gestellt. Während zweier Frühlingstage ging er dann mit einem Hisbollah-Kommandeur, den er unter dem Namen Abu Mohammed kennen gelernt hatte, am Zürichsee spazieren. Sie sprachen über Philosophie und Religion und übten seine Coverstory ein. Schliesslich übergab dieser Abu Mohammed Mikdad eine Einkaufstasche, in der sich das tragbare Sony-Reiseradio befand. Er erklärte ihm, dass das Gerät so umgebaut worden sei, dass es als Zeitzünder für eine Bombe funktioniere. »Das ist ein gutes Radio«, hatte der Hisbollah-Kommandeur zu Mikdad gesagt, um ihn zu beruhigen, »du brauchst dir keine Sorgen zu machen. Niemand wird entdecken, dass es jemand verändert hat.« Dann hiess er ihn, das zu tun, »worüber jedermann sprechen wird«.

Die Schweiz als Ruheraum

Die Sicherheitskontrollen auf dem Flughafen Zürich waren nach drei Terrortaten rund ein Vierteljahrhundert zuvor massiv verstärkt worden: 1969 hatte ein palästinensisches Kommando in Kloten einen Anschlag auf ein Flugzeug der El Al verübt. Im Jahr darauf war eine hier gestartete Swissair-Maschine mit Ziel Tel Aviv im aargauischen Würenlingen zum Absturz gebracht worden. Ebenfalls 1970 waren drei Flugzeuge in die Wüste Jordaniens entführt und in die Luft gesprengt worden, darunter eines der Swissair. Die Sorge Mikdads bezüglich der Kontrollen war also durchaus berechtigt. Und als »Mr Newman« am 4. April 1995 in Kloten eincheckte, forderte ihn das Sicherheitspersonal tatsächlich auf, das Radio einzuschalten. Als klassische Musik ertönte, waren die Zürcher Zollkontrolleure aber überzeugt, dass das Sony-Gerät harmlos war. Und so konnte Mikdad nach Tel Aviv fliegen und von dort weiter nach Jerusalem reisen, wo sein Vorhaben dann scheiterte und er ausser sich selbst niemanden ernsthaft verletzte.

Trotzdem war Israels Sicherheitsapparat nun ausserordentlich beunruhigt. In jener Zeit, Mitte der Neunzigerjahre, schien mit dem Osloer Abkommen zwar plötzlich Frieden im Nahen Osten möglich zu sein. Die Feinde dieses Friedens lancierten jedoch eine Terrorattacke nach der anderen. Die Aussagen Mikdads sowie die eigenen Ermittlungen förderten damals zutiefst Beunruhigendes zutage. Denn der Selbstmordattentäter gehörte eben nicht der Hamas an, sondern der noch unberechenbareren und vom Iran unterstützten Hisbollah. Damit war er der Erste aus den Reihen der libanesischen Terrormiliz, der ein Attentat direkt in Israel hätte verüben sollen.

Aus welcher Quelle stammte nun aber der hochgefährliche Plastiksprengstoff? Hatte ihn Mikdad aus der Schweiz mitgebracht? Und gab es in Europa ein geheimes Netzwerk der Hisbollah, das weitere Attentäter nach Israel schleuste? Um solche Fragen zu klären, arbeiteten die israelischen Sicherheitsbehörden eng mit den schweizerischen zusammen. Und sie kamen bei ihren Ermittlungen schliesslich zu dem Ergebnis, dass in der Schweiz Menschen lebten, die der Hisbollah logistisch und finanziell behilflich waren. Das Schweizer Nachrichtenmagazin »Facts« zitierte damals aus einem vertraulichen Bericht, in dem die Bundespolizei konstatierte: »Unser Land kann aber auch als Ruheraum oder aufgrund der zentralen Lage in Europa als Verkehrsdrehpunkt dienen.« Allerdings gab es keine konkreten Hinweise, die für Verhaftungen oder gar eine Anklage gereicht hätten.

Nun, zwei Jahre später, wurde in die andere Richtung ermittelt. Am 15. April 1998 trat Bundesanwältin Carla Del Ponte erneut vor die Medien, um über den Stand im Fall Liebefeld zu informieren. Sie kam auch auf den Mann zu sprechen, der Ziel der geplatzten Abhöraktion hätte werden sollen: Nidal al-Din, erläuterte Del Ponte, verleugne zwar seine »Sympathien zu gewissen Organisationen« nicht, dennoch laufe in dieser Sache kein Ermittlungsverfahren gegen ihn. Ausserdem berichtete die Bundesanwältin das Neuste über den verhafteten Herrn mit den angegrauten Schläfen und den nun zwei Decknamen: Die Papiere des Mannes, der früher als Ephraim Rubenstein aufgetreten war, lauteten jetzt auf Jacob Track. Der Mossad-Agent, so Del Ponte, habe ein Teilgeständnis abgelegt. Er hatte allerdings nur zugeben, was sich ohnehin fast nicht mehr leugnen liess: das versuchte Anzapfen des Telefons. Namen verriet er keine, auch seinen eigenen Klarnamen nicht.

Wenig später wurde Rubenstein alias Track nach 65 Tagen Untersuchungshaft entlassen. Der israelische Staat hatte für ihn eine Kaution von drei Millionen Franken hinterlegt und sich bei der Schweiz entschuldigt. Nun stand dem inzwischen aufgeschobenen Besuch des schweizerischen Aussenministers nichts mehr im Weg. Flavio Cotti konnte ins Gelobte Land reisen.

Ein Landesverweis und eine erfreute Heimkehr

Über zwei Jahre später, am 3. Juli 2000, sollte schliesslich in einem Gerichtssaal des Bundesgerichts in Lausanne der Prozess gegen Ephraim Rubenstein alias Jacob Track beginnen. Dort tagte das Bundesstrafgericht, das seinen heutigen Sitz in Bellinzona erst 2004 bekam. Die Anklagepunkte lauteten: verbotene Handlungen für einen fremden Staat, politischer Nachrichten-

44

dienst und wiederholter Gebrauch gefälschter ausländischer Ausweise.

In Israel hatte es eine kurze mediale Debatte darüber gegeben, ob der Angeklagte in die Schweiz fliegen solle oder nicht. Der Mossad-Agent hatte der Bundesanwaltschaft vor seiner Entlassung aus der U-Haft ja zugesichert, dass er zur Gerichtsverhandlung zurückkehren werde. Die Meinungen darüber, ob er das Versprechen halten sollte, gingen in Israel auseinander. Anonym liessen sich Mossad-Angestellte zitieren, dass sie es für wenig fürsorglich vom israelischen Staat hielten, den Kollegen in ein Land gehen zu lassen, in dem ihm Zuchthaus drohte. Ein ehemaliger Agent meinte dagegen, dass es weit weniger gefährlich sei, in die Schweiz zu reisen als in fast jedes andere Einsatzgebiet des Geheimdiensts. Zudem sei das Essen dort besser als in der Mossad-Kantine. Und überhaupt: Wer eine sichere Stelle suche, solle sich doch bei einem Elektrizitätswerk bewerben.

Der Angeklagte kam. Mit neuen Papieren und unter strengen Sicherheitsvorkehrungen. Personenschützer der Schweizer Bundespolizei chauffierten den Mossad-Agenten mit Blaulicht in einer gepanzerten grauen BMW-Limousine mit Berner Kennzeichen bis zum Bundesgericht und überfuhren dabei auch Rotlichter, um nirgendwo stoppen zu müssen.

Wer nun allerdings auf der Anklagebank eine Art James Bond erwartet hatte, sah sich enttäuscht. »Würde er sich um die Rolle des Agenten 007 bewerben, würde er im besten Fall als Statist hinter der Eistheke landen«, schrieb die Gerichtsreporterin der Zeitung »Der Bund« und heutige Krimiautorin Christine Brand. »Zwar trägt er sein dunkelbraunes Haar militärisch kurz geschnitten. Und die Schläfen sind dezent ergraut. Doch in seiner Gesamterscheinung erinnert er eher an einen Kleinlandwirt, der seinen Betrieb wegen Unrentabilität nur noch nebenbei führt und hauptamtlich als Tramchauffeur fungiert.«

Im Gerichtssaal eröffnete der Angeklagte, dass sein Name Issac Bental sei – »Issac mit zwei S« –, und fügte umgehend hinzu, dass auch dies nicht sein richtiger Name sei. Diesen wolle er nicht nennen, aus Sorge um seine persönliche Sicherheit. Auf die Fragen des vorsitzenden Bundesstrafrichters antwortete er knapp und bündig, manchmal lächelte er dabei: Er sei aus ideellen Gründen in den Staatsdienst getreten und mache jetzt eine vom Mossad finanzierte Weiterbildung in Betriebswirtschaft. Er habe nie jemanden verletzt oder gar ermordet und nur ausgeführt, was ihm befohlen worden sei. Die Operation in Liebefeld erklärte er so: Man habe wissen wollen, ob Nidal al-Din für terroristische Anschläge in Israel verantwortlich sei.

Dazu konnte am zweiten Prozesstag al-Din gleich selbst Stellung nehmen. Er bestritt erneut, in irgendeiner Beziehung zum islamistischen Terror gegen Israel und zur Hisbollah zu stehen. Das Berner Zentrum Ahl al Bayt führe religiöse, sportliche und wirtschaftliche Aktivitäten durch. Im Iran sei er dreimal gewesen, um an dort stattfindenden Treffen der Ahl-al-Bayt-Zentren teilzunehmen, Religionsstätten zu besuchen und Teppiche zu kaufen. Rubenstein-Track-Bental schüttelte während al-Dins Aussage nur den Kopf.

Ein anderes Bild der Ahl-al-Bayt-Zentren zeichnete im Bundesgerichtsgebäude ein Antiterror-Spezialist der Bundespolizei. Er sagte aus, dass es zwar keine Beweise für illegale Aktivitäten der Zentren gebe. Aber dies schliesse nicht aus, dass doch Kontakte zur Hisbollah bestehen könnten. Die Zentren operierten in einer Grauzone, »an der Grenze der Legalität«. Für das Vorgehen des Mossad hatte er Verständnis, zeigte sich allerdings enttäuscht, dass die Bupo nicht eingebunden worden war.

Ralph Zloczower, der Verteidiger des israelischen Agenten (und spätere Präsident des Schweizerischen Fussballverbands), plädierte auf Freispruch. Er argumentierte, dass Terrorprävention für den Kleinstaat Israel überlebensnotwendig sei. Die Bundesanwaltschaft forderte dagegen fünfzehn Monate Zuchthaus, und zwar unbedingt.

Während des Verfahrens versprach die israelische Generalstaatsanwaltschaft, den Agenten künftig nicht mehr in der Schweiz einzusetzen – was die Bundesanwaltschaft als »zynisch« deklarierte, da das ja nicht hiess, dass Israel keine geheimen Aktionen mehr auf schweizerischem Territorium unternehmen würde. Die israelischen Geheimdienste gerieten allerdings tatsächlich erst 2015 wieder einmal in der Schweiz unter Verdacht, nachdem Cyberspione in die Computer- und Sicherheitssysteme von Westschweizer Luxushotels eingedrungen waren. Just zu jenem Zeitpunkt hatten dort die Delegationen der sieben Länder logiert, die über das iranische Atomprogramm verhandelten. Die Bundesanwaltschaft nahm sich des Falles an, konnte aber den Israelis nichts nachweisen und musste ihre Strafverfahren sistieren.

Und auch um Hisbollah-Aktivitäten in der Schweiz wurde es längere Zeit ruhig. Ende der Nullerjahre standen zwar mehrere Personen in der Region Zürich unter dem Verdacht, eine Unterstützungszelle für Terroraktivitäten gegründet zu haben. Doch zu einem Anschlag kam es nicht, und auch hier führten Ermittlungen nie zu einer Anklage. Noch 2022 hielt der Bundesrat in einem Bericht fest, dass es zwar einige Dutzend Personen in der Schweiz gebe, welche die Hisbollah unterstützten, dass diese aber nicht zwingend politisch motiviert seien.

Wie ging nun aber der Prozess gegen den israelischen Agenten in Lausanne aus? Das Bundesstrafgericht hielt am 7. Juli

2000 fest, dass Rubenstein-Track-Bental – oder »Herr Mossad«, wie ihn der vorsitzende Richter nannte – die Souveränität der Schweiz in »unverfrorener« und »nicht zu duldender Weise« verletzt habe. Man beliess es aber bei zwölf Monaten bedingt, da der Angeklagte nur »das ausführende Organ einer höheren Stelle« gewesen sei. Er musste nach der früher erfolgten Untersuchungshaft also nicht nochmals ins Gefängnis, wurde lediglich für fünf Jahre des Landes verwiesen. Alle zeigten sich mit dem Urteil zufrieden, niemand focht es an. Noch aus Lausanne telefonierte der verurteilte Mossad-Agent nach Hause. Dabei sagte er, wie einer seiner Verteidiger Medienvertretern erzählte: »Mami, ich komme heim.«

DOSSIERÜBERSICHT

MISSION MAULWURF

HAUPTPERSONEN

SCHWEIZ

Daniel M. Ehemaliger Zürcher Stadtpolizist und Ex-Sicher-
heitsmitarbeiter der Grossbank UBS. Ab 2010 Agent des Nachrichtendiensts des Bundes (NDB).

Andi Burri (Deckname) Führungsoffizier von Daniel M.
beim NDB.

Paul Zinniker Stellvertretender Direktor des NDB.

Carlo Bulletti Langjähriger Leiter der Staatsschutzabteilung der Bundesanwaltschaft. Diese Abteilung ist unter anderem zuständig für die Strafverfolgung von illegalem Nachrichtendienst. Für die Ermittlungen zieht sie die Bundeskriminalpolizei, eine Abteilung von Fedpol, bei.

DEUTSCHLAND

Heiner Neuer (Name geändert) Ex-Mitarbeiter von deutschen Nachrichtendiensten, Chef eines Frankfurter Sicherheitsconsultingunternehmens. Geschäftspartner von Daniel M.

Peter Beckhoff Langjähriger Leiter der Steuerfahndung Wuppertal.

Wilhelm Dietl Journalist und Ex-Agent des Bundesnachrichtendienst (BND).

August Hanning 1998–2005 BND-Präsident.

Werner Mauss Privatermittler und Agentenlegende.

WEITERE PERSONEN

Duracelli Spitzname eines im Kanton Zürich wohnhaften Tirolers, der Kundendaten der Credit Suisse (CS) an deutsche Behörden verkaufte.

Tal Hanan alias **Jorge** Israelischer Ex-Agent, CEO der IT-Sicherheitsfirma Demoman International, die auf die Beeinflussung politischer Vorgänge spezialisiert ist; Geschäftspartner von Daniel M.

Heinrich Kieber Liechtensteiner, ehemaliger Angestellter der fürstlichen LGT Treuhand AG, verkaufte LGT-Daten an den BND.

Ein Agent im letzten Gefecht

Man schickt ihn los, um das Bankgeheimnis zu verteidigen.
Doch dann wird er reingelegt und verhaftet. Und wird
so zum bekanntesten Spion der Schweiz.

Der 28. April 2017 war einer der schlimmeren Tage der helvetischen Geheimdienstgeschichte. Gegen 12 Uhr 15 fuhr an jenem Freitag der frühere Zürcher Polizist Daniel M. in die Tiefgarage des Frankfurter Hotels Roomers. Der Vierundfünfzigjährige wollte in der Mainmetropole einen hessischen Geschäftspartner treffen. Es hätte ein entspannter Aufenthalt werden können; seine Lebensgefährtin begleitete ihn, und das Designhotel warb unter anderem mit seinen »mit Glaskugeln gefüllten Relaxliegen« im Spa. Doch daraus wurde nichts. M. hatte seinen schwarzen Audi Q5 kaum geparkt, da traten zwei deutsche Kriminaloberkommissarinnen an ihn heran und nahmen ihn fest.

»Nicht schon wieder!«, muss sich M. in diesem Moment gedacht haben. Denn bereits zwei Jahre zuvor war er verhaftet worden, allerdings in Zürich und von der Schweizer Bundeskriminalpolizei. Der Vorwurf damals: Handel mit gefälschten Bankdaten. Jetzt waren es Einsatzkräfte der deutschen Polizei, die seinen SUV durchsuchten und M. anschliessend nach Karlsruhe brachten. Dort erklärte eine Ermittlungsrichterin des deutschen Bundesgerichtshofs dem Schweizer, er sei »dringend verdächtig«, in der Bundesrepublik Deutschland seit Jahren »für den Geheimdienst einer fremden Macht« Wirtschaftsspionage betrieben zu haben. Deshalb werde er jetzt in der Justizvollzugsanstalt Mannheim inhaftiert. Die »fremde Macht« war nicht etwa Russland oder China – sondern die Schweiz.

Sturm aufs Nationalheiligtum

Das Leben des Daniel M. war fast ein halbes Jahrhundert lang in geordneten Bahnen verlaufen. Nach einer kaufmännischen Lehre beim Touring Club Schweiz hatte der gebürtige Solothurner bei der Zürcher Stadtpolizei gearbeitet, zuerst im Streifendienst, später bei der Drogenfahndung und in der Fachgruppe für organisierte Kriminalität. Er galt als erfolgreicher Ermittler, geschätzter Kollege und als »Quasselstrippe«. Nach sechzehn Jahren bei der Polizei war M. in den Sicherheitsdienst der UBS gewechselt, dem er ebenfalls viele Jahre treu blieb.

Daneben zog er mit seiner damaligen Ehefrau im Norden des Kantons Zürich zwei Töchter gross. Er besass ein Haus, hatte einen gut bezahlten Job und diverse Hobbys, von denen das extravaganteste die Mitgliedschaft im Zigarrenklub »Smoke on the Water« war, dem auch Zürcher Polit- und Wirtschaftsgrössen angehören. Nichts deutete darauf hin, dass dieses gutbürgerliche Leben bald aus den Fugen geraten würde und dass Daniel M. erst in der Schweiz und dann auch noch in Deutschland wegen Verdachts auf illegalen Nachrichtendienst verhaftet werden würde.

Die Geschichte des Spions, der aus dem Alpenland kam, lässt sich nun dank umfangreichen Akten zum schweizerischen und deutschen Strafverfahren und dank Hintergrundgesprächen mit Involvierten detailliert nachzeichnen. Es ist die bizarrste Episode aus einem kurzen, intensiven Wirtschaftskrieg zwischen zwei sich ansonsten wohlgesinnten demokratischen Nachbarländern.

Jahrzehntelang hatten insbesondere Nachbarstaaten vergeblich versucht, das Schweizer Bankgeheimnis zu knacken. Doch selbst Filmhelden wie James Bond stiessen auf eine unüberwindbare Mauer des Schweigens, wenn sie etwas über Konten von Bösewichten in Zürich oder Genf herausbringen wollten. Normalsterbliche sowieso. Die Schweiz verteidigte das Bankgeheimnis, das die Banker »Bankkundengeheimnis« nannten, eisern. Die jeweiligen Finanzminister übten sich dabei gern in verbaler Kraftmeierei: Willi Ritschard etwa verkündete in den Achtzigerjahren, das Bankgeheimnis sei »unantastbar wie eine Klosterfrau«, für Kaspar Villiger war es »nicht verhandelbar«, und Hans-Rudolf Merz prophezeite noch im Frühjahr 2008 im Nationalratssaal, die »Angreifer« würden sich daran »die Zähne ausbeissen«, wobei er mahnend den Zeigefinger hob. Die drei Bundesräte wussten bestens: Andere Länder waren stets machtlos gewesen, wenn deren Staatsbürgerinnen und Staatsbürger ihr Vermögen in der Steueroase Schweiz versteckten, statt es am eigenen Wohnsitz zu versteuern. Und genauso sollte es auch bleiben.

Doch mit Ausbruch der Finanzkrise 2007 benötigten diese Staaten die ihnen entgangenen Steuergelder plötzlich dringend und machten ernst. Der Finanzplatz Schweiz kam stark unter Druck, und das Bankgeheimnis geriet, beinahe ein Dreivierteljahrhundert nach dessen Einführung, ins Wanken. Hauptangreifer waren die USA. Beinahe ebenso gefährlich wurde aber Deutschland. Das nördliche Nachbarland wandte nämlich eine neue Methode an, um die schweizerische Festung zu stürmen: Der deutsche Bundesnachrichtendienst (BND) und die Finanzbehörden fingen in grossem Stil an, Kundendaten schweizerischer Finanzinstitute zu erwerben. Jene Bankmitarbeiter, die ihnen diese Daten – aus schweizerischer Perspektive illegal – verschafften, entlohnten sie fürstlich. Denn damit kam der deutsche Staat bald massenweise Steuerhinterziehern und auch ein paar -hinterzieherinnen auf die Spur.

Die Kavallerie in Fort Yuma

Den Anfang machte 2007 der BND, als er dem Liechtensteiner Heinrich Kieber fünf Millionen Euro für einen Datensatz der im Besitz der Fürstenfamilie befindlichen LGT Treuhand AG bezahlte. Von den fünf Millionen zog Deutschlands Auslandsgeheimdienst – Steuergerechtigkeit muss sein! – dem Informanten Steuern in Höhe von zehn Prozent ab; ebenfalls verrechnet wurden staatliche Auslagen für einen Notar und für eine neue Identität des Verkäufers. Kieber wurde trotzdem Multimillionär, denn es gelang ihm, in ähnlicher Weise auch mit anderen Staaten handelseinig zu werden. Und er tauchte erfolgreich unter: Über eineinhalb Jahrzehnte später, bei Fertigstellung dieses Buches, hat ihn die Justiz des Fürstentums Liechtenstein immer noch nicht fassen können.

Bald kam es aber in Deutschland zur ersten aufsehenerregenden Verhaftung. Am Valentinstag 2008 wurde in Köln vor laufenden Kameras der deutsche Postchef Klaus Zumwinkel aus seiner Villa abgeführt. Auch er hatte, wie sich dank den LGT-Daten beweisen liess, Steuern hinterzogen. Noch bevor Zumwinkel verurteilt war, fanden sich in der Schweiz erste Nachahmer Kiebers.

Zwei von ihnen, ein Mitarbeiter der Credit Suisse und einer seiner Bekannten aus dem Winterthurer Fitnessklub Banana, agierten als Team: Der CS-Banker kopierte am Arbeitsplatz Kundendaten, sein Kollege, ein Österreicher aus Tirol, verhökerte sie. Der Tiroler war Grafiker und eine schillernde Figur. Sein Spitzname lautete Duracelli, da er analog zur Duracell-Batteriewerbung an den Kraftmaschinen sehr ausdauernd war. Seine Stunde kam, als der deutsche Finanzminister Peer Steinbrück den Steuerstreit mit der Eidgenossenschaft eskalieren liess. Steinbrück gab am 21. Oktober 2008 in der verbal ausgetragenen Schlacht um das Bankgeheimnis den Ton vor: »Wir müssen nicht nur das Zuckerbrot benutzen, sondern auch die Peitsche.« Die Schweiz gehöre auf die schwarze Liste der Steueroasen, welche die Organisation für wirtschaftliche Zusammenarbeit und Entwicklung (OECD) vorzulegen versprach. Die Schweizer Öffentlichkeit war empört.

Kurze Zeit später, im Frühjahr 2009, doppelte der deutsche Finanzminister mit dem Hang zu kraftvollen Bildern nach: Die Drohung, die Schweiz auf eine schwarze Liste zu setzen, verglich er mit der »siebten Kavallerie in Fort Yuma«: Man könne sie ausreiten lassen, müsse es aber nicht unbedingt, denn »die Indianer müssen nur wissen, dass es diese gibt. Und wenn das allein schon Nervosität hervorruft, dann kommt ja endlich Zug in den Kamin.« Verteidigungsminister Ueli Maurer tauschte daraufhin aus Protest seinen deutschen Dienstwagen-Mercedes gegen einen französischen Renault Espace aus.

Der Österreicher Duracelli wollte den Deutschen mit den Kundendaten der Credit Suisse die Peitsche liefern und versprach sich dafür ein üppig bestreutes Zuckerbrot. Bereits am 21. Oktober 2008, also noch am Tag der ersten Äusserung Steinbrücks, hatte der Tiroler ein Schreiben an das Finanzamt Wuppertal-Barmen im Bundesland Nordrhein-Westfalen aufgesetzt. Dort arbeiteten, so viel war inzwischen öffentlich bekannt, besonders eifrige Steuerfahnder. Duracelli kannte bereits einige von ihnen aus mehreren konspirativen Treffen in Süddeutschland. Dabei hatte er – wie Ermittlungen später zeigten – in guter Agentenmanier ein Pseudonym benutzt, Hut und Sonnenbrille getragen und sich einen Schnauz angeklebt. Eines der Treffen – mit gleich drei Wuppertaler Steuerfahndern – hatte im Stuttgarter Kronenhotel stattgefunden; in Duracellis Kalender war der Termin als »Konzeptbesprechung für Waschmittel« eingetragen. In der SMS-Kommunikation mit den Fahndern lautete die Sprachregelung: Austausch von »Panini-Bildern«.

Es dauerte etwas, bis Duracelli und die deutschen Behörden handelseinig wurden. Erst im Februar 2010 gab die Finanzverwaltung Nordrhein-Westfalens bekannt, dass sie einen Satz CS-Bankdaten erworben und der Justiz übergeben habe. Und damit kam dann ordentlich »Zug in den Kamin«. Tausende von Steuerflüchtlingen in Deutschland erstatteten in der Hoffnung auf Strafmilderung Selbstanzeige. Bald sickerte auch die Summe durch, die für die Daten gezahlt worden war: 2,5 Millionen Euro, beim damaligen Kurs also fast 3,7 Millionen Franken. Wer die Daten beschafft hatte und wer der Verkäufer war, wurde nicht kommuniziert.

Die Schweizer Strafverfolgung reagierte umgehend: Die Bundesanwaltschaft eröffnete ein Verfahren gegen unbekannt wegen wirtschaftlichen Nachrichtendiensts. Der CS-Daten-Fall wurde nach einer Speise benannt, die in der Schweiz als besonders deutsch gilt: »Eisbein«. Carlo Bulletti, Staatsschutz-Chef der Bundesanwaltschaft, übernahm die Fallführung selbst. Dies tat er bei den meisten spektakulären Schweizer Nachrichtendienst-Verfahren der Nuller- und Zehnerjahre. Bulletti galt als forscher Ermittler. Doch dieses Mal musste er nur warten.

Ein brisanter Auftrag und ein zögerlicher Bundesrat

Im Sommer 2010 kam es im Leben von Daniel M. zu einem Bruch. Nach zehn Jahren in der Sicherheitsabteilung der UBS unterzeichnete er einen Aufhebungsvertrag. »Man hat mir nicht gekündigt, und ich habe nicht gekündigt«, gab er später wenig auskunftsfreudig zu Protokoll. Wie auch immer, den Job war M. los. Für die Auflösung des Vertrags »im gegenseitigen Einvernehmen« bekam er gemäss eigener Aussage von der UBS »ein Handgeld als Startkapital«. Er machte sich als Privatermittler selbständig und gründete dafür die Einzelfirma M. & Associates. Freiheit und Abenteuer lockten.

Hinzu kam die Trennung von seiner Gattin. M. zog aus dem gemeinsamen Heim aus und mietete sich in der Nähe eine kleine Wohnung, wo er aus Kostengründen auch seinen Firmensitz einrichtete. Empfing M. & Associates Kunden, durfte M. die an der Zürcher Bahnhofstrasse gelegenen Büros eines befreundeten Anwalts benutzen. Hier, im Bankenviertel, und in der globalen Finanzwelt kannte er sich aus. M. wusste auch um deren Schwachstellen. Zudem hatte er ein grosses Kontaktnetz aufgebaut, bei den Sicherheitsbehörden und im Finanzsektor. Diese Beziehungen wollte er nun nutzen und zu Geld machen. M. wusste aber auch: Einfach würde es nicht werden.

Wie gerufen kam da, dass der Bankenplatz Schweiz gerade ein existenzielles Problem hatte: Die Deutschen drohten nicht mehr nur mit der Peitsche und der Kavallerie. Sie handelten auch, indem sie sogenannte Steuer-CDs mit Schweizer Bankdaten erwarben. Die neue Taktik ging auf.

Die Schweiz setzte zur Gegenwehr an – mit dem Nachrichtendienst des Bundes. Der NDB existierte erst seit Anfang 2010, also seit wenigen Monaten. Aber war dieser neue Schweizer Geheimdienst überhaupt für den Finanzplatz zuständig? Für die eben fusionierten früheren Inland- und Auslandnachrichtendienste hatten unterschiedliche Gesetze gegolten. Durfte und sollte nun der NDB als Nachfolgebehörde Gegenoperationen zum Schutz der Banken durchführen? Das war umstritten, juristisch wie politisch. Im Bundeshaus beriet man darüber, unter Ausschluss der Öffentlichkeit. Handeln wollten vor allem zwei bürgerliche Bundesräte: Verteidigungsminister Ueli Maurer von der SVP, in dessen Verantwortungsbereich der NDB fiel, und der freisinnige Finanzminister Hans-Rudolf Merz drängten darauf, aktiv gegen Deutschland vorzugehen (und auch gegen Frankreich, das sich im Ansatz ähnlich verhielt). Eine offensive Gegenwehr barg enorme Risiken, das wussten die Bundesräte. Denn die beiden grossen Nachbarländer waren nicht nur wirtschaftlich, sondern auch politisch die engsten Partner der Schweiz. Und nachrichtendienstlich erst recht: Beim Austausch geheimer Informationen war Deutschland besonders wichtig. Markus Seiler, der erste NDB-Direktor traf sich regelmässig mit den deutschen Amtskollegen vom BND und vom Inlandsgeheimdienst, dem Bundesamt für Verfassungsschutz.

Doch selbst sehr gute Partner wie Deutschland, konstatierte der NDB in einer internen Analyse, arbeiteten in der Spionage- oder Terrorabwehr mit der Schweiz nur zusammen, wenn sie sich von der Kooperation selbst etwas versprachen. »Staaten haben keine Freunde, nur Interessen«, soll Charles de Gaulle einmal gesagt haben. Gehen die Interessen auseinander, schauen selbst engste Verbündeten nur für sich. Gemäss der internen Analyse verfügte der NDB nach seiner Schaffung über sehr begrenzte Kapazitäten im Abwehrbereich, und es bestanden »erhebliche Wissenslücken in Bezug auf die nachrichtendienstliche Aktivität anderer Nachrichtendienste in der Schweiz«. Wenig bis gar nichts wusste der neue Dienst über »Aktivitäten von Nachbarstaaten zwecks Informationsbeschaffung aus dem Bankensektor«. Im NDB-Kommissariat Spionageabwehr war eine einzige Person für den Finanzplatz zuständig und das auch nur mit einem Teilpensum.

Das bürgerliche Bundesratsduo Ueli Maurer und Hans-Rudolf Merz hatten dennoch keinerlei Zweifel, dass die Schweiz offensiver vorgehen und den NDB unbedingt mit einbeziehen müsse. Der Rest des Gremiums war sich da nicht so sicher: Zwar stemmten sich die Kolleginnen und Kollegen im Bundesrat nicht grundsätzlich gegen härtere Massnahmen; sie hatten ja bereits die Bundesanwaltschaft dazu ermächtigt, Personen zu verfolgen, die am Datenklau in Banken beteiligt waren. Das Ansinnen jedoch, zum Schutz des Finanzplatzes auch den Geheimdienst zu mobilisieren, traf auf Skepsis. Und so schob man die Entscheidung auf die lange Bank. Dieses Zögern hielt den NDB nicht davon ab, sich ins letzte Gefecht ums Schweizer Bankgeheimnis zu stürzen. Ohne einen Bundesratsentscheid abzuwarten, hatte man dort bereits im Sommer 2010 losgelegt. Und Daniel M. als Agenten anzuwerben begonnen.

Diese Zusammenarbeit hatten einige seiner ehemaligen Polizeikameraden angebahnt, die inzwischen beim NDB arbeiteten. Durch sie kam M. in Kontakt mit seinem künftigen Führungsoffizier, der ihm mit dem Decknamen Andi Burri vorgestellt wurde. Burri, ein ehemaliger Wirtschaftsjournalist, arbeitete eigentlich in der Terrorbekämpfung, doch nun sollte er Daniel M. bei Operationen zum Schutz des Finanzplatzes anleiten. Die beiden fanden gleich einen guten Draht zueinander. »In der Folgezeit habe ich Andi Burri des Öfteren, wenn er in Zürich war, auf einen Kaffee getroffen«, sollte M. später aussagen. Führungsoffizier Burri notierte in einem Kontaktprotokoll, dass M. »einen unglaublichen Fundus an Leuten« habe und »wahnsinnige Geschichten dazu« zu erzählen wusste. Bereits damals behauptete M., er kenne eine Möglichkeit, Finanztransaktionen im Swift-System einzusehen, über dessen Rechenzentrum im thurgauischen Diessenhofen Dienstleister weltweit ihre Geschäfte abwickeln.

Nach einigen Monaten und häufigem gemeinsamem Kaffeetrinken fragte Burri Daniel M., ob er nicht für den Schweizer Geheimdienst tätig werden wolle. Dieser fühlte sich, wie er später zugab, »geschmeichelt«. Er sagte zu. Nun war M. formell eine »Quelle« des NDB und damit ein Freelance-Spion der Eidgenossenschaft. Laut einem internen Papier war er bald schon »das Ohr des NDB auf dem Finanzplatz Zürich für Vorgänge, welche diesem Schaden zufügen können«.

Allerdings reichte das Netzwerk von Daniel M. nicht bis in die deutschen Steuerbehörden hinein. Deshalb bekam er von einem engen Freund beim NDB per E-Mail einen Tipp, dem er besser nicht gefolgt wäre. Daniel M. solle doch, riet der Freund, Kontakt mit einer Sicherheitsconsultingfirma in Frankfurt am Main aufnehmen. Der Chef dort, Heiner Neuer, und mehrere Angestellte hatten zuvor lange bei deutschen Geheimdiensten gearbeitet. Das stand allerdings nicht in der Empfehlungsmail, sondern kam erst heraus, als wir die Sache später nachrecherchierten. Und ebenfalls nicht erwähnt wurde, dass zwei Mitarbeiter der Sicherheitsconsultingfirma sogar wegen Korruption vorbestraft waren, darunter ein ehemaliger Staatsschutz-Hauptkommissar. Dieser war Anfang der Nullerjahre unfreiwillig aus dem Staatsdienst ausgeschieden (er hatte für umgerechnet rund 70 000 Franken Dienstgeheimnisse an ein privates Ermittlungsbüro verkauft). Mit ihm und dessen Vorgesetztem Heiner Neuer hatte Daniel M. es von nun an zu tun.

Deutschland mauert – bis auf einen

Während Daniel M. im Kampf um das Bankgeheimnis zum NDB-Spion avancierte, liefen die Ermittlungen zum Datendiebstahl bei der Credit Suisse weiter. Inzwischen hatte es dabei einen Durchbruch gegeben.

Im Juni 2010 hatte auch das Landeskriminalamt Vorarlberg zu ermitteln begonnen. Denn auf einem Dornbirner Konto war eine Summe von 893 660 Euro einbezahlt worden. Empfänger war der Tiroler Grafiker Duracelli, Absender ein Treuhänder aus Nordrhein-Westfalen. Der Vermerk auf der Überweisung lautete: »Erbschaft gemäss Aufteilungsvereinbarung«. Die Zahlung fiel einem Mitarbeiter der Bank in Dornbirn auf. Duracelli wurde gefragt, woher das Geld stamme. Er behauptete, er habe es von der Grossmutter geerbt, konnte aber keinen Beleg vorweisen.

Tatsächlich handelte es sich bei den 893 660 Euro um etwa ein Drittel der 2,5 Millionen Euro, die Duracelli zusammen mit seinem Kollegen, dem Banker aus dem Banana Fitness, für die CS-Daten bekam. Die deutsche Finanzbehörde hatte versucht, die Zahlung diskret abzuwickeln: Sie hatte die Überweisung gestückelt und einen Treuhänder zwischengeschaltet. Damit wollte sie der Aufmerksamkeit der Geldwäsche-Meldestellen entgehen. Doch die Verschleierungstaktik klappte nicht.

Deshalb wandten sich die Deutschen jetzt direkt an die österreichischen Kollegen. Diese versuchten, zu beschwichtigen, indem sie nun mit der Wahrheit herausrückten: Die Summe sei

Teil einer Verpflichtung Nordrhein-Westfalens in Höhe von insgesamt 2,5 Millionen Euro, teilten sie dem Justizministerium in Wien schriftlich mit.

Doch damit liessen sich die Österreicher nicht abspeisen. Interpol Wien ersuchte, da Duracelli im Raum Winterthur lebte, die Schweiz um zusätzliche Abklärungen. So gelangte die Information über die sonderbare Überweisung zur Kantonspolizei Zürich. Und die wurde hellhörig: 2,5 Millionen aus Nordrhein-Westfalen? Das war ja genau die Summe, die das Bundesland gemäss Medienberichten für die Steuer-CD aus der Credit Suisse gezahlt hatte! Hatte Duracelli etwas damit zu tun?

Die Zürcher Kantonspolizei informierte die Bundesanwaltschaft, die den CS-Fall »Eisbein« führte. Staatsschutz-Staatsanwalt Carlo Bulletti liess Duracelli am 14. September 2010 festnehmen und dessen Wohnung in Winterthur durchsuchen. Dabei stiess die Polizei unter anderem auf diverse Artikel über Heinrich Kieber, den erfolgreich untergetauchten Pionier des illegalen Bankdatenhandels aus Liechtenstein.

Duracelli zeigte sich in den Ermittlungen – so hielt die Bundesanwaltschaft in einem Bericht fest – »von Beginn an kooperativ«, bei Fragen zum Verkauf der CS-Daten nach Deutschland verwies er aber auf eine »Schweigevereinbarung« und mögliche spätere Aussagen. Doch dazu kam es nicht mehr. Nach zwei Wochen Untersuchungshaft war Duracelli tot, er erhängte sich, zweiundvierzigjährig, im Regionalgefängnis Bern.

Der CS-Mitarbeiter, der die Daten seiner Bank entwendet hatte, hielt sich damals in Tschechien auf. Er wurde an die Schweiz ausgeliefert und legte ein Geständnis ab. Nach einer Absprache zwischen der Verteidigung und dem Ankläger Bulletti kam er in einem abgekürzten Verfahren glimpflich davon: Wegen Wirtschaftsspionage für einen fremden Staat – Deutschland – erhielt er eine bedingte Freiheitsstrafe von zwei Jahren, musste also nach der Untersuchungshaft nicht erneut ins Gefängnis. Der Bundesstrafrichter winkte den Deal durch, allerdings nicht ohne seinen Unmut über die Milde des Urteils kundzutun. Er bezeichnete die Tat als einen schweren Fall von wirtschaftlichem Nachrichtendienst und das Strafmass »nur knapp als schuldangemessen«. Staatsanwalt Bulletti verteidigte sein Vorgehen jedoch und erklärte, er wolle nicht nur die Bankdatendiebe erwischen, sondern vor allem auch die Anstifter. Ein Geständnis wie jenes des ehemaligen Mitarbeiters der Credit Suisse war nützlich, um die staatlichen Hintermänner zur Rechenschaft zu ziehen – gemeint waren die drei Steuerfahnder in Wuppertal, die Duracelli getroffen hatten. Doch bei den Ermittlungen in diese Richtung stiess Carlo Bulletti an Grenzen. Mehrmals ersuchte er Deutschland schriftlich um Rechtshilfe und Informationen, aber er erhielt nicht einmal eine Eingangsbestätigung.

Allerdings bekam er dann doch noch Hilfe aus der Bundesrepublik, wenn auch unfreiwillige. Deutsche Staatsanwaltschaften hatten mit Hausdurchsuchungen bei CS-Kunden begonnen. Dabei mussten sie – so wollte es das Recht – den Beschuldigten aufzeigen, wie sie ihnen auf die Spur gekommen waren. Jeder mutmassliche Steuerbetrüger erhielt somit eine Chronologie der Kontakte zwischen Duracelli und den drei hartnäckigen Wuppertaler Steuerfahndern. Deren Namen waren zwar als »P1«, »P2« und »P3« anonymisiert. Doch einer der Staatsanwälte hatte in einer Aktennotiz die Klarnamen und Funktionen der drei Fahnder offengelegt. War dies eine Panne? Oder Absicht? Jedenfalls gelangte dieser Vermerk an über tausend Beschuldigte, und es dauerte nicht lange, bis Staatsanwalt Bulletti die Namen und Funktionen der wichtigsten »Kavalleristen« ebenfalls kannte. Mehr erfuhr man aus der Aktennotiz nicht über sie.

Einer der drei Ps war allerdings kein gänzlich Unbekannter: Der langjährige Leiter der Steuerfahndung Wuppertal Peter Beckhoff bereitete der alpenländischen Bankenwelt und deren Kundschaft aus Deutschland Schwierigkeiten wie kaum ein anderer. Über ihn stand damals viel Bewunderndes in den deutschen Medien. Seit drei Jahrzehnten, hiess es, sei er Steuerfahnder und nun eine beliebte Anlaufstelle für Leute, die Kundendaten von Banken zu Geld machen wollten. Beckhoff trage Trenchcoat, rauche Kette und rede nicht viel. Die grössten Lobeshymnen erschienen allerdings erst 2017, als der Chef-Bankgeheimnisknacker von seinen Arbeitskolleginnen und -kollegen mit Schweizer Fähnchen und einem Gutschein für eine Reise zum Matterhorn in die wohlverdiente Pension verabschiedet wurde.

Der Neue übernimmt

Doch Anfang 2011 hatte die Schweizer Bundeskriminalpolizei noch erhebliche Wissenslücken bezüglich Beckhoff und der beiden anderen Ps. Sie klopfte beim NDB an. Ihre Ermittlungen kämen im Fall »Eisbein« um gestohlene CS-Daten nicht weiter, Deutschland liesse sie auflaufen. Deshalb brauche man dringend mehr Informationen über die Steuerfahnder aus Wuppertal. Das Ganze sei »sehr wichtig«, sagten die Kriminalisten. Ob der NDB helfen könne. Er konnte. Denn er hatte ja nun einen Agenten just für dieses Spezialgebiet.

Und Daniel M. war bestens gewappnet. Er war von Führungsoffizier Andi Burri mit einem verschlüsselten Laptop ausgestattet worden. Ein IT-Spezialist des Diensts hatte ihn im Umgang mit dem top geschützten Rechner geschult. Und M. hatte auch ein kleines silbernes Handy bekommen mit einer Prepaid-Karte von Coop. Darauf war eine einzige Nummer gespeichert, die von Andi Burri. Derart gut gerüstet, konnte die Topsecret-Mission »von hoher Priorität«, wie es in einem internen Papier hiess, starten. Burri übergab M. die Liste mit den spärlichen Angaben zu den drei Steuerfahndern, die M. fortan »Sudoku«- oder »Kreuzworträtsel«-Liste nannte. Denn dort klafften viele Lücken, die es zu füllen galt. M. machte sich mit Zuversicht an die Arbeit. »Da ich in Deutschland gut vernetzt war«, sollte er später aussagen, »sah ich keine grösseren Schwierigkeiten, den Auftrag zu erfüllen.«

Zu seinem Netz gehörte seit kurzem auch die Frankfurter Sicherheitsconsultingfirma von Heiner Neuer. Diesem neuen Partner mailte er am 6. Juli 2011 die Liste und bat, »beiliegendes Kreuzworträtsel« auszufüllen. Nach rund sechs Wochen war es vollbracht, die Liste kam ausgefüllt zurück: Geburtsdaten, Adressen, Beruf, Telefonnummern der Steuerfahnder, alles war da. Sogar die Info, wer mit wem in die Ferien fahre. Auch der Vorname der Gattin von Amtschef Beckhoff wurde mitgeliefert, allerdings falsch geschrieben (ein Detail, das später als Beweis für die nachrichtendienstliche Tätigkeit diente).

Vorerst aber war die Datenlieferung für alle Beteiligten ein Erfolg. Daniel M. übergab das Ergebnis seinem NDB-Führungsoffizier Burri, und der erstattete ihm die 9800 Euro, welche die Frankfurter Sicherheitsconsultingfirma dafür in Rechnung gestellt hatte. In Frankfurt liessen Daniel M. und die Mitarbeitenden der Firma die Korken knallen. Geschäftsführer Heiner Neuer kam offensichtlich für die Feier auf, denn Daniel M. bedankte sich in einer später sichergestellten E-Mail »ganz herzlich für die interessanten Gespräche, die meiner Person gewidmete Zeit und selbstverständlich für den exquisiten Lunch«. Und hoffte auf eine weiterhin gute Zusammenarbeit.

Die Chefetage des NDB war ebenfalls sehr zufrieden. Dort ging man davon aus, dass damit die Grundlage für die Strafverfolgung der deutschen Steuerfahnder gelegt war. Führungsoffizier Andi Burri bekam Lob von seinen Chefs. Und Paul Zinniker, stellvertretender Direktor des NDB, bedankte sich höchstpersönlich bei Daniel M. Der ebenfalls über den Erfolg informierte Verteidigungsminister Ueli Maurer vermeldete, dass die beschafften Informationen die Verhandlungsposition der Schweiz gegenüber Deutschland stärkten, und forderte die anderen Bundesratsmitglieder dazu auf, in Gesprächen mit deutschen Vertretern zu erwähnen, dass sich die Hinweise auf die Steuerfahnder entscheidend verdichtet hätten.

Die vom NDB beschafften Informationen gelangten auch zur Bundesanwaltschaft. Staatsanwalt Carlo Bulletti erliess den Befehl, die drei Ps festzunehmen: Der Wuppertaler Amtschef Peter Beckhoff und seine beiden Kollegen seien unverzüglich dem Einvernahmezentrum des Bundes in Bern zuzuführen. Der Vorwurf: Anstiftung zur Bankgeheimnisverletzung. Der Haftgrund: Fluchtgefahr.

Bulletti, der im Vorfeld gar nicht gefragt worden war, ob er die Aktion des neuen Agenten sinnvoll fände, hielt die beschafften Informationen allerdings für überhaupt nicht wichtig. Er hätte die Festnahmebefehle, so war er überzeugt, auch ohne die zusätzlichen Angaben erlassen könne. Er hätte einfach die Dienstanschriften statt die Privatadressen benutzt. Und auch die Geburtsdaten waren für ihn eher »nice to have«, ganz zu schweigen von irrelevanten Dingen wie dem Vornamen von Beckhoffs Gattin. Dies blieb keine Einzelmeinung, zu dem Schluss kam später auch die Geschäftsprüfungsdelegation der Bundesversammlung. Davon, dass die Operation »Sudoku« kaum etwas gebracht hatte, erfuhr der NDB erst Jahre später. Und auch Daniel M. durfte lange davon ausgehen, dass seine erste Mission in Deutschland wichtig gewesen war.

Da M. mit Geldproblemen kämpfte, hoffte er nun, die Begeisterung nutzen zu können, um vom NDB ein verlässliches Einkommen zu erhalten. Nach seinen Vorstellungen sollten das jährlich 80 000 Franken sein, plus Spesen und »Direktzahlungen Kontakte«, also Geld für die Bezahlung seiner Quellen. Der NDB erfüllte M. nicht alle Wünsche, band ihn aber enger an sich: Er zahlte M. fortan ein monatliches Honorar von 3000 Franken. Der Schweizer Geheimdienst brauchte das »Ohr« auf dem Finanzplatz Zürich schliesslich mehr denn je. Denn inzwischen eskalierte der Steuerstreit mit Deutschland vollends.

Der Wind dreht

»Haftbefehl gegen deutsche Steuerfahnder!« titelte das deutsche Boulevardblatt »Bild am Sonntag« im März 2012. Nun war die Empörung nicht nur südlich von Rhein und Bodensee gross, sondern auch nördlich. »Für mich ist das ein ungeheuerlicher Vorgang«, sagte etwa Nordrhein-Westfalens Ministerpräsidentin Hannelore Kraft von der SPD. Ihr Bundesland verwahre sich dagegen, dass ihre Mitarbeiter in ein kriminelles Licht gerückt würden. Die Steuerfahnder hätten »nur ihre Pflicht getan, deutsche Steuerbetrüger zu jagen, die ihr Schwarzgeld auf Schweizer Bankkonten geschafft haben«. Finanzminister Wolfgang Schäuble von der CDU zeigte hingegen Verständnis für das Vorgehen der Nachbarn: Die Schweiz sei ein Rechtsstaat, in dem die Verletzung des Bankgeheimnisses eben geahndet werde.

Verhaften wollten die Schweizer die Deutschen aber nicht. Die Festnahmebefehle, die Carlo Bulletti erlassen hatte, galten national, also nur für das schweizerische Territorium. Und da die Bundesanwaltschaft die Befehle auch gleich an die deutschen Behörden gesandt hatte, wussten die drei »Gesuchten« von Anfang an, dass sie schweizerisches Territorium vorläufig besser nicht betraten. Es ging Bulletti, wie er freimütig einräumte, um ein mahnendes Zeichen an die deutschen Steuerbehörden.

Falls man in Bern erhofft hatte, dass deshalb die Steuer-CD-Käufe eingestellt würden, sah man sich getäuscht. Das Gegenteil war der Fall. Nordrhein-Westfalen kaufte gleich drei weitere Datensätze. Die Schweizer Banken wirkten macht- und hilflos gegen den Druck von aussen – und gegen den Verrat von innen. Ein grosses Problem war: Viele ihrer Angestellten waren latent unzufrieden. Die Loyalität zum Arbeitgeber hatte in der Finanzkrise gelitten, insbesondere bei der UBS. Die Schweizer Grossbank war von der Krise hart getroffen worden. Sie hatte allerdings auch besonders viel falsch gemacht. Vor allem in den USA hatte sie hoch gepokert und verloren. 2008 hatte der Schweizer Staat die UBS sogar retten müssen.

Einer der latent Unzufriedenen, ein UBS-Mitarbeiter aus dem Fricktal, verkaufte nun Daten von über zweihundert mutmasslichen deutschen Steuerhinterziehern, darunter die Nutzniesserinnen und Nutzniesser von UBS-Stiftungen, die so fantasievolle Namen wie »Sparschwein« oder »Pumuckl« trugen. Dabei ging den deutschen Behörden auch ihr berühmtester Geheimagent ins Netz: der legendäre, mit seinen damals zweiundsiebzig Jahren immer noch überaus aktive Werner Mauss. Doch dazu später mehr.

Im Dezember 2012 kam es zu einer Besprechung zwischen Daniel M. und seinem Führungsoffizier Andi Burri, die vor allem für M. folgenreich war. Beflügelt von ihrem vermeintlichen »Sudoku«-Erfolg – der Eruierung der für den CS-Datenhandel

Verantwortlichen in der Steuerbehörde –, hielten es die beiden für eine tolle Idee, ein offensives Abwehrdispositiv aufzubauen: Um künftige Angriffe auf den Finanzplatz Schweiz rechtzeitig erkennen und verhindern zu können, sollte ein Maulwurf bei den deutschen Behörden eingeschleust werden. M. wollte von Burri für dessen Installation 90 000 Euro, davon 60 000 Euro als Vorauszahlung.

Burri und seine Vorgesetzten waren sich bewusst, dass die Sache nicht nur kostspielig, sondern auch riskant war, zumal Deutschland noch immer einer der wichtigsten Partner war. Doch einen Maulwurf in der deutschen Steuerverwaltung zu haben, könnte sich ja tatsächlich lohnen. Der NDB-Vizechef Paul Zinniker bewilligte die Zahlungen. Und so konnte Daniel M. seinem »lieben Freund« Heiner Neuer, dem Geschäftsführer in Frankfurt, mailen, dass er soeben den Auftrag erhalten habe, bei den deutschen Behörden einen Maulwurf zu installieren, und dass er dafür 90 000 Euro herausgeschlagen habe. M. erhielt auch sogleich eine Vorauszahlung von 30 000 Euro, die zweite Tranche erfolgte einen Monat später. Beide Beträge leitete M. nach Frankfurt weiter.

Zu jener Zeit drehte sich jedoch der politische Wind in der Schweiz. Der freisinnige Finanzminister Hans-Rudolf Merz, der vier Jahre zuvor prophezeit hatte, die »Angreifer« würden sich »die Zähne ausbeissen«, war nicht mehr Bundesrat. An der Spitze des Finanzministeriums sass bereits seit Oktober 2010 Eveline Widmer-Schlumpf von der bürgerlichen BDP, die im Unterschied zum früheren UBS-Mann Merz nicht am Bankgeheimnis hing. Just in dem Monat, in dem der NDB seine Mission Maulwurf lancierte, deutete Widmer-Schlumpf an, sie wolle mit dem Ausland über den automatischen Informationsaustausch in Steuersachen verhandeln. Würde die Schweiz dies umsetzen, müssten die Banken regelmässig Informationen über die Konten von

Ausländerinnen und Ausländern an deren Heimatstaaten liefern. Das Bankgeheimnis, wie man es kannte, wäre passé. Trotzdem trafen sich Andi Burri und Daniel M. weiter, um ihre riskante Operation zur Verteidigung des Bankgeheimnisses voranzutreiben. Doch so richtig vorwärts ging es nicht. M. reiste mehrfach nach Deutschland zu Heiner Neuer. Allerdings lieferte der Frankfurter Partner über so lange Zeit nichts Handfestes, dass man beim NDB ungeduldig wurde. Andi Burri notierte, M. führe jeweils neue Gründe für den ausbleibenden Erfolg der »Subquelle«, gemeint war Heiner Neuer, ins Feld. Aber auch Burri hoffte noch, dass es mit dem Installieren eines Maulwurfs bald klappen würde.

Um die Jahreswende 2013/2014 bestellte der NDB M. schliesslich zu einer Besprechung an den Bahnhof des Zürcher Aussenquartiers Stettbach. Über 60 000 Euro hatte man inzwischen für seine Maulwurf-Operation ausgegeben, und nennenswerte Resultate waren immer noch nicht ersichtlich. Andi Burri hatte bereits intern Alarm geschlagen, als M. dann doch noch eine brisante Neuigkeit vermeldete: Der Subquelle sei es gelungen, eine Person in der Steuerverwaltung Nordrhein-Westfalens einzuschleusen; geplant sei, dass diese später in die Steuerfahndung wechsle.

Beim Bahnhof Stettbach erwartete M. nun ein NDB-Mitarbeiter. Der bat ihn, in seinen Wagen einzusteigen. »Ich musste dann wie immer mein Natel ausschalten, und der Mann fuhr mich auf Umwegen zu einem Treffpunkt«, beschrieb Daniel M. später in einer Einvernahme das Treffen. In einem Safe House, einer privaten Villa auf der Forch bei Zürich, habe ihn dann aber nicht Andi Burri empfangen, sondern dessen Vorgesetzter.

Der NDB-Kadermann tischte Lunch auf, doch es wurde kein entspanntes Mittagessen. Denn es gab Streit. Streit ums Geld.

M. verlangte, dass, wie ursprünglich abgemacht, die dritte Tranche von 30 000 Euro ausgezahlt würde. Doch der NDB, so machte der Vorgesetzte deutlich, wolle kein Geld mehr für die Mission Maulwurf aufwenden, wenn keine Resultate einträfen. Offensichtlich war man beim Dienst nicht zuversichtlich, dass die von der Subquelle eingeschleuste Person, sofern sie überhaupt existierte, bald liefern würde. M. bezeichnete dies als »nicht professionell«, sagte, dass somit »das Gelingen der Operation ernsthaft« gefährdet sei. Der NDB-Mann blieb bei seinem Nein. Der NDB stellte seine Deutschland-Operation mit M. auf den 31. Mai 2014 ein. Und beendete nach fast vier Jahren gleich generell die Zusammenarbeit mit M. Nur teilte ihm dies niemand mit. Erfahren würde er es sehr viel später. Für M. machte es ohnehin keinen grossen Unterschied, zuletzt hatte er vom NDB ja sowieso keine regelmässige Entschädigung mehr erhalten. Er wandte sich verstärkt seiner Arbeit bei M. & Associates zu, wo er einige internationale und nationale Kunden hatte. Doch er sah sich selbst weiterhin als freien NDB-Mitarbeiter, gewissermassen auf Reserve. Er hatte nach wie vor das Coop-Handy mit Burris Nummer und den geheimdienstlich präparierten Laptop. Doch es kam zu keinem Treffen mehr. Einen wie Daniel M. brauchte die Schweiz nicht mehr. Denn sie hatte im Oktober 2013 eine OECD-Konvention unterzeichnet, die gegenseitige Amtshilfe und den automatischen Informationsaustausch in Steuersachen vorsah. Das Ende des Steuerstreits und des Bankgeheimnisses war damit endgültig absehbar.

Ein beunruhigendes Portfolio

Über die Jahre hatten Nordrhein-Westfalen und andere Bundesländer mehr als ein Dutzend Steuer-CDs erworben. Weit über hunderttausend Steuerhinterzieherinnen und -hinterzieher zeigten sich selbst an. Der deutsche Staat nahm so Milliarden ein, die ihm bis dahin vorenthalten worden waren. Und die Schweizer »Indianer« hatten vor der von Deutschland angeführten internationalen »Kavallerie« kapituliert. Jetzt musste nur noch mit dem Späher abgerechnet werden, den die »Indianer« ins Feindesland geschickt hatten: mit Daniel M.

Dafür trat Werner Mauss auf den Plan. Der bereits zu Lebzeiten legendäre deutsche Geheimagent rühmte sich auf seiner Website, »an der Zerschlagung von mehr als einhundert kriminellen Gruppierungen und der Festnahme von circa zweitausend Personen beteiligt« gewesen zu sein. Immer wieder war der Diplomlandwirt und zwischenzeitliche Staubsaugervertreter mit falschen Biografien und Papieren in Verbrecherkartelle eingeschleust worden. Mit ihm werden eine ganze Reihe spektakulärer Aktionen in Verbindung gebracht, darunter die Verhaftung eines RAF-Terroristen in Griechenland, der Fund des geraubten Kölner Domschatzes und der Seveso-Giftfässer.

Mauss galt als Mann ohne Gesicht und mit vielen Identitäten; er besass auch einen Schweizer Pass mit einem Decknamen, den ihm die Schweizer Polizei einmal für eine Kooperation ausgestellt hatte. In den Achtziger- und Neunzigerjahren erschienen auch Bücher und Filme über Mauss. Dann geriet er etwas in Vergessenheit. Bis Ende 2012 Ermittler sein Anwesen in Rheinland-Pfalz durchsuchten: Verdacht auf Steuerhinterziehung. Seither kämpfte die Agentenlegende mit der deutschen Steuerfahndung. Die Strafverfolger wollten ihm nicht so recht glauben, dass er die nicht deklarierten Millionen auf seinen UBS-Stiftungskonten für Geheimoperationen wie beispielsweise Geiselbefreiungen angelegt hatte. Da kam Werner Mauss Daniel M. wie gelegen.

Er kontaktierte Mitte 2014 die UBS, bei der er Grosskunde war, und meldete einen brisanten Verdacht: Aus dem Interbankensystem Swift, so warnte er, würden Informationen über Geldflüsse verkauft. Anbieter sei ein ehemaliger Sicherheitschef ihrer Bank: Dieser heisse Daniel M. Die UBS schätzte die Meldung als eher unglaubwürdig ein, denn um Swift hatte es immer wieder solche Gerüchte geben, die sich als falsch erwiesen, und M. war zwar Sicherheitsmitarbeiter, aber nie -chef gewesen. Doch die Grossbank konnte es sich nicht erlauben, jetzt noch einen Fehler zu machen. Insbesondere in Deutschland stand sie unter starkem Druck. An zehn deutschen UBS-Standorten hatte es Razzien gegeben, und es wurde gegen zahlreiche Angestellte ermittelt. Nach zähen Verhandlungen war eben ein Deal mit den Behörden zustande gekommen: Gegen Zahlung einer Rekordbusse von 300 Millionen Euro wurden die Grossbank und ihre betroffenen Mitarbeiterinnen und Mitarbeiter alle strafrechtlichen Sorgen in der Bundesrepublik los. Falls Werner Mauss recht haben sollte, würde dies allerdings einen Rückschlag und eine erneute massive Schädigung des Schweizer Finanzplatzes bedeuten. Deshalb beschloss die UBS, der Sache nachzugehen. Und übertrug die Aktion Werner Mauss, dem selbst ernannten »Pionier gegen das Verbrechen«. Damit hatte dieser, so musste er sich gedacht haben, einen Auftrag, der ihm in seinem eigenen Steuerverfahren nützlich sein konnte.

Er setzte nun also Wilhelm Dietl auf Daniel M. an. Dietl, ein Journalist aus Bayern, war eine ähnlich schillernde Figur wie

Mauss. Hatte Mauss unter anderem Geiseln aus den Händen der kolumbianischen Farc-Guerilleros oder der radikalislamischen Hisbollah befreit, traf Dietl sich mit Mudschahedin in den Bergen Afghanistans. Gleichzeitig war der Reporter ab den Achtzigerjahren rund ein Jahrzehnt lang unter dem Decknamen Dali für den deutschen Auslandsgeheimdienst BND tätig gewesen. Nachdem er enttarnt worden war, schrieb er Bücher über seine abenteuerlichen Begegnungen mit den gefährlichsten Männern der Welt, über Sexorgien mit Informanten und Einschusslöcher in einem Kofferraum. Und er verfolgte den Mann, den er für seine Enttarnung verantwortlich machte: den zwischenzeitlich pensionierten BND-Chef August Hanning.

Genau um diesen Hanning ging es auch bei einer der ersten Zusammenkünfte Wilhelm Dietls mit Daniel M. Dietl hatte über Mittelsmänner mit M. Kontakt aufgenommen, und bald trafen sich die beiden häufig. Dietl verfasste zu jedem Treffen einen ausführlichen Bericht. »Sehr charmant, die Aura eines Erfolgsmannes, mittelgross, schwarzer Anzug, weisses Hemd (teuer)«, hielt er in einem davon zu M. fest.

Ende August 2014 bat Dietl M. dann im Hotel Gotthard an der Zürcher Bahnhofstrasse um Bankdaten zu August Hanning. Informationen zu Konten des früheren BND-Präsidenten beschaffen? Keine leichte Aufgabe. M. kontaktierte Tal Hanan, einen Israeli, der in der israelischen Armee als Bombenentschärfer gearbeitet hatte und nun als Leiter einer Sicherheitsfirma Finanzinstitute, Millionäre, Regierungen beriet. Hanan war auch ein sporadischer Kunde von M. & Associates, wobei über die Aufträge keine Details bekannt sind.

Viele Jahre später, 2022, fand das journalistische Netzwerk Forbidden Stories heraus, was dieser Hanan so alles trieb. Die Reporter gaben sich als potenzielle Kunden von Hanans Demoman International aus und besuchten den Geheimdienstveteranen in seiner Kommandozentrale in der israelischen Stadt Modiin. Hanan stellte sich als Jorge vor. Er und seine Partner – alles Ex-Agenten Israels – erzählten freimütig, in welchen Ländern sie schon aktiv waren, wie sie vorgingen und was das kostete. Ihr Angebot richtete sich in erster Linie an Politiker und schwerreiche Geschäftsleute, die beispielsweise für ein paar Millionen eine Wahl beeinflussen wollten. Die Israelis besorgten gehacktes Material oder stellten Fakes her, um politische Gegner unter Druck zu setzen, organisierten Cyberangriffe, um in der Bevölkerung für Verunsicherung zu sorgen, und setzten Zehntausende von Social-Media-Accounts ein, um in welchem Land auch immer politische Stimmungen zu beeinflussen.

Nach eigenen Angaben hatten sie bereits in dreiunddreissig Wahlkämpfe und Referenden eingegriffen, in siebenundzwanzig davon »erfolgreich«, also im Sinne der Kundschaft. Einmal – in Kenia standen zu der Zeit gerade Präsidentschaftswahlen an – zeigte Jorge in einer Live-Demonstration sein Können: Er hackte das G-Mail-Konto des Assistenten eines einflussreichen kenianischen Politikers und drang in den Telegram-Account eines Ministers ein. So konnte er die Kommunikation der beiden Akteure mitlesen und sogar manipulieren. Oder wie Tal Hanan alias Jorge sagte: »Jetzt kann ich hier Probleme machen.«

Der lahme Tiger schnappt zu

Dieser Tal Hanan – sein Motto lautete damals: »Wir helfen unseren Kunden, aus Problemen Chancen zu machen« – gab den Auftrag von Daniel M., die Kontoinformationen August Hannings zu besorgen, an einen gewissen Sergei weiter, einen IT-Spezialisten. Das sagte Hanan zumindest, als er später von der

Schweizer Polizei verhört wurde. Der Hacker Sergei habe sich ins Darknet eingewählt, jenen Teil des Internets also, in dem sich Aktivistinnen und Dissidenten, aber auch Verbrecherinnen und Verbrecher vollkommen anonym bewegen können. In einem russischsprachigen Chatroom sei dieser Sergei auf jemanden gestossen, der behauptete, Bankdaten liefern zu können. Danach sei alles fast unheimlich einfach gegangen: Preisverhandlung, Kontaktaufnahme via SMS, Übergabe eines USB-Sticks an einem bestimmten Ort. Darauf war der sogenannte »August Hanning – Confidential Report« gespeichert, den Tal Hanan nach Zürich mailte. M. konnte sein Glück kaum fassen.

Und so liess sich M. am 19. September 2014 nach Frankfurt zum Hotel Intercontinental chauffieren. Er hatte, um Dietl erneut zu treffen, eine Limousine gemietet und den Ehemann seiner Fusspflegerin als Fahrer verpflichtet. Daniel M. ahnte nicht, dass er gerade in eine Falle tappte, die Dietl und der Mann im Hintergrund, Werner Mauss, gestellt hatten. Die beiden nahmen heimlich jede Sekunde der Begegnungen Dietls mit M. auf. Selbst die gemietete Limousine wurde fotografiert. Und Mauss informierte die UBS jeweils zeitnah über die Fortschritte seiner Agent-Provocateur-Aktion. Insgesamt elfmal traf er sich dafür mit Exponenten der Bank. Auch darüber führte er Buch. Meistens mit dabei war ein Schweizer Spitzenjurist aus der UBS-Zentrale in Zürich, der später aussagte, dass Mauss »eine finanzielle Erwartungshaltung« gehabt habe, die UBS aber nicht bezahlt habe.

Bei dem Treffen im September 2014 in der Club-Lounge des »Intercontinental« smalltalkten Dietl und Daniel M. zunächst über Kinder und Zürcher Wohnungsmieten. Daniel M. liess sich über alle möglichen Themen aus, sprach über seine Vietnamreisen (»gewaltig, was da abgeht«), den Steuersünder Uli Hoeness (»völlig verfehlt, dass man ihn einsperrt«), den US-Politiker Rudy Giuliani (»ein guter Mann, absolut ein guter Mann, ja«).

Nebenbei brüstete er sich damit, dass er bei der UBS direkt an CEO Oswald Grübel rapportiert habe, den er im Übrigen sehr gut kenne. Und dass er für den Schweizer Geheimdienst, bei dem er »gross geworden« sei, nach wie vor aktiv sei (der NDB hatte ihm den Quasirauswurf ja noch nicht mitgeteilt). »Wissen Sie«, lässt sich in den von Mauss angefertigten Gesprächstranskripten nachlesen, »dem Schweizer Nachrichtendienst, dem hat man alle Zähne gezogen. Das ist ein lahmer Tiger, das ist eine Ministrantengruppe. Eben darum muss ich jetzt für den Staat hinausgehen.« Im Übrigen sei er auch in Asien im »Regierungsauftrag« unterwegs gewesen, da sei es um die »Problematik Islamismus, Extremismus« gegangen. Schliesslich gingen sie zum Geschäftlichen über. M. übergab Dietl das Hanning-Dossier. Dietl zahlte die vereinbarten 42 000 Euro. M. überwies Hanan dessen Anteil.

Allerdings gab es da ein kleines Problem: Die beschaffte Kontonummer August Hannings stimmte gar nicht. Sie gehörte in Wahrheit einer Zürcher Firma, die wasserdichte Reissverschlüsse herstellte. Das hätte man bereits damals mit ein bisschen Googeln innerhalb weniger Sekunden feststellen können. Auch andere Angaben im »August Hanning – Confidential Report« waren offensichtlich falsch. Doch weder in Israel noch in der Schweiz, noch in Deutschland fiel das jemandem auf – oder es schien einfach niemanden zu interessieren. Hatte wirklich keiner gemerkt, dass alles gefälscht war? Das ist kaum zu glauben, denn die Involvierten in den drei Ländern waren alle geübt darin, solche Fälschungen zu erkennen. Doch es hatte alles so gut funktioniert, alle wollten weitermachen. Zumal Tal Hanan Daniel M. bereits geschrieben hatte, dass er Informationen zu »allen möglichen Konten«, auch von anderen Deutschen, liefern könne, von »Politikern, Geschäftsleuten, Künstlern etc.«. Dietl zeigte sich sehr interessiert. Wieder konnte der Israeli liefern. Und zwar Daten zu gleich siebentausend deutschen Kundinnen und Kunden der Gazprombank. M. zeigte sich überrascht und erfreut. »Ich habe gedacht, der Schröder hat vielleicht ein Konto bei Gazprom ... und vielleicht noch zwei, drei Anverwandte und Freunde«, sagte er, als er Dietl die Daten präsentierte. »Aber 7000, das ist ein Wahnsinn.« Falls Dietl Genaueres dazu wissen wolle, sagte M., koste das achtzig Dollar pro Bankbeziehung. »Sind 560 000 Dollar«, hielt Dietl danach in einer Notiz fest.

Die Liste der Gazprombank-Kundschaft gelangte über Mauss zur UBS. Und dort realisierte man sofort, dass es sich um eine Fälschung handelte: Die Angaben konnten keinesfalls von der russischen Konkurrenz stammen: Die vermeintlichen Gazprombank-Konten wiesen IBAN-Nummern auf – Russland gehörte aber gar nicht zum IBAN-Netzwerk. M. (beziehungsweise Hanan) hatte ganz offensichtlich Datenmüll geliefert.

Die UBS informierte die Schweizer Bundesanwaltschaft im Dezember 2014 über ihre Erkenntnisse. Damit stiess sie bei Staatsanwalt Bulletti nach Aussagen des involvierten Bankjuristen auf Interesse. Gemeinsam habe man entschieden, den Agent Provocateur Dietl zunächst weitermachen zu lassen. Zu dem Zeitpunkt hatte Mauss bereits 90 000 Euro über Dietl an M. gezahlt. Immer mehr Aufnahmen und weiteres für M. unvorteilhaftes Material gelangten nun via Grossbank nach Bern zur Bundesanwaltschaft. Am 12. Januar 2015 erstattete die UBS »nach Rücksprache mit der Bundesanwaltschaft« schliesslich Strafanzeige gegen Daniel M. Staatsanwalt Bulletti eröffnete ein Verfahren wegen Verdachts auf wirtschaftlichen Nachrichtendienst, was der Bundeskriminalpolizei erlaubte, Telefonanschlüsse von M. abzuhören. Da sich bei einer der ersten Abhöraktionen die Vermieterin bei M. nach Eiswürfeln im Tiefkühlfach erkundigte, erhielt der Fall den Namen »Eiswürfel«. Das passte gut zum CS-Datenfall »Eisbein«.

Nun galt es nur noch, M. zu überführen, am besten auf frischer Tat – und zwar nicht in Deutschland, sondern in der Schweiz. Wieder oblag es Altmeister Mauss, die Falle zu stellen. Der mittlerweile Fünfundsiebzigjährige, das hielt später die deutsche Justiz fest, arbeitete »einen Festnahmeplan« aus. Dieser Plan, über die UBS an die Bundesanwaltschaft weitergeleitet, sah vor: M. und Dietl sollten sich am 2. Februar 2015 im Fünfsternehotel Savoy am Zürcher Paradeplatz treffen. Kurz vorher sollte M. jedoch einen Anruf von Dietl bekommen, dass er auf dem Weg von St. Moritz nach Zürich einen Autounfall gehabt habe und er deshalb an seiner Stelle seinen Sekretär namens Ladner schicke. So geschah es. Im »Savoy« händigte M. dem vermeintlichen Sekretär die von Dietl erwünschten Informationen zu den Gazprom-Konten aus. Danach gingen sie gemeinsam zu Ladners Land Rover. M. stieg ein, um seine Entschädigung – vereinbart waren 280 000 Franken – zu kassieren, während Ladner vorgab, das Geld aus dem Kofferraum zu holen. Dann rissen Einsatzkräfte der Polizei die Beifahrertür auf und nahmen M. fest.

In den Fängen der Justiz

Noch am selben Tag, um zehn Minuten vor Mitternacht, nahm Carlo Bulletti, der Leiter der Staatsschutzabteilung der Bundesanwaltschaft, Daniel M. zum ersten Mal in die Zange. Er kannte den Zürcher Ex-Polizisten, wenn auch nicht besonders gut, aus dessen Zeit im UBS-Sicherheitsdienst. Bulletti eröffnete M., dass er unter dringendem Tatverdacht des »wirtschaftlichen Nachrichtendiensts« stehe. »Ich bin jetzt etwas durcheinander«, sagte M. laut Verhörprotokoll. Dann gestand er, dass er die Hanning- und die Gazprombank-Daten von Tal Hanan erhalten und an Wilhelm Dietl verkauft habe. Seine Abmachung mit Dietl sei jedoch gewesen, »dass ich keine Schweizer Bankkunden liefere«. Als Ex-UBSler wusste M. ja bestens, dass es verboten war, schweizerische Bankdaten an wen auch immer weiterzugeben – so weit galt das Bankgeheimnis noch. Über Details liess er sich in dieser Einvernahme aber nicht aus. Er glaubte, dass Bulletti ihn gleich wieder laufen lasse, zumal er ja nicht gegen Schweizer Interessen oder im Auftrag eines anderen Staats gehandelt hatte. Das geschah aber nicht.

Nach vier Nächten in Haft entschied sich M., auszupacken. Die Gelegenheit dazu bot sich bei einer Befragung durch die Bundeskriminalpolizei. Im Einvernahmezentrum des Bundes in Bern lieferte sein Strafverteidiger, der bekannte Zürcher Anwalt Valentin Landmann, Daniel M. eine gute Vorlage: Er fragte seinen Klienten, wie er »gegebenenfalls den deutschen Behörden in Sachen Bankdaten in die Quere gekommen« sein könnte. M. antwortete, dass er bis vor einem Jahr als externe Quelle für den Schweizer Nachrichtendienst aktiv gewesen sei, wobei die Zusammenarbeit noch nicht beendet sei. Er mache, so sagte

M. entschuldigend, die Aussagen zu seinen Undercover-Aktionen im Auftrag der Eidgenossenschaft nur »ungern«: »Aber ich habe das Gefühl, dass da eine grössere Geschichte, möglicherweise von deutschen Diensten, gegen mich im Gange ist, im Zusammenhang mit meiner Tätigkeit für den Schweizer Nachrichtendienst. Ich fühle mich alleine und mit dem Rücken zur Wand.«

Um die Vermutung zu begründen, tat Daniel M. nun etwas, was er später bitter bereute: Er gab den Ermittlern der Bundeskriminalpolizei Details zu seiner Top-Secret-NDB-Mission in Deutschland preis. »Ich betrachte Sie als Amtsgeheimnisträger, Sie können mit diesen Daten umgehen«, sagte M. noch, bevor er loslegte. Es schien ihm eine Selbstverständlichkeit zu sein, dass alles geheim bleiben würde. Immerhin hatte er es ja mit den Staatsschutzspezialisten der Bundeskriminalpolizei zu tun, und das Verfahren wurde von der Staatsschutzabteilung der Bundesanwaltschaft geleitet – also den engsten strafrechtlichen Partnern des NDB. Er sollte sich aber, wie er später schmerzlich erfuhr, täuschen.

Zuerst holte M. etwas aus und sprach über die Steuer-CD-Problematik im Allgemeinen. Das Thema kannten seine Befrager bestens. Sie ermittelten seit Jahren deswegen: Fälle wie »Eisbein« waren ihre Fälle. Neu war für die Bundeskriminalpolizisten hingegen, dass M. parallel zum Schweizer Nachrichtendienst des Bundes in Deutschland aktiv gewesen war. Der NDB, so erzählte M., habe ihn beauftragt, abzuklären, wie die deutsche Steuerfahndung »an Schweizer Bankmitarbeiter herangeht, um diese zu korrumpieren, zu bestechen, zu bezahlen und zur Mitarbeit zu bewegen«. Stolz erklärte er, dass er das »Sudoku« gelöst habe – er meinte die Recherche der Geburtsdaten, Adressen, Funktionen und Telefonnummern der drei deutschen Steuerfahnder –, was dazu geführt habe, dass sie Anfang 2012 zur Verhaftung ausgeschrieben werden konnten. Bei den betroffenen Behörden in Deutschland habe es »einen Aufschrei des Entsetzens gegeben«. Deshalb – so zeigte sich M. nun überzeugt – habe man es sich zum Ziel gesetzt, die für den Haftbefehl Verantwortlichen »herauszufinden und unschädlich zu machen«. Spektakuläres und für die Bundeskriminalpolizisten Neues hatte M. von der Mission Maulwurf zu berichten: Es sei ihm mit einem Partner aus Frankfurt gelungen, eine Quelle in der Steuerfahndung Nordrhein-Westfalen »einzupflanzen«. Auf seinem beschlagnahmten PC finde sich ein erster Bericht über die Operation für den NDB, den er noch redigieren müsse. Die eingeschleuste Person habe allerdings noch keine sachdienlichen Informationen geliefert. Die Bundeskriminalpolizisten fragten M. nach Belegen, wollten wissen, ob er Namen nennen und Aufträge nachweisen könne, damit sich das alles verifizieren liesse. M. konnte. Er nannte mehrere Klar- und einige Decknamen seiner Kontakte beim NDB. Die Befrager befanden: Das klang zwar abenteuerlich, wirkte aber nicht völlig frei erfunden.

Statt Hilfe nur Verrat

In den einsamen Nächten im Regionalgefängnis Burgdorf hatte Daniel M. viel Zeit. Er ärgerte sich über seine Naivität, seine Dummheit, seine Gier und zermarterte sich den Kopf, wem er es zu verdanken hatte, dass er in Untersuchungshaft sass. Wer hinter Dietl steckte, wusste er ja noch nicht. Und auch die Tage waren lang in Burgdorf. Etwas Abwechslung brachten einzig die Befragungen. Einmal hielt die Bundeskriminalpolizei M. vor, er habe gegen die Schweiz wirtschaftlichen Nachrichtendienst betrieben. M. gab protestierend zu Protokoll, dass er »definitiv kein

Doppelagent« sei. »Die schweizerischen Interessen liegen mir sehr am Herzen«, beteuerte er. Die Frage, ob er mit dem NDB nicht über die Tätigkeit mit Dietl gesprochen habe, musste er verneinen, setzte aber hinzu: »Das hätte ich natürlich besser tun sollen.« Etwa ein Monat war seit M.s Verhaftung verstrichen, als ein Bundeskriminalpolizist laut Protokoll von ihm wissen wollte: »Kennen Sie Mauss Werner?« Die UBS, wurde M. beschieden, habe »auf Nachfrage« mitgeteilt, dass hinter Wilhelm Dietl dieser deutsche Agent stehe. Nun schwante Daniel M., in welch teuflische Falle er gelaufen war. Er nutzte die Einvernahmen, um seine Theorie darzulegen, weshalb er in diese Situation geraten war. Warum wohl hatte Werner Mauss die UBS mit all diesen Informationen versorgt? Das war doch kein Zufall, nein! Es sei Mauss um nichts anderes gegangen, als ihn kaputtzumachen – als Revanche für das Vorgehen der Schweiz gegen die deutschen Steuerfahnder.

Doch das ging alles nicht so richtig auf: Mauss war ja selbst ins Visier der Steuerfahndung geraten. Was den legendären Agenten antrieb, das hatte M. noch nicht vollumfänglich erfasst. Er kannte ja auch die Verteidigungsstrategie seines neuen Widersachers in dessen deutschen Steuerverfahren nicht: Dort wollte Mauss nicht nur die Strafverfolger davon überzeugen, dass er seine Schweizer Millionen für staatliche Geheimaufträge angelegt hatte, sondern auch zeigen, dass er in der Verbrechensbekämpfung nach wie vor aktiv und erfolgreich war. Dazu passte nur zu gut, dass er gerade in der Schweiz einen mutmasslichen Bankdatenhändler hinter Gitter gebracht hatte.

Daniel M. wurde nach 36 Tagen Untersuchungshaft entlassen. Die Ermittlungen waren so weit gediehen, dass keine Gefahr mehr von Absprachen oder anderer unzulässiger Beeinflussung der Beweislage bestand. Nun holte M. das Versäumte nach. Er liess dem NDB, in dessen Dienst er seines Wissens immer noch stand, die Akten seines Verfahrens zukommen. Enthalten waren darin auch die Berichte von Mauss und Dietl an die UBS. Und er schickte das ganze unter dem Namen »Eiswürfel« angelegte Dossier auch an Heiner Neuer in Frankfurt. Vom Schweizer Geheimdienst versprach sich M. Protektion im weiteren Verlauf des Strafverfahrens, zumal es nun um die Frage ging: Anklage oder Einstellung des Verfahrens? Von seinem deutschen Geschäftspartner erhoffte er sich Hilfe bei der Öffentlichkeitsarbeit, denn es war zu befürchten, dass sich die Medien auf den Fall stürzen würden, sobald jemand Infos dazu leakte. Doch Heiner Neuer lehnte es nicht nur ab, Reputationsmanagement für Daniel M. zu betreiben. Er hinterging seinen tief gefallenen Kollegen sogar, indem er das »Eiswürfel«-Dossier an August Hanning weiterleitete.

Damit konnte der ehemalige deutsche Geheimdienstchef schwarz auf weiss nachlesen, was ein Schweizer namens Daniel M. und die beiden ihm wohlbekannten Herren Mauss und Dietl alles gegen ihn unternommen hatten. Nach Aussagen von Neuer spuckte Hanning daraufhin Gift und Galle, und er erstattete am 13. August 2015 bei der Bundesanwaltschaft in Bern Strafanzeige wegen der Beschaffung seiner (wenn auch falschen) Bankdaten.

Eine Woche später machte mein Kollege Martin Stoll im »Tages-Anzeiger« den Fall publik. »Gegen einen inoffiziellen Agenten des Schweizer Nachrichtendiensts läuft ein Verfahren«, hiess es im Lead. »Er soll Daten eines deutschen Ex-Geheimdienstchefs verkauft« haben. Auch das Wirtschaftsmagazin »Bilanz« berichtete über den »Alpen-Spion« und die »Groteske aus der Spionagewelt«. Der NDB verteidigte sich, indem er durchsickern liess, dass der Beschuldigte kein fester Mitarbeiter, sondern nur eine Quelle gewesen und längst nicht mehr für ihn tätig sei. Und überhaupt: Bei der Auswahl der Informanten dürfe man nicht zimperlich sein: Das seien häufig »keine Chorknaben«. Vieles blieb undurchsichtig, vieles wirkte wie eine Spionageposse. Aber die politischen und strafrechtlichen Folgen waren durchaus ernst.

Im »Bilanz«-Artikel war auch erwähnt worden, dass Daniel M. für den NDB deutsche Steuerfahnder ausgekundschaftet hätte. Bis dahin war nicht bekannt gewesen, dass die Schweiz im Steuerstreit auch einen Agenten eingesetzt hatte. Entsprechend empörte sich Nordrhein-Westfalens Finanzminister Norbert Walter-Borjans. Er liess verlauten, dass die Schweiz und mehrere Schweizer Grossbanken zwar »seit längerem die Abkehr vom Geschäftsmodell des organisierten Steuerbetrugs« propagierten, doch nun gebe es »offenbar ernst zu nehmende Vermutungen, dass der Schweizer Nachrichtendienst unsere Steuerfahnder mit angeheuerten Agenten verfolgt hat«. Das sei »skandalös«. Nun wurde auch die deutsche Justiz aktiv. Damit bekam Daniel M. in Deutschland ebenfalls Probleme. Und jene, die ihn reingelegt hatten, bekamen Probleme in der Schweiz.

Viel heisse Luft

In Bern dehnte die Bundesanwaltschaft überraschend das »Eiswürfel«-Verfahren auf diejenigen aus, die ihr geholfen hatten, Daniel M. hinter Gitter zu bringen: auf Werner Mauss und Wilhelm Dietl. Die beiden einstigen BND-Agenten waren jetzt Mitbeschuldigte. Der Vorwurf lautete ebenfalls auf wirtschaftlichen Nachrichtendienst, da auch sie beim Handel mit den Hanning- und Gazprombank-Daten eine aktive Rolle gespielt hatten.

Staatsanwalt Bulletti lud Mauss und Dietl zur Befragung vor. Die deutschen Ex-Agenten erhielten freies Geleit für die Reise in die Schweiz. So mussten sie keine Verhaftung befürchten. In Bern bestritten beide jeglichen Spionagevorwurf. Sie beteuerten, es sei ihnen einzig und allein darum gegangen, die kriminellen Machenschaften aufzudecken, sprich Daniel M.s illegalen Handel mit Bankdaten.

Wilhelm Dietl tischte der Bundesanwaltschaft ausserdem eine völlig verrückt klingende Geschichte auf, die für viel Aufregung sorgte: Er habe, sagte er, an einer Sicherheitskonferenz in Graz zwei NDB-Mitarbeiter kennen gelernt, »circa fünfzig Jahre alt, mittelgross, untersetzt, mit schütterem Haar«. Sie hätten sich Urs Steiner und Laurenz Bürgli genannt. Soweit er wisse, sei der eine im Schweizer Nachrichtendienst in führender Position für die Beschaffung von Informationen zuständig, der andere sein Stellvertreter, wobei es sich bei den Namen um Decknamen handeln könne. Mit diesen beiden hochrangigen Schweizer Geheimdienstlern, behauptete er, arbeite Daniel M. bei der Beschaffung von Swift-Daten in krimineller Weise zusammen.

Und das war noch nicht alles. Das Beste hatte sich Dietl bis zum Schluss seiner Einvernahme aufgespart: Steiner und Bürgli, sagte er aus, hätten auch ihn immer wieder mit Unterlagen versorgt. Bezahlt habe er insgesamt rund 10 000 Franken. Dafür habe er unter anderem eine 51 Seiten umfassende Liste von Agenten der CIA, des britischen MI6 und des Mossad mitsamt deren Klarnamen bekommen. In Bern löste Dietl mit solchen Aussagen zu den angeblichen Aktivitäten des Duos Steiner und Bürgli Hektik aus. Der Bundesrat wurde über den möglichen grossen Geheimnisverrat im NDB informiert, und Bulletti eröffnete ein neues Strafverfahren, diesmal wegen politischen Nachrichtendiensts. Es richtete sich formell gegen unbekannt, aber im Verdacht standen natürlich Steiner und Bürgli, deren wahre Identität die Bundesanwaltschaft nicht kannte. Der Fall bekam den Namen »Eiswürfel 2«.

Doch bald schon stellte sich heraus, dass es keine NDB-Mitarbeiter gab, die zu Dietls Personenbeschreibungen passten, und dass auch die anderen Angaben frei erfunden waren. Und die angeblich hochbrisanten Informationen über die CIA-, MI6- und Mossad-Agenten stammten, für jedermann einsehbar, aus dem Internet. Nichts als heisse Luft also. Das Verfahren gegen die angeblichen NDB-Kaderleute Steiner und Bürgli, die nicht existierten, wurde eingestellt. Dafür wurde gegen Wilhelm Dietl eine zusätzliche Strafuntersuchung eröffnet wegen Irreführung der Rechtspflege. Deswegen wurde er später per Strafbefehl zu einer bedingten Geldstrafe von 160 Tagessätzen zu je 100 Franken verurteilt.

Ein Geschenk des Himmels

Weiter lief dagegen das Schweizer Hauptverfahren bezüglich der gefälschten Bankdaten, das sich anfangs nur gegen Daniel M. und dessen israelischen Partner Tal Hanan gerichtet hatte, dann aber auf Werner Mauss und Wilhelm Dietl ausgedehnt worden war. Hier gab es nun eine folgenschwere Überraschung: Anfang 2016, die Geschichte mit Steiner und Bürgli war kaum aufgeflogen, bekamen Mauss und Dietl erneut Post aus der Schweiz, diesmal dicke. Staatsanwalt Bulletti liess ihnen die gesamten Verfahrensakten zu »Eiswürfel 1« zukommen.

Auf M., aber auch auf den Schweizer Geheimdienst wirkte dies, als sie später davon erfuhren, wie ein Verrat. Denn in den Akten enthalten waren die Einvernahmeprotokolle, in denen M. seine Arbeit für den NDB detailliert beschrieb. Die Staatsschutzabteilung der Bundesanwaltschaft schien demnach also kein Problem darin zu sehen, dass Mauss und Dietl, zwei der schillerndsten deutschen Agenten, nun so vieles über die Abklärungen von M. für den NDB zu den deutschen Steuerfahndern und auch einiges über die Mission Maulwurf erfuhren. Als die Bundesanwaltschaft später für die Preisgabe der Staatsgeheimnisse kritisiert wurde, bezeichnete sie die Offenlegung des Dossiers als alternativlos: Hätte sie das Dossier nicht komplett oder mit geschwärzten Passagen ausgehändigt, so argumentierte sie, hätte sie die Rechte der Beschuldigten beschnitten.

Für Werner Mauss war das Datenpaket ein Geschenk des Himmels. Denn das Problem, mit dem er seit Jahren kämpfte, war noch virulenter geworden: Die Staatsanwaltschaft Bochum hatte inzwischen Anklage gegen ihn erhoben wegen Einkommenssteuerhinterziehung in zwölf Fällen. Sie zeigte sich überzeugt, dass Mauss unter dem Decknamen Claus Möllner seit den späten 1980er-Jahren verschiedene Stiftungen bei der UBS unterhalten hatte. Und dass er bis 2015 »unter einem ganz erheblichen und fortgesetzten Verschleierungsaufwand« den Steuerbehörden Vermögensanlagen zwischen 26 und 60 Millionen US-Dollar verschwiegen habe. Zwar beteuerte Mauss nach wie vor, dass er die UBS-Stiftungen eingerichtet habe, um die Millionenbeträge treuhänderisch für staatliche Geheimorganisationen zu verwalten. Doch das wollte ihm die deutsche Staatsanwaltschaft partout nicht abnehmen. Dank den Akten aus der Schweiz konnte Mauss nun einen Beweis dafür vorlegen, dass er nach wie vor einer der »Guten« war. Denn: Zeigten die »Eiswürfel«-Unterlagen nicht, dass er das Geld dafür benutzt hatte, einen schweizerischen und einen israelischen Bankdatenhändler in die Falle zu locken und zu überführen? Mauss reichte die Schweizer Strafakten an seine Bochumer Ankläger weiter.

Diese dürften nicht schlecht gestaunt haben, als sie darin die detaillierten Angaben zur gross angelegten Spionageaktion der Schweizer in Deutschland entdeckten. Wohl nur selten bekam man einen Fall derart auf dem Silbertablett serviert: Von den Abklärungen zu den Wuppertaler Steuerfahndern über die Bemühungen zur Installation eines Maulwurfs in der Steuerverwaltung bis hin zu Namen von in die Operation verwickelten NDB-Mitarbeitern – alles war fein säuberlich protokolliert.

Schade nur, dass es sich um eine Staatsschutzsache handelte, für deren Verfolgung die mit Mauss befasste Bochumer Behörde gar nicht zuständig war. Sie musste deshalb die schönen Schweizer »Eiswürfel«-Dokumente nach Karlsruhe weiterleiten. Dort eröffnete dann der Generalbundesanwalt ein Ermittlungsverfahren gegen Daniel M. wegen des Verdachts der geheimdienstlichen Agententätigkeit. Die Formulierung des Haftbefehls gestaltete sich einfach, der Generalbundesanwalt konnte dabei Aussagen von M. fast wörtlich aus den »Eiswürfel«-Akten übernehmen.

Nun musste Deutschland des »Alpen-Spions« nur noch habhaft werden. Die Ermittler hörten deshalb die Telefone von M. und dem Frankfurter Sicherheitsconsultingunternehmen ab. Obwohl Heiner Neuer alles andere als eine Hilfe gewesen war, als Daniel M. in der Schweiz in U-Haft sass, blieb die Geschäftsbeziehung bestehen. Und so bekamen die Lauscher nach einiger Zeit mit, dass Neuer und M. ein Treffen verabredeten.

Auf Maulwurfjagd

Die »Indianer« und die »Kavalleristen« hatten das Kriegsbeil längst begraben, als Daniel M. am 28. April 2017 in Frankfurt eintraf. Fast sieben Jahre waren vergangen, seit er als Freelancer beim Schweizer Geheimdienst angefangen hatte. Und drei Jahre waren es her, dass der NDB die Mission Maulwurf beendet hatte. Wie hatten sich die Zeiten geändert! Anfang Jahr war der automatische Informationsaustausch der Schweiz mit der Europäischen Union in Steuersachen in Kraft getreten. Damit war das Bankgeheimnis, was die Kundschaft aus EU-Ländern betraf, Geschichte. Daniel M. bedauerte das sehr.

Ebenfalls im Januar 2017 hatten die Schweiz und Deutschland etwas unterzeichnet, was sehr selten vorkommt und noch geheim war: ein No-Spy-Abkommen. Sie verpflichteten sich, auf gegenseitige Spionage zu verzichten. Mit diesem Memorandum of Understanding endete die bislang einzige Phase, in der sich die Eidgenossenschaft und die Bundesrepublik gegenseitig intensiv ausgeforscht hatten. Zwischen den beiden Nachbarn herrschte nach dem kurzen, aber intensiven Wirtschaftskrieg nun auch nachrichtendienstlich wieder Frieden.

Doch all dies nützte Daniel M. wenig, als er seinen schwarzen Audi Q5 in die Tiefgarage des Frankfurter Hotel Roomers lenkte. Nur wenige Augenblicke später wurde er verhaftet. Der Generalbundesanwalt in Karlsruhe gab noch gleichentags bekannt, er habe »den vierundfünfzigjährigen Schweizer Staatsangehörigen Daniel M.« festnehmen lassen. Dieser sei »dringend verdächtig, seit Anfang 2012 für den Geheimdienst einer fremden Macht tätig gewesen zu sein«. Das waren Breaking News. Die Verhaftung eines Schweizer Agenten durch einen ausländischen Staat – das hatte es lange nicht gegeben.

Nur Ältere erinnern sich an eine andere Peinlichkeit der Schweizer Spionagegeschichte. Am 22. November 1979 hatte die österreichische Polizei den Schweizer Kurt Schilling in Amstetten in Niederösterreich festgesetzt. Der Betriebsberater aus Zug war in flagranti erwischt worden, als er ziemlich auffällig ein

Manöver des österreichischen Bundesheeres ausspionierte. Er hatte »fotografiert wie ein Verrückter«, sodass es den Österreichern auffiel. Für die Untersuchungsrichterin war klar: Ein Ostspion! Doch es war ein Schweizer. Vor Gericht gab Schilling an, er habe von seinem Führungsoffizier Oberst Albert Bachmann, Mitglied der Untergruppe Nachrichten und Abwehr im Eidgenössischen Militärdepartement, den Auftrag bekommen, herauszufinden, »wie lange Österreich einem Angriff aus dem Osten standhalten könnte«. In Österreich erhielt Schilling fünf Monate bedingt wegen Spionage, zurück in der Schweiz nochmals fünf Monate, weil er mit seinen Aussagen militärische Geheimnisse verraten hatte.

Fast vier Jahrzehnte später war Daniel M.s Verhaftung für den NDB und vor allem die Bundesanwaltschaft, die ihn ans Messer geliefert hatte, ähnlich peinlich. Es dauerte im April 2017 nicht lange, bis die halbe Schweiz und halb Deutschland den Namen des Spions kannte. Nach und nach erfuhr das in beiden Ländern sehr am Fall interessierte Medienpublik, wie Daniel M. und seine Auftraggeber vorgegangen waren. Aber hatten die Schweizer es wirklich geschafft, einen Maulwurf in der deutschen Steuerverwaltung zu installieren? Und wenn ja, war diese Person dort noch tätig? Genaues schien auch M. nicht zu wissen. Als man ihn noch am Tag seiner Verhaftung in die Mannheimer Justizvollzugsanstalt fuhr, war er, der langjährige Zürcher Stadtpolizist, etwas ins Reden gekommen. Er könne sich schon vorstellen, so protokollierten seine Bewacher, »was für uns besonders interessant sei«; er wisse aber nicht, wer die Quelle in der Finanzverwaltung sei, denn der Kontakt sei einzig und allein über Heiner Neuer gelaufen.

Die deutschen Ermittler machten sich nun auf Maulwurfjagd. Sie begannen mit der Frankfurter Sicherheitsconsultingfirma.

Die Durchsuchung hatte parallel zur Festnahme von M. in der »Roomers«-Tiefgarage stattgefunden und war erfolgreich. Man stellte den für die Fahnder praktischerweise unverschlüsselten E-Mail-Verkehr mit M. sicher. Danach war es ein Kinderspiel, nachzuweisen, dass die deutschen Partner für M. die Informationen zu den drei Steuerfahndern beschafft hatten. Es liess sich auch beweisen, dass diese Daten in die damaligen Festnahmebefehle eingeflossen waren, die Bulletti gegen das deutsche Steuerfahndungstrio ausgestellt hatte: Selbst der fehlerhafte Vorname der Gattin des Steuerfahndungschefs Peter Beckhoff war übernommen worden.

Doch das alles war inzwischen kalter Kaffee. Das Strafverfahren gegen Beckhoff und Co. hatte die Schweizer Bundesanwaltschaft bereits 2015 sistiert. Einer der drei Steuerfahnder war in der Zwischenzeit verstorben. Die beiden anderen durften längst wieder in die Schweiz reisen.

Noch immer aktuell und weitaus spannender war der Maulwurf. Doch zu ihm fand sich einfach keine Spur. Hatten die »Indianer« ihre Spuren so geschickt verwischt? Oder hatte M. oder sein Frankfurter Partner Neuer nur geblufft? Diese Fragen liessen sich auch anhand der sichergestellten E-Mails nicht beantworten. Kein Zweifel, dem NDB war es ernst gewesen mit der Platzierung eines Maulwurfs in der deutschen Finanzverwaltung. Dies bewies die E-Mail, in der Daniel M. Heiner Neuer freudig mitteilte, er habe den Auftrag, bei den deutschen Behörden einen Maulwurf zu installieren, und den Zuschlag für diesen 90 000-Euro-Auftrag erhalten. Aber hatte Neuer wirklich losgelegt? Oder nur kassiert? Dies wurde nie bekannt.

Eiszeit bei der Spionageabwehr

Nach der Verhaftung von M. kochte in Deutschland die Empörung über die Schweiz nochmals hoch – vor allem in Nordrhein-Westfalen, wo gerade Landtagswahlen anstanden. »Falls sich die Geschichte als wahr erweist«, sagte Finanzminister Norbert Walter-Borjans bezüglich des Maulwurfs, »wäre das ein handfester Skandal.« Seine Chefin, Ministerpräsidentin Hannelore Kraft, wie er von der Sozialdemokratischen Partei, sprach gar von einer »Sauerei«.

Die Bundesregierung in Berlin hingegen machte auf Deeskalation. Zwar wurde die Schweizer Botschafterin ins Aussenministerium zitiert. Doch danach liess man verlauten, das Verhältnis beider Länder sei »so eng und so gefestigt«, dass es »nicht so schnell« erschüttert werden könne. Beide Seiten hätten ein »starkes Interesse«, dass sich der Fall nicht negativ auf die bilateralen Beziehungen auswirke.

Alle Zeichen standen also auf Entspannung, erst recht als die SPD in Nordrhein-Westfalen, im Steuerstreit über Jahre am aggressivsten, abgewählt wurde. Nur der Generalbundesanwalt wollte nicht so richtig loslassen. Er liess abklären, ob die Personen, die laut M. für den NDB arbeiteten, tatsächlich existierten. Andi Burri war offensichtlich ein Deckname, aber Paul Zinniker, der NDB-Vizechef, war eine öffentliche Person und auch bei den deutschen Sicherheitsbehörden aus vielen Kontakten bestens bekannt. Aus den nach Deutschland geschickten Schweizer Akten ging hervor, dass Zinniker sich einst höchstpersönlich bei M. für die gelungene Informationsbeschaffung bezüglich der Wuppertaler Steuerfahnder bedankt hatte. Deshalb ging die Generalbundesanwaltschaft nun davon aus, dass M. ein Topagent sein musste. Er stand ja in direktem Kontakt zur Nummer zwei des Schweizer Geheimdiensts.

Die Verhaftung von M. bestimmte derweil in der Schweiz über viele Wochen die Schlagzeilen. NDB und Bundesanwaltschaft machten sich via Medien gegenseitig Vorwürfe. Der Nachrichtendienst verzieh es der Bundesanwaltschaft nicht, dass sie Mauss und Dietl die Akten herausgegeben und damit die Deutschland-Operation verraten hatte. Die Bundesanwaltschaft schimpfte, dass der Nachrichtendienst diese Operation überhaupt durchgeführt und ihr gegenüber verheimlicht hatte. Zwischen den beiden Behörden brach eine Eiszeit an. NDB-Direktor Markus Seiler und Bundesanwalt Michael Lauber redeten über das absolut Nötige hinaus nicht mehr miteinander. Das alles gab ein denkbar schlechtes Bild ab. In der Schweiz fragten sich viele, was da los war bei jenen, die sich um die Sicherheit des Landes kümmern sollten. Und natürlich hielten sich die deutschen Medien nicht mit Spott über die Schweizer und ihren »Agenten Doppelnull« zurück. Sollte jemals ein Film mit dem Titel »Der Spion, der aus den Alpen kam« gedreht werden, so wurde gewitzelt, sei der Schweizer Kabarettist Emil Steinberger die Idealbesetzung für die Hauptrolle.

Nur einem war ganz sicher nicht zum Lachen zumute: Daniel M. Für ihn war das Ganze eine Tragödie. Zwar war er nach der Ankunft im Mannheimer Gefängnis für kurze Zeit unter den Häftlingen eine Art Star – dass er im Fernsehen kam, machte Eindruck. Wenn M. aber die genauen Zusammenhänge zu erklären versuchte, winkten die Mitgefangenen ab. Zudem behandelten ihn die Wärter schlechter als die anderen Häftlinge, wie er später erzählte. So habe man etwa das Licht in seiner Zelle brennen lassen und die defekte Toilette nicht repariert. »Daran hatte ich mehr zu kauen, als ich gedacht hätte.«

In seiner Zelle, zwischen Kakerlaken und Hakenkreuz-Kritzeleien an den Wänden, plagten Daniel M. aber auch Existenzängste. Geld hatte er keines mehr, zu Hause warteten Schulden auf ihn. Und der Schweizer Staat kümmerte sich nicht im Geringsten um ihn. »Wenn etwas passiert, dann stehen wir dir bei«, hatte sein Führungsoffizier Andi Burri ihm einst garantiert. So erzählte es M. später. Nichts dergleichen passierte. Der NDB lehnte es sogar ab, die Anwaltskosten zu übernehmen. Und ein Konsul der Eidgenossenschaft in der Bundesrepublik beschied M., er könne schon zu ihm nach Mannheim kommen, aber das koste 150 Franken die Stunde, An- und Rückreise würden zusätzlich berechnet. M. lehnte das Angebot ab.

Dafür hatte er das grosse Glück, dass sich seine Lebenspartnerin und die beiden Töchter zweimal im Monat acht Stunden ins Auto setzten, um ihn für fünfundvierzig Minuten sehen zu können. Und zum Anstaltspfarrer konnte er eine gute Beziehung aufbauen: »Der hat mich abends aus der Zelle geholt«, erzählte M., »dann konnte ich zu ihm ins Büro, er hat mir Kaffee und ›Chröömli‹ aufgetischt.« Das Koffein und die Kekse halfen M. über die Runden.

Bewährung für Mauss, Betrübliches für M.

Nach sechs Wochen Untersuchungshaft wollte Daniel M. endlich freikommen. Er entschied, auszusagen, nachdem er zuvor gegenüber den Ermittlern kaum Angaben zu seinem Fall gemacht hatte. Nun reichte ein deutscher Strafverteidiger ein schriftliches Teilgeständnis von ihm ein. Sein Mandant, hiess es darin, habe »in der Vergangenheit gelegentlich kleinere Aufträge« für den NDB ausgeführt. Diese Aufträge seien aber »von eher untergeordneter Bedeutung« gewesen. Der NDB habe ihm für seine Tätigkeit »gelegentliche Geldsummen in vierstelliger Höhe« bezahlt. M. war in seiner geläuterten Selbstdarstellung also alles andere als ein Topagent auf Mission mit »hoher Priorität«.

Energisch bestritt er laut Teilgeständnis auch den Hauptvorwurf: das Einschleusen eines Maulwurfs in der Finanzverwaltung Nordrhein-Westfalen. Diese Sache habe er nach seiner Verhaftung 2015 in der Schweiz etwas aufgebauscht. »Der Wunsch, sich Schutz vom Geheimdienst zu holen, mag dabei eine Rolle gespielt haben«, hiess es dazu in einer Eingabe der Verteidigung. M. selbst sagte aus, dass er sich in dem damaligen schweizerischen Strafverfahren Vorteile davon erhofft habe, wenn er darstelle, wie aktiv er für den NDB gewesen sei. Deshalb habe er damals in den Einvernahmen in Bern etwas »Konfitüre aufs Brot« geschmiert.

Trotz Teilgeständnis – Zusammenarbeit mit dem NDB ja, Maulwurf-Mission nein – blieb M. weiterhin in Untersuchungshaft. Durch Fernsehen und Zeitungslektüre bekam er aber mit, dass sein grosser Widersacher verurteilt wurde: Das Landgericht Bochum sprach Werner Mauss wegen Steuerhinterziehung schuldig, allerdings kam er mit einer Bewährungsstrafe von zwei Jahren davon. Andere, die geringere Summen hinterzogen hatten, mussten dafür ins Gefängnis. Die Richter begründeten das milde Urteil mit der »durchaus beeindruckenden Lebensleistung« des mittlerweile Siebenundsiebzigjährigen. Ob auch dazu gehörte, dass Mauss einen Schweizer zuerst in Bern und dann in Mannheim hinter Gitter gebracht hatte, wurde nicht klar. Werner Mauss selbst hatte dies bei verschiedenen Behördenstellen herausgestrichen.

Der Bundesgerichtshof hob das milde Urteil gegen ihn später wieder auf – unter anderem weil die Bochumer Kollegen nicht dargestellt hätten, was genau er in seinem Leben denn konkret so Beeindruckendes geleistet habe. Bei Abschluss dieses Buchs lag noch kein rechtskräftiges Urteil im Steuerfall Mauss vor.

Bei M. ging das juristische Prozedere schneller, denn er war von allen Seiten enttäuscht: Nach einem halben Jahr Untersuchungshaft war in dem Schweizer in Mannheim die Überzeugung gereift, dass er reingelegt, hintergangen, verheizt und im Stich gelassen worden war. Altmeister Mauss hatte ihn mit seiner Agent-Provocateur-Aktion erst in der Schweiz hinter Gitter gebracht, dann mit der Weitergabe der Akte noch einmal in Deutschland. Ausserdem hatte ihn, so musste M. inzwischen annehmen, auch sein Frankfurter Partner Heiner Neuer hintergangen. Und der NDB, in dessen Auftrag er in Sachen deutsche Steuerfahndung aktiv gewesen war, liess ihn im Stich.

M. hielt nun nichts mehr. Er lieferte ein umfassendes Geständnis ab, das auch die Mission Maulwurf umfasste: Im Auftrag des NDB habe er beabsichtigt, »ein Frühwarnsystem zu errichten, mit einer Quelle in der Finanzverwaltung Nordrhein-Westfalens«, wobei ihm von Anfang an nicht wohl gewesen sei bei der Sache. Doch »Patriotismus, Abenteuerlust, Gewinnstreben und Empörung« hätten überwogen. M. gestand, die 60 000 Euro an Neuer entrichtet zu haben, damit dieser den Maulwurf installierte und bezahlte, bezweifelte nun jedoch, dass Neuer das Geld jemals weitergeleitet hatte. »Ich bin sicher, dass es den Maulwurf nie gab«, sagte er aus.

Dieses Geständnis und die gezeigte Reue ermöglichten einen zügigen strafrechtlichen Schlussstrich. Am 9. November 2017 sprach das Oberlandesgericht Frankfurt Daniel M. wegen geheimdienstlicher Agententätigkeit gegen die Interessen Deutschlands schuldig. Er wurde zu einer bedingten Freiheitsstrafe von zweiundzwanzig Monaten verurteilt und musste eine Bewährungsauflage von 40 000 Euro in die deutsche Staatskasse zahlen. M. durfte das Gefängnis verlassen und kehrte in die Schweiz zurück.

Der Ex-Agent staunt nur noch

Die Rückkehr in den Alltag war härter als erwartet. Mit zweimal duschen und Hemd wechseln – wie er geglaubt hatte – war es nicht getan. Das, was er erlebt hatte, nagte an ihm, erzählte M. in Interviews. Ausserdem stand noch die Aufarbeitung des Geheimdienstdebakels an. Die Geschäftsprüfungsdelegation des Parlaments, die GPDel, übernahm. Dieses Kontrollgremium, zusammengesetzt aus je drei Mitgliedern des National- und Ständerats, lud auch M. vor. Nach zehn Sitzungen und zwanzig weiteren Befragungen kam es zu einem Befund, der M. fassungslos machte: Die NDB-Operation zur Informationsbeschaffung und zur Installation des Maulwurfs war nicht nur nutzlos gewesen, sondern auch illegal. Die Gesetze, welche die Aktivitäten des Nachrichtendiensts in der Schweiz regelten, liessen es damals noch nicht einmal zu, dass ein Agent eine Liste mit Angaben zu deutschen Steuerfahndern vervollständigte. Erst recht, so befand die GPDel, sei der NDB »nicht befugt gewesen, über Daniel M. einen Maulwurf in einer ausländischen Behörde platzieren zu lassen«.

Daniel M. kam aus dem Staunen nicht heraus, als er las, was das parlamentarische Kontrollgremium da publizierte. Erstens hatte die Mission, wegen der er ein halbes Jahr hinter Gittern sass, offensichtlich kaum etwas gebracht, denn die beschafften Informationen waren lediglich »nice to have« gewesen. Zweitens hatten die NDB-Verantwortlichen nach Ansicht der GPDel damit Schweizer Gesetze gebrochen. »Damit habe ich zuletzt gerechnet«, sagte M. nach der Lektüre. Selbstverständlich sei er davon ausgegangen, dass man beim Nachrichtendienst in Bern wisse, was man dürfe und was nicht. »Ich hätte mir einiges ersparen können. Aber leider wusste ich nicht, dass man mir einen Auftrag gegeben hat, den es gar nicht brauchte. Auch hier war vieles nicht sauber abgeklärt.« Nicht nur als Patriot, sondern auch als Steuerzahler müsse er sagen: »Die Schweizer Behörden haben untereinander Riesenprobleme.«

Positiv wertete M. einzig, dass der GPDel-Bericht von ihm ein anderes Bild zeichnete, als es die deutschen Medien getan hatten: »Es ist widerlegt, dass ich ein Schaumschläger bin. Ich habe keine Profilierungsneurose. Ich bin nicht der Superspion, ich bin nicht James Bond. Ich bin nicht der Beste der Besten. Ich habe einfach meine Aufträge erfüllt – that's it.«

Der Geheimdiensteinsatz und dessen Folgen, der lange Erwerbsausfall, der Verlust von Aufträgen und die Anwaltshonorare, hatten M. ruiniert. Noch hoffte er auf Unterstützung jenes Staats, der ihn losgeschickt hatte. Doch auch jetzt wollte der NDB nichts von einer Übernahme der Verteidigungs- und Gerichtskosten wissen, nichts von Entschädigung für die Haftzeit und die Folgen. Stattdessen gab es für M., Jahre später, von der Eidgenossenschaft eine weitere Klatsche: Am 1. November 2021 schloss die Bundesanwaltschaft ihr »Eiswürfel 1«-Verfahren um die gefälschten Bankdaten ab. Sechs Jahre zuvor hatte sie es gegen Daniel M. und Tal Hanan eröffnet und bald auf Werner Mauss und Wilhelm Dietl ausgedehnt. Nun wurde es gegen den Israeli und die beiden Deutschen eingestellt. Einzig für den Schweizer setzte es einen Strafbefehl. Staatsanwalt Bulletti hielt es für erwiesen, dass M. versuchten wirtschaftlichen Nachrichtendienst betrieben hatte, als er Dietl und indirekt Mauss Bankdaten des deutschen Ex-Geheimdienstchefs August Hanning verkauft hatte. Als »unerheblich« stufte Bulletti dabei ein, dass es »nicht existierende und fiktive« Daten gewesen waren. Entscheidend sei, dass M. in Kauf genommen habe, dass die Informationen möglicherweise »für eine fremde amtliche Stelle« – gemeint war wohl Deutschland – bestimmt gewesen seien. Dabei hatte Mauss in seinen vielen aktenkundigen Eingaben an deutsche Behörden nie geltend gemacht, dass er bei seiner Schweiz-Mission im Auftrag der Bundesrepublik gehandelt hatte.

Die Bundesanwaltschaft brummte Daniel M. eine bedingte Geldstrafe von 180 Tagessätzen zu je 100 Franken auf, die er nicht bezahlen musste, weil er innerhalb von zwei Jahren nicht rückfällig wurde. Berappen musste er dagegen Verfahrens- und Anwaltskosten von insgesamt rund 24 000 Franken. Zudem musste er der Eidgenossenschaft eine sogenannte Ersatzforderung von 45 000 Franken bezahlen, was der Summe entsprach, die Daniel M. für die gefälschten Daten eingenommen hatte.

Der nunmehr bekannteste lebende Schweizer Spion wehrte sich nicht gegen den Strafbefehl. Er wollte über ein Jahrzehnt, nachdem der Schweizer Geheimdienst ihn angeworben hatte, endlich seine Ruhe haben.

Diese Ruhe scheint Daniel M. gefunden zu haben. Beruflich hat er wieder Fuss gefasst. Sein Leben verlaufe wieder in geordneten Bahnen, sagte er, als ich ihn während der Recherchen für dieses Buch kontaktierte. Mehr wollte er nicht preisgeben.

GEHEIMOPERATION FRIEDHOF

SCHWEIZ

Carlo Bulletti Langjähriger Leiter der Staatsschutzabteilung der Bundesanwaltschaft.

Mustafa Cetin (Name geändert) Türkischstämmiger Schweizer Geschäftsmann, wohnhaft im Kanton Zürich. Unterstützer der islamischen Gülen-Bewegung. Avisiertes Entführungsopfer.

Emre Toprak (Name geändert) Türke, der im Kanton Zürich lebt. Früherer Geschäftspartner Mustafa Cetins.

TÜRKEI

Haci Mehmet Gani Presseattaché der türkischen Botschaft in Bern; involviert in den Entführungsplan.

Hakan Kamil Yerge Zweiter Botschaftssekretär der Türkei in Bern. Agent des wichtigsten türkischen Geheimdiensts MIT (Milli Istihbarat Teskilati).

Der Spätsommer des Hasses und ein perfider Plan

Der türkische Staat vergiftet das Klima in der Schweiz und plant eine Entführung. Doch nichts bleibt unbeobachtet.

Wenn nicht gerade jemand beigesetzt wird, geht kaum ein Mensch auf den Friedhof von Wetzikon. Schon gar nicht an einem heissen Sommertag. Doch am 23. August 2016, einem Dienstag, versammelten sich in der Mittagshitze mehrere Männer auf dem Gräberfeld des Städtchens im Zürcher Oberland. Sie waren nicht etwa zum Trauern gekommen, sondern um ungestört ein Verbrechen zu planen, das es in dieser Art in der Schweiz seit dem Zweiten Weltkrieg nicht mehr gegeben hatte.

Zwei der Männer, die sich unter einer Eiche im hintersten Winkel des Wetziker Friedhofs unterhielten, waren Mitarbeiter der türkischen Botschaft in Bern. Doch die Diplomatenposten waren nur Tarnung. Der eine hiess Haci Mehmet Gani, war siebenundvierzig Jahre alt und vertrat seit rund vier Jahren die Türkei in der Eidgenossenschaft als Presseattaché, so der offizielle Titel. Er war ein stämmiger Herr mit grauem Haar und markantem Schnauz, der sich vor allem unter Landsleuten bewegte: Mal verlieh er Preise bei einem Türkei-Filmfestival, mal eröffnete er einen Halal-Supermarkt. Davon zeugen zahlreiche Fotos und Videos in den sozialen Medien. Seine Ernennung war 2012 von Schlagzeilen in der türkischen Presse begleitet gewesen: Ein Diplomat, der dürftig Englisch und keine einzige der Schweizer Landessprachen sprach? Man hätte ahnen können, dass es nicht seine Hauptaufgabe sein würde, Kontakte zu den Schweizer Medien zu pflegen.

Der zweite Botschaftsvertreter auf dem Wetziker Friedhof war Hakan Kamil Yerge, geboren am 19. April 1968, akkreditiert als Zweiter Botschaftssekretär der Türkei in der Schweiz. In Tat und Wahrheit gehörte er aber dem Milli Istihbarat Teskilati an, dem türkischen Nationalen Aufklärungsdienst MIT – davon hatte der schweizerische Nachrichtendienst des Bundes »gesicherte Kenntnisse«. Dies geht aus Amtsberichten zum Fall hervor, die zusammen mit anderen Fallakten für dieses Buch ausgewertet werden konnten. Daraus wird deutlich, wie aktiv der MIT in der Schweiz war (und vermutlich weiterhin ist). Und wie gut die Schweizer Spionageabwehr zum Zeitpunkt des Friedhoftreffens informiert war über die Aktivitäten des Geheimdiensts der Türkei in der Schweiz.

Der NDB observierte Yerge zum Zeitpunkt des Friedhoftreffens schon seit ein paar Wochen. Da nützte es dem MIT-Agenten wenig, dass er sich konspirativ verhielt, sogar bei der Wahl seines Fahrzeugs: Für die Fahrt nach Wetzikon hatte der Diplomat nicht seinen weissen BMW 420d xDrive benutzt, sondern seinen unauffälligeren Zweitwagen, einen grauen Opel Zafira B19TDH. Dies hielten die Observierer fest. Und sie notierten auch, dass Yerge zuvor das Diplomatenkennzeichen am Opel gegen das Berner Nummernschild »BE 456 495« ausgetauscht hatte. Als Yerge an jenem Augusttag 2016 um 12 Uhr 15 zusammen mit seinem Botschaftskollegen, dem wenig sprachkundigen Presseattaché Gani, beim Friedhof vorfuhr, hatte die Schweizer Spionageabwehr ihre Posten bereits bezogen. Sie konnte die Ankunft und das Treffen diskret beobachten und Fotos davon machen.

Ein Mann im Visier des MIT

Bei diesem »spy versus spy« im Zürcher Oberland trafen zwei ungleiche Geheimdienste aufeinander. Damals, im Sommer 2016, verfügte der NDB inzwischen zwar über fast dreihundert Vollzeitstellen. Damit gehörte er aber immer noch zu den kleinen Diensten in Europa. Ausserdem war er zuletzt vor allem durch Pannen aufgefallen. 2014 etwa war ein NDB-Agent zusammen mit einem Privatdetektiv, einem Hacker und einem Walliser Grosswinzer verhaftet worden. Das Quartett hatte geplant, in die Computer eines TV-Journalisten und einer Reporterin einzudringen, die kritisch über den Weinhändler berichtet hatten. Der Geheimdienstmitarbeiter tat dies in privater Mission und musste den NDB deswegen verlassen.

Noch fataler für den Ruf des Schweizer Nachrichtendiensts war ein anderer Vorfall: Ein in der NDB-Zentrale in Bern angestellter Informatiker hatte an seinem Arbeitsplatz grosse Mengen sensibler Daten heruntergeladen. Damit war er einfach aus der Zentrale hinausspaziert. Er wollte die Informationen – darunter Namen von Informanten und Agentinnen – verkaufen, verhielt sich aber bei der Eröffnung eines neuen Kontos so sonderbar, dass die Bank – es war die UBS – dies der Bundesanwaltschaft meldete. Der Informatiker wurde festgenommen und später wegen politischen Nachrichtendiensts verurteilt. Eine Aufarbeitung des Falls offenbarte grosse Sicherheitslücken beim NDB.

Der türkische MIT hingegen verfügte damals bereits über rund achttausend Mitarbeiterinnen und Mitarbeiter. Er geniesst noch heute den Ruf, zu den am besten informierten Geheimdiensten im Nahen Osten zu gehören. Ebenso bekannt ist er für sein gewaltsames Auftreten, auch in Westeuropa. So wird ihm beispielsweise die Ermordung dreier Aktivistinnen der militanten kurdischen Arbeiterpartei PKK 2013 in Paris zugeschrieben. In der Schweiz allerdings war der MIT bis dahin kaum durch Gewalt aufgefallen – durch andere Operationen umso mehr: Ins Visier nahm (und nimmt) er hierzulande vor allem Gruppen, die dem Langzeit-Präsidenten Recep Tayyip Erdogan kritisch oder feindlich gesinnt sind. In deren Organisationen hatte der MIT Spitzel eingeschleust. Oft richteten sich seine Aktionen gegen die ebenfalls gewalttätig operierende PKK, die in vielen westlichen Ländern als Terrororganisation verboten ist, in der Schweiz jedoch nicht.

Im Hochsommer 2016, auf dem Friedhof im Zürcher Oberland, ging es aber nicht um die militante Kurdenpartei, sondern um das neue Hauptfeindbild Erdogans. Hintergrund des konspirativen Wetziker Treffens war nämlich der gescheiterte Putschversuch in der Türkei. Rund sechs Wochen zuvor, in der Nacht vom 15. auf den 16. Juli 2016, hatten Offiziere versucht, den zunehmend autokratisch regierenden Präsidenten zu stürzen. Der Aufstand, getragen von einem kleinen Teil des Militärs, war schnell niedergeschlagen. Rund dreihundert Menschen starben, die Mehrheit davon Zivilisten; über zweitausend wurden verletzt. Der türkische Staat schlug unbarmherzig zurück, nicht nur in der Türkei, sondern weltweit.

Das war auch der Grund, warum an jenem heissen Augusttag die beiden Botschaftsangehörigen einen türkischen Landsmann auf den Friedhof gelockt hatten. Nennen wir ihn zu seinem Schutz Emre Toprak. Toprak war ein einfacher Mann, ein Familienvater, der zu dem Zeitpunkt schon lange im Kanton

Zürich lebte. Auf einer Bank redeten die Vertreter seines Landes nun auf ihn ein und appellierten an sein patriotisches Gewissen. Einer von Topraks früheren Geschäftspartnern sei, so behaupteten sie, ein gefährlicher Mann, der gegen das Vaterland agiere. Diese Person – hier soll sie Mustafa Cetin heissen – habe die gescheiterten Putschisten unterstützt. Toprak müsse ihnen helfen, Cetin zur Rechenschaft zu ziehen.

Mustafa Cetin, damals um die fünfzig Jahre alt und wie Toprak auch Familienvater, war in der Türkei aufgewachsen und ebenfalls seit Jahren im Kanton Zürich wohnhaft. Ansonsten gab es aber Unterschiede zwischen den beiden ehemaligen Geschäftspartnern: Toprak, der nun zum Geheimdiensthelfer werden sollte, war verschuldet und damit beschäftigt, dass seine Familie nicht auseinanderbrach. Bei Mustafa Cetin hingegen sahen die Verhältnisse stabil und glücklich aus. Er hatte es als erfolgreicher Unternehmer zu Wohlstand gebracht, besass in der Schweiz mehrere Immobilien und war im Kanton Zürich eingebürgert worden. Lange hatte der Wahlschweizer das Ansehen wichtiger Personen in der Türkei genossen, wohin ihn seine Geschäfte noch immer regelmässig führten. Auch zur türkischen Botschaft in Bern und zum Konsulat in Zürich pflegte er beste Kontakte. Doch der Putschversuch hatte alles geändert. Mustafa Cetin war nun ein Geächteter und ins Visier des türkischen Geheimdiensts geraten.

Auf dem Wetziker Friedhof wollten die Botschaftsvertreter nun alles über diesen schweizerisch-türkischen Unternehmer wissen: Wo besass Cetin Liegenschaften? Welche Kontakte unterhielt er? Wie kommunizierte er? Sie legten Emre Toprak Fotos von Personen aus der Türkei vor und fragten, ob er die Abgebildeten kenne. Sie hegten nämlich den Verdacht, dass bei Cetin Männer übernachteten, die sich nach dem gescheiterten Um-

sturzversuch in westliche Länder abgesetzt hatten. Für diese
Männer interessierte sich der türkische Geheimdienst.

Holzpflöcke und ein Smiley

Erdogan und seine Getreuen verfolgten nicht nur einzelne als
Putschisten Verdächtige, sondern eine ganze Bewegung: jene
des islamisch-konservativen Gelehrten Fethullah Gülen. Ihr
gehörte auch Mustafa Cetin an; sein Vater war mit Gülen sogar
befreundet.

Fethullah Gülen lebte bereits seit Ende der 1990er-Jahre im
Exil in Pennsylvania, USA. Erdogan machte ihn als Hauptver-
antwortlichen für den Aufstand aus. Alle, die mit Gülen und seiner Bewegung, vermeintlich oder tatsächlich, in Verbindung
standen, waren damit verdächtig, Putschisten zu unterstützen.
Und das betraf auch viele Menschen in der Schweiz.

Die angebliche »Fethullahistische Terrororganisation«, Fetö
genannt, war gemäss türkischer Staatspropaganda nun plötzlich
überall, auch in Solothurn, Schwamendingen oder St.Gallen.
Aus der Türkei geflohene, gewaltbereite Fetö-Aktivisten hätten sich – so rapportierte die türkische Botschaft in Bern nach
Ankara – auch in die Schweiz abgesetzt. Sie verfügten hier, so
hiess es weiter, schon länger über »Finanzierungskonstrukte«
und »geheime Konten bei Schweizer Banken«. Belege dafür?
Weitgehend Fehlanzeige, auch Jahre später, obwohl die Vertreter der Türkei einiges versuchten, um diese Verbindungen nachzuweisen.

Ebenso wenig konnte später bewiesen werden, dass Fethullah Gülen und seine engsten Getreuen die Drahtzieher des Put-
sches waren. Zwar waren diverse Anhänger des Predigers nachweislich darin verwickelt gewesen, aber Gülen selbst? Dafür gab

es keine Beweise. Dennoch blieb das Erdogan-Regime dabei: Gülen trug die Hauptschuld an dem Putschversuch. Erdogan forderte Vergeltung. An allen. Sofort. Überall.»Wir werden diesen Verrätern den Kopf abreissen«, kündigte er an. Seine Härte traf aber vor allem Unbescholtene und Unbeteiligte. In der Türkei wurden Richter, Beamte und Militärangehörige entlassen. Mehrere zehntausend Menschen wurden festgenommen, angebliche Gülenisten, aber auch Kurdinnen und Kurden, andere Oppositionelle, Journalistinnen und Journalisten.

Die Staatspropaganda gegen Gülen und dessen Anhängerschaft übernahmen auch Erdogan-Gefolgsleute in der Schweiz. Kaum war der Putschversuch niedergeschlagen, da legten sie los mit Diffamierungen, Denunzierungen und Drohungen – und mit Demonstrationen, beispielsweise vor dem türkischen Generalkonsulat in Zürich.»Ihr Terroristen von Fethullah Gülen, euer Ende ist gekommen!«, rief ein Solothurner Schlachthofbetreiber an der Kundgebung ins Mikrofon.»Es gibt jetzt kein Loch mehr, in dem ihr euch verstecken könnt!« Neben ihm stand, mit gefalteten Händen, Haci Mehmet Gani, der Presseattaché, der keine der Schweizer Landessprachen und auch kein Englisch beherrschte.

In einem Facebook-Eintrag wollte ein vom türkischen Staat finanzierter Imam aus Ostermundigen»die Putschisten am Galgen sehen«. Ein weiterer Erdogan-Anhänger postete ein Foto auf Facebook, das drei Stapel angespitzter Holzpflöcke zeigte. Im Osmanischen Reich war das Pfählen eine immer wieder angewandte Folter- und Tötungsmethode gewesen.»Ich habe sie speziell für die Fetö präpariert und für die Verräter, die ihr beistehen«, schrieb der Erdogan-Anhänger und präzisierte:»Ich habe sie einzig für die in der Schweiz bestellt.« Dazu platzierte er einen Smiley.

Bald zirkulierten Listen mit angeblichen Fetö-Angehörigen auch in der Schweiz. Die Konsequenzen waren handfest. Derart Diffamierte berichteten, dass sie beschimpft und bedroht wurden. In türkischen Läden, auf offener Strasse, sogar in Moscheen. Beschimpfer und Beschimpfte, Drohende und Bedrohte kannten sich oft sehr gut. In jenem Spätsommer des Hasses wurden aus Freundschaften Feindschaften, zum Teil verliefen die Gräben mitten durch die Familien.

»Kotz die Terroristen aus dir raus!«

Die Erdogan-Getreuen in der Schweiz waren gut organisiert, auf sie konnte der türkische Präsident zählen. Zwei Brüder aus dem Mittelland gehörten zu den Aktivisten, wenn es darum ging, in der Schweiz gegen ihre Landsleute zu agitieren. Beide standen Organisationen vor, über die der türkische Staat Einfluss auf die Exilgemeinschaft nehmen konnte: Einer von ihnen, der Solothurner Schlachthofbetreiber und Wortführer der Zürcher Demonstration, leitete die Geschäfte der Union Europäisch-Türkischer Demokraten (UETD) mit Sitz in Spreitenbach bei Zürich. Sein ebenfalls in der Schweiz ansässiger Bruder war Chef des Schweizer Ablegers des World Turkish Business Council. Er schrieb damals beispielsweise auf Facebook:»Wir werden gemeinsam die Höhlen der Gülen-Bewegung und Putschsympathisanten stürmen.« Das Brüderpaar pflegte direkte Kontakte ins engste Erdogan-Umfeld. Binali Yildirim, bis 2018 türkischer Ministerpräsident, ass noch 2015 mit ihnen in Aarburg Kebab.

Sofort nach dem Putschversuch rief eine UETD-Mitarbeiterin via Facebook dazu auf, die»Bastarde« zu denunzieren. »Europa, hör nicht auf!«, forderte sie.»Kotz die Terroristen aus dir raus!« Diese Terroristen erwarte in der Türkei»ein netter Empfang«

und »eine Spezialbehandlung«. Angehängt hatte die UETD-Mitarbeiterin, eine Türkin aus dem Kanton Zürich, einen Aufruf des türkischen Staates, verdächtige Profile und Websites zu melden. Und bald schon postete sie selbst Namen von angeblichen Terrorverdächtigen und deren Organisationen und Unternehmen in der Schweiz, darunter Vereine, Möbelgeschäfte, Schmuckläden und sogar Schulen. Offiziell setzt sich die UETD für die Integration von Türkinnen und Türken im Ausland ein. Doch die Brüder aus dem Mittelland und die UETD-Angestellte, so schrieb der NDB in einem Amtsbericht, »hetzten […] gegen die Gülen-Bewegung in der Schweiz«. Der Schweizer Nachrichtendienst war alarmiert, die Sicherheitsbehörden befürchteten, dass den aufrührerischen Worten und wüsten Handgreiflichkeiten bald noch Schlimmeres folgen würde.

Eine besondere Rolle spielte die schweizerisch-türkische Zeitung »Post Gazetesi«. Ihr Motto: »Integration durch Kommunikation«. Bereits rund zwei Wochen vor dem Putschversuch in der Türkei hatte dessen Chefredaktor via Facebook dazu aufgerufen, Gülen-Anhänger an staatliche türkische Stellen zu melden. Aufmerksam gelesen wurde die »Post« aber nicht nur von tausenden türkischstämmigen Personen in der Schweiz, sondern auch vom Schweizer Nachrichtendienst: Die Zeitung – das hielt der NDB damals fest – berichte »ganz auf der Linie der türkischen Regierung«. Ihr Chefredaktor, der bestens mit »Repräsentanten der türkischen diplomatischen Vertretungen und den türkischen regierungsnahen Organisationen in der Schweiz vernetzt« sei, gehe publizistisch »sehr aktiv gegen Fethullah Gülen und dessen Anhänger vor«.

Als der Chefredaktor 2020 seinen Posten nach siebzehn Jahren abgab, feierte ihn die Lokalzeitung »Seetaler Bote« als »Völkerverständiger aus Hochdorf«. Mit der »Post Gazetesi« habe er »den Türken in der neuen Heimat eine Orientierungshilfe« gegeben.

Nach dem Aufstand 2016 hatte dieser Völkerverständiger aber nicht verhindern können, dass die »Post« online zum Angriff auf Putschisten und deren angebliche Hintermänner in der Schweiz blies: Auf ihrer Website veröffentlichte sie angebliche Enthüllungen über »Schweizer Fetö-Strukturen«, die von der staatlichen Presseagentur Anadolu stammten. Deren Korrespondent in Genf gab sich überzeugt, dass die Terroristen in der Türkei über ein Netzwerk von kleinen Unternehmen sowie Bildungseinrichtungen in der Schweiz unterstützt würden. Beweise dafür wurden keine präsentiert. Die »Post Gazetesi« verbreitete auch die These, dass der US-Geheimdienst CIA hinter der Gülen-Bewegung stecke. Als Quelle diente ein Buch aus einem rechtsextremen deutschen Verlag.

In einer Stellungnahme für dieses Buch machte der ehemalige Chefredaktor geltend, er sei nicht für den Online-Auftritt der »Post« verantwortlich gewesen. Die Publikation des Anadolu-Artikels auf der Website sei während seiner Ferien erfolgt, und er sei damit nicht einverstanden gewesen. Als Beleg dafür legte er den Screenshot einer SMS-Kommunikation vor, gemäss der er verlangte, dass gekennzeichnet werde, dass der Text von der Agentur und nicht von der »Post«-Redaktion stammte.

Da der NDB Hakan Kamil Yerge, den MIT-Agenten unter Diplomatencover, observierte, bekamen die Schweizer Geheimdienstler auch mit, dass der Chefredaktor der »Post Gazetesi« sich mit ihm auf der Autobahnraststätte Luzern-Neuenkirch traf; es war das erste von zwei Treffen in den Wochen nach dem Putschversuch. Was der Journalist und der Agent dabei besprachen, ist nicht bekannt. In einem seiner Amtsberichte zu den MIT-Aktivitäten in der Schweiz, inklusive Treffen auf der Autobahnraststätte, hielt der NDB lediglich ganz allgemein fest, dass der Beruf des Journalisten eine beliebte Tarnung für nachrichtendienstliche Tätigkeiten sei; Journalisten könnten gezielt Fragen stellen und recherchieren, ohne Verdacht zu wecken. Auffällig war aber, dass der Chefredaktor am Tag nach der Zusammenkunft auf der Raststätte in den sozialen Medien diverse Organisationen als Gülen-nah denunzierte. Der NDB folgerte, diese Hetze stünde in einem »möglichen Kausalzusammenhang« mit dem Treffen mit dem Agenten.

Der ehemalige Chefredaktor machte in seiner Stellungnahme für dieses Buch geltend, er habe nicht gewusst, dass Yerge dem MIT angehörte. Er habe als Journalist einen Vertreter der türkischen Botschaft getroffen, so wie er im Verlauf seiner Karriere unzählige Personen aus allen politischen Lagern der Türkei getroffen habe. Damals seien Türkinnen und Türken in der Schweiz unter starkem Druck gestanden, den Putschversuch öffentlich zu verurteilen und die Schuldigen, die gemäss türkischer Regierung feststanden, zu benennen. Er selbst habe dies allerdings erst Tage nach der Niederschlagung unter Druck und möglichst zurückhaltend umgesetzt. Wer dies nicht getan habe, sei in Verdacht geraten, die Putschisten zu unterstützen.

Für den Journalisten hatte sein Verhalten nach dem Putschversuch allerdings Folgen: Als er sich ein paar Jahre später in der Schweiz einbürgern lassen wollte, legte der NDB sein Veto ein. Das kann er tun, wenn ein Einbürgerungswilliger die innere oder äussere Sicherheit der Schweiz gefährdet, zum Beispiel durch verbotene nachrichtendienstliche Tätigkeit. Genau das hielt der NDB in diesem Fall für erwiesen. Die Beteuerungen des ehemaligen »Post«-Chefredaktors, dass er nicht das Geringste mit Spionage zu tun habe, nützten ihm nichts. Der Schweizer Pass wurde ihm verweigert.

500-Euro-Bündel und K.-o.-Tropfen

Etwa zwei Wochen nach dem Putschversuch leitete Haci Mehmet Gani, der Presseattaché der Botschaft in Bern, dann die Anwerbung von Emre Toprak in die Wege. Die beiden kannten sich. Sie hatten sich 2012 bei einem Seminar am Zürichsee kennen gelernt. Der Diplomat wusste von Topraks Problemen, wusste von dem Schuldenberg und der angeschlagenen Gesundheit. Er wusste aber auch von dessen guten Kontakten – insbesondere zum ehemaligen Geschäftspartner Mustafa Cetin, der angeblich Putschisten unterstützt hatte. Gani rief Toprak an und bat ihn, eine App namens Line aufs Handy zu laden, damit sie sich sicher austauschen konnten. Diese japanische Software bietet verschlüsselte Kommunikation an und ist, anders als Konkurrenzprodukte wie Whatsapp, Telegram oder Signal, in Europa nur wenig verbreitet.

Rund drei Wochen später beorderte der Presseattaché den arbeitslosen Familienvater dann auf den Wetziker Friedhof. Der türkische Geheimdienst wollte nichts dem Zufall überlassen. Bei der Anwerbeaktion zwischen den Gräbern war neben den beiden Botschaftsvertretern und Toprak ein vierter Mann anwesend, zu dem nichts Genaueres bekannt wurde. Zudem wurde das Treffen von mindestens zwei zusätzlichen türkischen Agenten abgesichert, die diskret im Hintergrund blieben. Doch allen entging, dass sie selbst von der Spionageabwehr des schweizerischen Nachrichtendiensts beobachtet wurden.

Wenige Tage später wurde Toprak ein weiteres Mal über die Line-App kontaktiert und auf den Parkplatz einer Autogarage in der Nähe des Friedhofs gelotst. Dort traf er dieselben Männer. Zwischen Occasionsmodellen stellten sie Emre Toprak erneut viele Fragen über Mustafa Cetin und dessen Kontakte. Bei einem dritten Treffen, beim selben Gebrauchtwagenhändler, ging es dann nicht mehr um Informationsbeschaffung. Emre Toprak bekam ein perfides Angebot. Die Agenten holten aus dem Kofferraum ihres Autos eine Tasche mit vielen Bündeln 500-Euro-Scheine. Dann zeigten sie Toprak ein kleines Fläschchen mit einer durchsichtigen Flüssigkeit. Das seien K.-o.-Tropfen, erklärten sie und versprachen Toprak einen hohen Geldbetrag, wenn er Mustafa Cetin einige Tröpfchen davon in ein Getränk träufle. Der Plan war, dass er anrufen solle, sobald Cetin ohnmächtig sei. Den Rest würden sie erledigen.

Die letzten staatlichen Akteure, die in der Schweiz jemanden verschleppt hatten, waren die Nationalsozialisten gewesen. 1935 hatte deren Geheime Staatspolizei, die Gestapo, Berthold Jacob aus Basel entführt. Der Journalist und Pazifist war dem Hitler-Regime unbequem geworden, weil er immer wieder Details über die heimliche, da nach dem Ersten Weltkrieg verbotene Wiederaufrüstung der Wehrmacht enthüllte. Damals mischte ein nationalsozialistischer Agent Jacob in einem Basler Restaurant ein Betäubungsmittel ins Getränk, worauf dieser nach Deutschland verschleppt und von SS-Gruppenführer Reinhard Heydrich persönlich verhört wurde. Internationalem Druck war es damals zu verdanken, dass Jacob wieder zurück in die Schweiz überstellt wurde. Nun, mehr als acht Jahrzehnte später, hatten die türkischen Agenten Ähnliches vor.

Der Esel von Fetö

In jenen Tagen und Wochen ging unter den hundertzwanzigtausend türkischstämmigen Menschen in der Schweiz die Angst um. Hunderte Namen waren nach Ankara gelangt, entweder durch nachrichtendienstliche Aktionen oder durch Denunzierung – etwa durch das türkische Fernsehen. Als der Chef des World Turkish Business Council, der eine der beiden besagten Brüder, in die Türkei flog, um im Propagandasender ATV aufzutreten, und er vom Schweizer Zoll scharf kontrolliert wurde, machte man das bei seinem Auftritt prompt zum Thema. Ein ATV-Moderator erklärte, dass die Schweizer Regierung für die Fetö »den Esel« spiele. Ausserdem blendete man unter dem Titel »Schweizer Fetö-Brut« eine Namensliste ein, auf der dem Publikum zwei Dutzend türkischstämmige Männer mit Schweiz-Bezug als angebliche Terrorunterstützer präsentiert wurden.

Es konnte jede und jeden treffen, wie das Beispiel des früheren türkischen Fussballnationalspielers Ugur Tütüneker zeigte, der in jenem Jahr Trainer des FC Wil war. Der Verein aus der zweithöchsten Liga, präsidiert von einem Türken, der viel von Erdogan hielt, entliess Tütüneker, nachdem bekannt geworden war, dass gegen den Wil-Coach ein Haftbefehl aus der Türkei vorlag – wegen angeblicher Fetö-Unterstützung. Als Tütüneker nach Istanbul flog, um sich zu stellen und sich damit gegen die Anschuldigungen verteidigen zu können, wurde er auf dem Atatürk-Flughafen verhaftet (kurz darauf aber wieder freigelassen).

Die Konsequenzen der Denunziationen waren teilweise grotesk. Die Meldung etwa, dass einzelne Mövenpick-Hotels zum »Gülenisten-Imperium« gehörten, gelangte bis ins türkische

Aussenministerium. Dort nahm man die Fake News für bare Münze. Die türkischen Behörden intervenierten bei der Führung von Fenerbahce, als der türkische Fussballklub vor einem Match gegen die Zürcher Grasshoppers im Regensdorfer »Mövenpick« einchecken wollte. Der Verein musste die Buchung stornieren. Dabei gehörte das Hotel einer spanischen Familienholding ohne jeglichen Bezug zur Türkei.

Richtig war dagegen, dass die Anhängerinnen und Anhänger Gülens über Jahre auch in der Schweiz eine Art Netzwerk errichtet hatten. Es bestand vor allem aus Schulen, die insbesondere Nachhilfeunterricht anboten. Davon profitierten schweizweit viele Schülerinnen und Schüler. Nach dem gescheiterten Putsch mussten in der Schweiz aufgrund von Denunziationen und Drohungen mehrere dieser Privatschulen schliessen. Eltern waren unter Druck gesetzt worden, ihren Nachwuchs nicht mehr dorthin zu schicken. Ein Türke etwa postete in den sozialen Medien Telefonnummern, Adressen und Lagepläne und schrieb dazu: »Diese Schulen sind die Höhlen Gülens in der Schweiz. Sie müssen sofort geschlossen werden. […] Von heute an gibt es nichts Verrückteres, als ihnen Kinder anzuvertrauen.«

In diesem aufgeheizten Klima des Spätsommers 2016 war Emre Toprak hin- und hergerissen. Einerseits war das Angebot der Männer, die er auf dem Friedhof und beim Garagisten getroffen hatte, verlockend: Mit dem Geld, das ihm in Aussicht gestellt wurde, wenn er Mustafa Cetin einige Tropfen in sein Getränk träufeln würde, wäre er seine Schulden und viele weitere Sorgen los. Andererseits wollte er nicht zum Verräter oder gar Verbrecher werden. Denn auch er wusste: Der MIT hatte bereits mehrere Menschen, angebliche Putschisten, aus dem Ausland in die Türkei geschafft. Die türkische Regierung machte daraus auch gar kein Geheimnis. Einer ihrer Sprecher erklärte einmal, man habe achtzig »Terroristen« aus achtzehn Ländern »eingepackt«.

Emre Toprak wollte nicht mitmachen und offenbarte seine Gewissensbisse und den Loyalitätskonflikt seinen engsten Vertrauten. Er erzählte ihnen die ganze Geschichte: von den Botschaftsleuten, von den Treffen, dem Angebot. Sie rieten ihm, sofort auszusteigen. Doch Emre Toprak traute sich nicht, direkt abzulehnen. Also machte er sich rar, ging nicht mehr ans Telefon. Als die Agenten ihn zu Hause aufsuchten, wimmelte seine Frau sie ab. Topraks Strategie ging auf. Er wurde schliesslich in Ruhe gelassen. Und die Entführung kam nicht zustande.

Staatsanwalt Bulletti übernimmt

Wenige Monate nach dem Putschversuch hatte der oftmals gescholtene Schweizer Nachrichtendienst so einiges an Erkenntnissen zusammengetragen. Dank den erfolgten Überwachungen wusste er nun, über welche Netzwerke die türkischen Agenten den Hass unter den Türkischstämmigen in der Schweiz gesät hatten. Und er kannte viele Details zur geplanten Entführung Mustafa Cetins. Nun musste der NDB seine Aufklärungsarbeit stoppen, denn für ihn gilt: Sobald er genügend Hinweise auf strafbares Verhalten gesammelt hat, muss er bei der Bundesanwaltschaft Anzeige erstatten.

In einem Rechtsstaat wie dem schweizerischen dürfen sich nachrichtendienstliche und strafrechtliche Ermittlungen nicht überschneiden. Der Grund: Aktivitäten des NDB müssen nicht offengelegt werden, Massnahmen der Strafverfolgung aber sehr wohl, denn Betroffene haben in Strafverfahren das Recht, sich gegen die Anschuldigungen und auch gegen einzelne Verfahrenshandlungen zu wehren. Das verträgt sich nicht mit geheimen Operationen.

Am 21. November 2016 stellte der NDB der Bundesanwaltschaft seinen ersten Amtsbericht zu den MIT-Aktivitäten nach dem gescheiterten Putsch zu. Titel des Papiers, unterzeichnet von Direktor Markus Seiler: »Türkische nachrichtendienstliche Tätigkeiten in der Schweiz«. Das kam einer Strafanzeige gleich. Knapp, aber präzise, auf vier Seiten nur, beschrieb der Dienst eine Reihe von konspirativen Zusammenkünften: An den meisten hatte MIT-Agent Yerge teilgenommen, darunter waren auch die zwei auf der Autobahnraststätte Luzern-Neuenkirch mit dem »Post Gazetesi«-Chefredaktor. Auch die Treffen auf dem Friedhof und dem Parkplatz des Autohändlers waren aufgeführt. Dazu hielt der NDB fest, dass die türkischen Diplomaten Emre Toprak beauftragt hatten, seinen Ex-Geschäftspartner Mustafa Cetin eine »Flüssigkeit, vermutlich ein Betäubungsmittel«, ins Getränk zu schütten. Hinweise auf eine mögliche Entführung müssten daher »ernst genommen werden«. Der NDB verwies auf Verschleppungen von Gülen-Anhängern aus Libyen, dem Sudan und Malaysia. Der Amtsbericht vermerkte zum Wetziker Fall: »Personen mit finanziellen Schwierigkeiten« hätten »durch eine versprochene finanzielle Entschädigung und gleichzeitige Druckausübung einen erheblichen Anreiz zur Zusammenarbeit« gehabt.

Der NDB-Bericht ging auch kurz auf die Denunzierungskampagne gegen angebliche Fetö-Unterstützerinnen und -Unterstützer aus der Schweiz ein: Als Verantwortliche dafür benannte er neben dem »Post Gazetesi«-Chefredaktor die Brüder aus dem Mittelland und weitere Exponenten der Union Europäisch-Türkischer Demokraten. Das Dossier samt Observationsfotos landete bei der Bundesanwaltschaft auf dem Pult von Carlo Bulletti, dem Leiter der Staatsschutzabteilung. Staatsanwalt

Bulletti wusste, dass der Fall trotz der solide wirkenden Beweislage nicht einfach würde.

Ein Maulkorb für das Opfer

Die Türkei ist nicht nur ein wichtiger Handelspartner der Schweiz. Mitte der Zehnerjahre waren die schweizerischen Sicherheitsbehörden mehr denn je auf die Zusammenarbeit mit Ankara angewiesen. Radikalisierte Islamistinnen und Islamisten aus der Schweiz waren über die Türkei in den Dschihad nach Syrien und in den Irak gezogen (und teilweise auf diesem Weg auch wieder zurück in die Schweiz gelangt). Vereinzelt waren IS-Angehörige mit Schweiz-Bezug auch in die Planung von Attentaten in Europa verwickelt. Die Jahre 2015 und 2016 waren besonders schlimm zu Ende gegangen: Im November 2015 kam es in Paris zu Terroranschlägen mit hundertdreissig Toten, und kurz vor Weihnachten 2016 tötete ein IS-Terrorist auf einem Berliner Weihnachtsmarkt mit einem Lastwagen dreizehn Menschen. Der Täter hatte sich zuvor auch in der Schweiz aufgehalten. Die Terrorgefahr war also akut und eine gute Zusammenarbeit mit der Türkei wichtig.

Der Kidnappingplan der türkischen Agenten im Kanton Zürich war jedoch so dreist und so gut dokumentiert, dass es sich die Schweiz fast nicht erlauben konnte, nicht entschieden darauf zu reagieren. Staatsanwalt Bulletti bat also das Justizdepartement um die Ermächtigung für ein Strafverfahren. Die dafür zuständige Justizministerin, die Sozialdemokratin Simonetta Sommaruga, wollte die Erlaubnis erteilen. Sie legte das Dossier dem Aussenministerium unter dem freisinnigen Didier Burkhalter vor. Und der hatte keine Einwände. Am 8. März 2017 gab das Justizdepartement Staatsanwalt Bulletti grünes Licht.

Die Bundesanwaltschaft machte kurz darauf die Ermittlungen wegen Verdachts auf Nachrichtendienst gegen die Türkei bekannt, kommunizierte jedoch keine Details. Deshalb blieb der Öffentlichkeit weiterhin verborgen, dass der türkische Staat geplant hatte, einen Zürcher Geschäftsmann zu entführen. Und dann legte man los mit dem Strafverfahren gegen den Botschaftsmitarbeiter und MIT-Agenten Hakan Kamil Yerge sowie gegen unbekannt wegen »Entführung für einen fremden Staat«. Die Bundesanwaltschaft bot am 12. April 2017 das avisierte Opfer zur Befragung auf. Geschäftsmann Mustafa Cetin sagte aus, dass er sich schon länger verfolgt gefühlt habe. So habe ihm sein Hauswart berichtet, dass Unbekannte die Klingelschilder an seinem Haus fotografiert hätten. Und türkischstämmige Taxifahrer hätten, wie Bekannte ihm vermeldeten, an seinem Wohnort Informationen über ihn gesammelt. Vom Entführungsplan, so Cetin weiter, habe er erfahren, als Emre Toprak Angst bekommen und sich seinem Umfeld anvertraut habe.

Am Ende der Befragung auferlegte Staatsschutzchef Bulletti Mustafa Cetin Stillschweigen: Er durfte nichts und niemandem über die geplante Entführung und die laufenden Untersuchungen erzählen.

Eine neue Carte de légitimation

Fünf Wochen später, am Mittag des 16. Mai 2017, musste Emre Toprak im Berner Einvernahmezentrum des Bundes erscheinen. Zuvor hatte er allerdings sicherheitshalber den Presseattaché Haci Mehmet Gani über die Vorladung informiert; offensichtlich wollte es sich Toprak mit den türkischen Vertretern in Bern nicht ganz verderben. Emre Toprak erzählte der Bundesanwaltschaft von seiner früheren Zusammenarbeit mit Mustafa

Cetin. Danach kam er auf die Kontaktaufnahme der Botschaft nach dem Aufstand und auf die Treffen auf dem Friedhof und bei dem Garagisten zu sprechen. Er erzählte auch, dass er gefragt worden sei, wer bei Mustafa Cetin übernachtet habe, und dass die Leute von der Botschaft glaubten, dass Cetin den Gülen-Terrorismus finanziert habe. Was er, Toprak, allerdings für unmöglich halte.

Zum Entführungsplan machte Toprak – das legt das Einvernahmeprotokoll nahe – nur widerwillig Aussagen. Als Staatsanwalt Bulletti ihn auf die K.-o.-Tropfen ansprach, sagte Toprak nur:»Man verlangte sehr viel von mir.« Dann kam er sofort wieder auf seine ehemalige Geschäftspartnerschaft mit Cetin zu sprechen. Offensichtlich wollte er niemanden belasten. Toprak sagte aus, dass er mit der Sache nichts zu tun haben wolle. Laut Protokoll flossen sogar Tränen, als es um seine Probleme und seine Familie ging.

Nach der Einvernahme bat Presseattaché Gani Toprak zu einem Treffen in einer Bäckerei in der Nähe des Militärflugplatzes Dübendorf.»Er wollte wissen, was ich ausgesagt habe«, gab Toprak Monate später in einer weiteren Befragung bei der Bundesanwaltschaft zu Protokoll. Er habe dies Gani erzählt. Auch habe er ihm gesagt, dass der Bundesanwaltschaft Überwachungsaufnahmen vorlägen von den gemeinsamen Treffen auf dem Friedhof und beim Garagisten. Gani habe ihm darauf beschieden, das sei kein Problem, und nach zehn Minuten sei er wieder gegangen. Damit war Gani also gewarnt. Er wusste jetzt, was die Bundesanwaltschaft gegen ihn in der Hand hatte. Doch eine Festnahme befürchtete er offenbar nicht, jedenfalls nicht sofort.

Dank den bisherigen Aussagen und der wochenlangen Observation lagen nun eigentlich genügend Beweise für eine Befragung und sogar für eine Inhaftierung der in den Entführungsversuch Involvierten vor. Doch diese Schritte blieben aus. Die Diplomaten hätten wohl Immunität geltend machen können. Dann hätte die Schweiz sie wenigstens zu unerwünschten Personen erklären können. Aber auch dies geschah nicht. Vielmehr verlängerte das Eidgenössische Departement für Auswärtige Angelegenheiten (EDA) drei Tage nach Emre Topraks belastender Aussage Haci Mehmet Ganis Carte de légitimation. Damit war er berechtigt, fünf weitere Jahre als akkreditierter Diplomat in der Schweiz zu bleiben.

Wer Fragen stellt, ist ein Terrorist

Dann verstrichen Monate, ohne dass bei den Ermittlungen ein ersichtlicher Fortschritt gemacht wurde. Warum die Bundesanwaltschaft und die von ihr eingeschaltete Bundeskriminalpolizei nicht schneller handelten, lässt sich anhand der Strafakten zum Friedhof-Fall nicht feststellen.

Rund ein halbes Jahr nach der Vorwarnung Haci Mehmet Ganis durch Emre Toprak machten sich die Staatsschutzermittler der Bundeskriminalpolizei zu seinem Berner Wohnort auf. Doch in dem Mehrfamilienhaus beim Autobahnkreuz Bern-Ostring konnten sie den Presseattaché nicht ausfindig machen. Sie rapportierten: »Eine Kontrolle vor Ort ergab, dass Haci Mehmet Gani weder an den Türklingeln noch den Briefkästen angeschrieben ist.« Und weiter: »Alle Anzeichen deuten auf einen Wegzug hin.« Die Wohnung im ersten Stock, an deren Tür noch sein Name stand, hinterliess gemäss Polizeirapport »einen verlassenen Eindruck (keine Möbel, Vorhänge, Bilder etc.)«.

Auf Facebook war zu jenem Zeitpunkt bereits seit eineinhalb Monaten ersichtlich, weshalb dem so war. Dort fanden sich

Fotos von einer kleinen Zeremonie im Garten der türkischen Botschaft in Bern. Ende August 2017 war Gani nämlich verabschiedet worden. Botschafter Ilhan Saygili hatte dessen Dienste in der Schweiz mit warmen Worten verdankt. Eine Nachfrage der Staatsschutzermittler beim Eidgenössischen Departement für Auswärtige Angelegenheiten bestätigte:»Haci Mehmet Gani hat sich per 31. August 2017 abgemeldet und ist in die Türkei zurückgekehrt.« Die Schweizer Strafverfolger hatten ihn laufen lassen.

Hakan Kamil Yerge hingegen hielt sich im Spätherbst 2017 noch in der Schweiz auf. Fast ein Jahr war verstrichen, seit der Nachrichtendienst des Bundes der Bundesanwaltschaft von den »gesicherten Kenntnissen« berichtet hatte, dass er, der angebliche Diplomat, ein MIT-Agent war. Damals hatte der NDB den Strafverfolgern auch das Dossier überreicht, das die Geheimdienstaktivitäten Yerges in der Schweiz in Wort und Bild dokumentierte.

Am 13. November 2017 schickte die Bundeskriminalpolizei einen Ermittlungsbericht mit weiteren Erkenntnissen bezüglich Yerge an die Bundesanwaltschaft. Und sie machte im letzten Satz darauf aufmerksam, dass es Hinweise gebe, dass Yerge demnächst die Schweiz verlassen könnte. Fünf Tage später reiste der MIT-Agent tatsächlich aus – nach nur rund zwei Jahren als Botschaftssekretär in Bern. Niemand hinderte ihn daran.

Danach passierte im Friedhof-Straffall nicht mehr viel. Bis wir vom Tamedia-Recherchedesk im Frühjahr 2018 nachzuforschen begannen. Als wir unsere Fragen an die involvierten Behörden schickten, kam wieder Bewegung in die Sache. Nun erst, ein Jahr nach Eröffnung des Strafverfahrens, erkundigte sich die Bundesanwaltschaft beim Eidgenössischen Departement für Auswärtige Angelegenheiten, ob die beiden inzwischen ausgereisten Diplomaten Gani und Yerge überhaupt noch durch diplomatische Immunität vor Strafverfolgung geschützt waren. Die Strafverfolger hatten dies einfach mal angenommen. Nicht nur unter Laien ist also die Ansicht verbreitet, dass Diplomatinnen und Diplomaten im Auslandeinsatz ungestraft Straftaten begehen können. Doch das ist falsch. Immunität ist nichts Absolutes. Vor Strafverfolgung im Gastland sind Akkreditierte über ihre Abreise hinaus nur dann geschützt, wenn es um normale diplomatische Aufgaben geht. Die Vorbereitung einer Entführung gehört nicht dazu und kann – und müsste wohl – nach der Abreise geahndet werden. Ein theoretisches Beispiel zum besseren Verständnis: Ein akkreditierter Wirtschaftsattaché, der in seinem Gastland Informationen beschafft, kann – zumindest solange er seine Akkreditierung besitzt – nicht zur Rechenschaft gezogen werden, selbst wenn er einen Mord verübt hat. Dieser weitreichende Schutz soll Diplomatinnen und Diplomaten vor willkürlicher Strafverfolgung bewahren. Verliert der Wirtschaftsattaché jedoch seine Akkreditierung, weil er abgezogen wird, kann er von seinem Gastland nachträglich wegen Mordes belangt werden. Die Frage ist dann allerdings, ob er von seinem Ursprungsland überhaupt ausgeliefert wird.

Im Friedhof-Fall verhielt es sich genauso: EDA-Staatssekretärin Pascale Baeriswyl hielt in einem Schreiben an die Bundesanwaltschaft fest, die beiden Beschuldigten könnten sich »nicht auf ihre Immunität berufen«. Denn ihr diplomatischer Schutz war mit der Ausreise erloschen. Doch Gani und Yerge waren längst über alle Berge.

Der Bundesanwaltschaft blieb nur noch eines: Sie schrieb das Duo zur Verhaftung aus. Allerdings galt diese Ausschreibung nur für die Schweiz. Denn bei Verdacht auf eine staatliche Agententätigkeit ist die Rechtshilfe durch andere Staaten so gut wie ausgeschlossen. Gani und Yerge können also weiterhin die Welt bereisen. Nur um die Schweiz müssen sie, wenn sie nicht vor einem Schweizer Gericht und eventuell in einem Schweizer Gefängnis landen wollen, einen Bogen machen. Zumindest bis 2026. Dann tritt die Verjährung ein.

Am 14. März 2018 veröffentlichten wir im »Tages-Anzeiger« und anderen Tamedia-Zeitungen erstmals Details zur bis dahin unbekannten »Operation Friedhof«. Politikerinnen und Politiker von links bis rechts empörten sich über den türkischen Entführungsplan. Die Türkei dementierte postwendend. Die türkische Botschaft in Bern sprach von einer puren »Erfindung«. Aussenminister Mevlüt Cavusoglu bezeichnete einen Journalisten, der ihm zum Friedhoftreffen eine Frage stellte, gar als »Terroristen«.

Mit Galgenhumor und Courage

In einer Genfer Hotellobby unweit des UNO-Sitzes traf ich im September 2021 – fünf Jahre nach seiner nicht zustande gekommenen Entführung – Mustafa Cetin. In seinem perfekt geschnittenen Anzug, den er trug, und mit seiner fein gerändterten Brille hätte er gut einer der Diplomaten sein können, die nebenan bei den Vereinten Nationen ein und aus gingen. Cetin, inzwischen Mitte fünfzig, war ein Mann von Welt, allerdings wählerisch geworden in Bezug auf seine Reiseziele. Sogar innerhalb der Schweiz reiste er vorsichtig – mit gutem Grund. »Heute würde ich es verdienen, entführt zu werden«, sagte er mit Galgenhumor in bestem Englisch. Dass man tatsächlich vorgehabt hatte, ihn zu verschleppen, hatte sein Leben verändert. »Mein eigener Fall und das Schicksal vieler, die weniger Glück hatten als ich, haben mich zu einem Menschenrechtsaktivisten gemacht«, erklärte er. Seither verwendet er einen Grossteil seiner Zeit, um Verbrechen des türkischen Staates zu dokumentieren und Betroffenen zu helfen. Oft geht es dabei um Repressionen gegen die Gülen-Bewegung, der Cetin nach wie vor angehört. Mit seinen Mitstreiterinnen und Mitstreitern unterstützt er aber auch kurdische, linke und andere Opfer türkischer Menschenrechtsverletzungen. Dieses Engagement macht den Zürcher Geschäftsmann für das Erdogan-Regime zu einem noch grösseren Störfaktor als kurz nach dem Putschversuch. Aber inzwischen ist er kein einfaches Entführungsziel mehr. »Ich schütze mich heute viel besser«, sagte Cetin, »damals war ich naiv, denn ich fühlte mich in der Schweiz sicher.«

Nach Genf gekommen war Mustafa Cetin, weil dort ein Tribunal stattfand, vor dem eine Anklage gegen Erdogans Regime verhandelt wurde. Er unterstützte dieses inoffizielle Gericht, dessen Vorgehen jenem der internationalen Strafgerichtshöfe ähnelte. Ich war als Reporter vor Ort. Die Initiative für das Tribunal hatte eine belgische Anwaltskanzlei ergriffen. Sie vertrat mehrere türkische Staatsangehörige, gegen die das Erdogan-Regime vorgegangen war. Als Richterinnen und Richter fungierten renommierte Rechtsgelehrte aus mehreren Ländern. Ihr Urteil hatte zwar keine direkten rechtlichen Auswirkungen, aber die Veranstalter hofften auf die »hohe moralische Autorität« des Tribunals. Alle Dokumente, Aussagen und das Urteil wurden veröffentlicht.

Der Abschlussreport listet auf 436 Seiten massive Menschenrechtsverletzungen auf, die von Unterdrückung der Medien über Folter bis hin zu Verschleppungen inner- und ausserhalb der Türkei reichten. Dreiundsechzig extraterritoriale Entführungen weltweit sind darin dokumentiert. Allein in den Monaten vor dem Genfer Tribunal waren wieder türkischstämmige Männer, die der Gülen-Bewegung zugerechnet wurden, entführt worden, diesmal aus Kenia und Kirgistan. Präsident Erdogan und der Geheimdienst MIT hatten sich öffentlich damit gebrüstet. Doch der Schweizer Fall ist speziell. Denn die geplatzte Entführung zeigte, dass die Türkei sogar in westlichen Demokratien Verschleppungsversuche unternahm. Im Unterschied zu vielen anderen Fällen weltweit gab es beim Wetziker Friedhof-Fall immerhin eine Strafuntersuchung. Auch wenn die Bundesanwaltschaft in Bern das Verfahren hatte sistieren müssen, weil sie nicht mehr an die Hauptverdächtigen Yerge und Gani herankam.

Die türkische Botschaft in Bern bezeichnete das Tribunal in einer Stellungnahme als reines Theater: »Es hat keine Autorität, weder gesetzlich noch moralisch. Es ist gesponsert und geleitet von der Fethullah-Gülen-Terroristenorganisation.« Die ständige Vertretung der Türkei bei den Vereinten Nationen in Genf hatte im Vorfeld sogar versucht, das Tribunal zu verhindern – unter anderem mit Interventionen beim Schweizer Staat und bei der Hotelkette, in dem die Verhandlung stattfinden sollte. Erfolglos.

Und so kamen in jenem September 2021 in Genf Opfer zu Wort, die zum Teil jahrelang geschwiegen hatten. »Es ist wichtig, das Schweigen zu brechen«, sagte Mustafa Cetin damals zu mir. »Denn Schweigen ist der Feind der Menschenrechte.«

HAUPTPERSONEN

LIBYEN

Muammar Gaddafi Diktator ab 1969. 2011 gestürzt und getötet.

Hannibal und Aline Gaddafi Sohn und Schwiegertochter des Diktators.

SCHWEIZ

Max Göldi Bis 2010 Länderverantwortlicher des Aargauer Technologiekonzerns ABB in Libyen. 2008–2010 Gaddafis Geisel. 2018 veröffentlichte er bei Wörterseh »Gaddafis Rache – Aus dem Tagebuch einer Geisel«.

Rainer Haefelin Langjähriger Chef-Kryptologe der Armee. Sein Team war der Führungsunterstützungsbasis (FUB) der Armee unterstellt und dort dem Zentrum für elektronische Operationen (ZEO) angegliedert. Es kümmert sich um die Entschlüsselung abgefangener weltweiter Kommunikation und um die Sicherheit von Verschlüsselungstechnik für die Schweiz.

Rachid Hamdani   Bis 2010 Unternehmer in Libyen, wo er den Lausanner Baukonzern Stucky SA vertrat. 2008–2010 Gaddafis Geisel.

Adrian Junker   Diplomat in der Zentrale des Aussenministeriums in Bern. Während der Geiselkrise mit Libyen Troubleshooter in Tripolis. Seit 2024 Botschafter in Schweden.

Daniel von Muralt   Botschafter der Schweiz in verschiedenen Ländern, 2008/2009 in Libyen.

Jacques Pitteloud   Nachrichtendienst-Koordinator in Bern 2000–2005, danach Diplomat. Während der Geiselkrise Leiter des Politischen Sekretariats im Aussendepartement (EDA). Später Botschafter in Kenia, den USA und seit 2024 bei der Nato.

Jack Rohner   Während der Geiselkrise Verteidigungsattaché in Kairo, zuständig für Libyen.

Markus Seiler   Direktor des Nachrichtendiensts des Bundes (NDB) 2010–2017. Seit 2017 Generalsekretär des Schweizer Aussendepartements.

Paul Zinniker   Chef Beschaffung beim fürs Ausland zuständigen Strategischen Nachrichtendienst (SND). Der SND wurde 2010 Teil des neu geschaffenen NDB. Beim NDB war Zinniker bis 2019 weiterhin Chef Beschaffung und stellvertretender Direktor.

USA

Edward Snowden   IT-Experte. 2007–2009 Agent des Auslandsdiensts Central Intelligence Agency (CIA) in Genf. Danach war er für die National Security Agency (NSA) tätig, die sich um das Abfangen und Entschlüsseln der weltweiten Kommunikation kümmert. Snowden wurde 2013 zum Whistleblower und setzte sich nach Russland ab.

Ein verhindertes Fiasko und der grosse Coup

Der Schweizer Nachrichtendienst hilft mit, Geiseln zu befreien.
Dabei profitiert er davon, dass er Komplize der USA ist.

Weihnachten im Kreise ihrer Liebsten – davon träumten Max
Göldi und Rachid Hamdani in der Adventszeit 2008. Die beiden
Schweizer Geschäftsmänner sassen nun schon fast ein halbes
Jahr lang in Libyen fest. Ohne Pässe, die das Regime von Muammar Gaddafi konfisziert hatte. Und ohne Hoffnung, den Wüs-
tenstaat bald verlassen zu können. Sie waren Gaddafis Geiseln
geworden und Opfer in einer der heftigsten zwischenstaatlichen
Auseinandersetzungen der Schweiz seit Gründung des Bundes-
staats: der Libyenkrise. Eine wenig beleuchtete Schlüsselrolle
spielten darin Schweizer Geheimdienstler. Sie waren dabei sehr
waghalsig unterwegs. Was sie genau taten, sollte aber erst viele
Jahre später bekannt werden.

Ein junger Amerikaner aus North Carolina verfolgte das damalige Drama von Genf aus. Zu jener Zeit kannte ihn noch kaum
jemand. Edward Snowden arbeitete in der dortigen amerikanischen UN-Mission als IT-Experte. Er stand im Sold der CIA und
später der NSA. Bis ihn Zweifel an der geheimdienstlichen Sam-
melwut der USA befielen. Mit den Geschehnissen in Libyen hat-

te der Undercoveragent zwar nichts zu tun – doch seine späteren Enthüllungen halfen zu verstehen, wie die Schweiz in dieser Krise nachrichtendienstlich vorgegangen war.

Hilfe für die Schweizer Geiseln

Begonnen hatte alles im Juli 2008, als im Genfer Hotel President Wilson ein Mann und eine Frau mutmasslich mit heissem Wasser übergossen und spitalreif geprügelt worden waren. Es waren Hausangestellte des Gaddafi-Clans. Die Kantonspolizei führte daraufhin Diktatorensohn Hannibal Gaddafi und dessen hochschwangere Frau Aline wegen des Verdachts auf schwere Körperverletzung ab; das Paar und seine Entourage belegten in dem Fünfsternehaus stolze zehn Suiten. Der Gaddafi-Clan schwor Rache und steckte in Tripolis den vierundfünfzigjährigen Aargauer Max Göldi und den achtundsechzigjährigen Waadtländer Rachid Hamdani ins Gefängnis.

Zehn Tage mussten die beiden in jenem Hochsommer 2008 in Tripolis hinter Gittern schmoren. Danach durften sie Libyen wegen angeblicher Visavergehen und weiterer offensichtlich konstruierter Vorwürfe Libyen nicht verlassen. Hannibal und Aline Gaddafi dagegen waren in Genf bereits nach zwei Nächten freigekommen und ungehindert ausgereist.

Immerhin bekamen die zwei Schweizer Geiseln in der libyschen Hauptstadt sofort Unterstützung. Am schnellsten vor Ort war Jack Rohner. Er war Verteidigungsattaché und in dieser Funktion einer der offiziellen nachrichtendienstlichen Vertreter der Eidgenossenschaft im Ausland. Bereits am Tag nach der Haftentlassung Göldis und Hamdanis traf er aus Kairo in Tripolis ein. Der Schaffhauser, ein Quereinsteiger in der Militärdiplomatie, war in Ägypten stationiert, besass aber auch eine

Akkreditierung für Libyen. Bevor Jack Rohner in Nordafrika Schweizer Agent mit Diplomatenpass wurde, war er Generalstabsoffizier bei den Panzertruppen und danach in der Privatwirtschaft tätig gewesen.

Bei seiner Ankunft in Tripolis war die Lage äusserst angespannt. Die Schweiz war wenig vorbereitet auf eine Krise, in der eine Diktatur sich nicht an zwischenstaatliche Regeln hielt. Nun wollte man wenigstens technisch gewappnet sein. Und so war Jack Rohner mit dem Auftrag angereist, auf dem Flachdach der Schweizer Botschaft einen Kurzwellensender zu installieren, um autonom kommunizieren zu können. Göldi, Vertreter des Industriekonzerns ABB, gelernter Elektroniker und studierter Informatiker, der nach seinem Gefängnisaufenthalt in der Schweizer Botschaft untergekommen war, half mit, den fünfzehn Meter langen Antennenmast aufzubauen. Die dazugehörende Sende- und Empfangsstation hatte der damals noch für das Ausland zuständige Schweizer Strategische Nachrichtendienst (SND) auf geheimen Pfaden nach Tripolis schaffen lassen.

Die Libyenkrise war erst drei Wochen alt, da traf ein zweiter nachrichtendienstlich geschulter Schweizer in der libyschen Hauptstadt ein. Der Walliser Jacques Pitteloud hatte für den SND und im Aussendepartement gearbeitet, ehe er im Jahr 2000 erster und einziger Schweizer Nachrichtendienst-Koordinator wurde. In dieser Funktion hatte er die Aufgabe, die damals noch getrennten Auslands- und Inlandsnachrichtendienste aufeinander abzustimmen – was allerdings eine Mission impossible war, da die beiden Bereiche völlig zerstritten waren (noch über ihre Zwangsfusion im Jahr 2010 hinaus herrschte gegenseitiges Misstrauen).

Nun, 2008 in Tripolis, war Pitteloud bereits nicht mehr als Geheimdienstler unterwegs, sondern als Botschafter und Leiter des Politischen Sekretariats im Aussendepartement von SP-Bundesrätin Micheline Calmy-Rey. Der damalige Kettenraucher, Kampfsportler und Kommandant von Panzergrenadieren war alles andere als ein Klischeediplomat, sondern – wie der zuvor angereiste Jack Rohner – ein Draufgängertyp. Dazu kam, dass Jacques Pitteloud über Erfahrung in Befreiungsaktionen verfügte: 1994 hatte er höchstpersönlich Angehörige einer in der Schweiz lebenden Ruanderin aus deren Herkunftsland evakuiert, in dem gerade ein Völkermord stattfand. Max Göldi gab Pitteloud den Spitznamen »007«.

Fürs Erste bestand die Hauptaufgabe des helvetischen James Bond darin, zwei Personen ausfindig zu machen und freizubekommen. Denn das Gaddafi-Regime hatte die Mutter und einen Bruder jenes Hausangestellten verschwinden lassen, der es mit einer Kollegin gewagt hatte, in der Schweiz seine Arbeitgeber, den Diktatorensohn und dessen Frau, anzuzeigen. Die Libyer wollten die beiden erst gehen lassen, wenn die Hausangestellten ihre Klage zurückgezogen hatten. Pitteloud war teilweise erfolgreich. Die Mutter durfte recht bald nach Marokko ausreisen. Der Bruder kam erst viel später frei. Doch natürlich wollte Pitteloud auch seinen festsitzenden Landsleuten Göldi und Hamdani helfen. Und das tat er mit Geheimdienstmethoden.

Elitesoldaten aus dem Tessin

Fünfzig Liegestütze in zwei Minuten und ein 25-Kilometer-Eilmarsch mit 25 Kilo Gepäck in dreieinhalb Stunden – das sind zwei der sportlichen Anforderungen beim Eintrittstest für das Armee-Aufklärungsdetachement 10 (AAD 10). Eine gute körperliche Leistung reicht aber nicht aus, um zur achtzehnmonatigen Ausbildung bei der Elitetruppe im Tessin zugelassen zu werden.

Geistige Faktoren sind ebenso wichtig. Jährlich wird von mehreren hundert Interessierten nur eine Handvoll aufgenommen. Die Tests und die eineinhalb Jahre Schulung sind so streng, dass der Sollbestand von neunzig Personen über Jahre hinweg nicht erreicht wurde. Die harte Auswahl wird verständlich, wenn man das Pflichtenheft des AAD 10 anschaut: Darin stehen neben dem Botschafts- und Personenschutz auch Geiselbefreiungen und Exfiltrationen, also das Ausschleusen von Menschen aus feindlichem Gebiet.

Doch Ernstfälle waren selten. Die meiste Zeit verbrachten die Elitesoldaten mit Trainieren und Warten. Nun, im Spätherbst 2008, war es aber wieder einmal so weit. Verteidigungsminister Samuel Schmid war einverstanden, dass die Armee Jacques Pitteloud AAD-10-Angehörige zur Verfügung stellte, um Max Göldi und Rachid Hamdani aus Libyen herauszuholen. Die Sache war natürlich hochriskant und topsecret. Einzelne Departementsspitzen hatten die Planung und den Einbezug der Elitesoldaten abgesegnet. Doch nicht einmal der Gesamtbundesrat wurde in die Sache eingeweiht. Anfang November 2008 stand der geheime Plan: die Operation SAKR (der Name ähnelt dem arabischen Wort für Falke).

Bald machte sich Jacques Pitteloud mit zwei Übertragungs- und Navigationsspezialisten des AAD 10 auf nach Algerien. »007« und die beiden Elitesoldaten, die Diplomatenpässe erhalten hatten, wollten die Exfiltration von Gaddafis Geiseln durch die Wüste vorbereiten. Libyens Nachbarland Algerien war eingeweiht und hatte Unterstützung zugesichert.

Am 7. Dezember 2008 trat dann der Diplomat Adrian Junker in Tripolis die Ferienvertretung von Botschafter Daniel von Muralt an. Dies war Teil des Geheimplans, was Max Göldi anfangs nicht wusste. Der Neue forderte Göldi auf, mit ihm im Ericsson Camp Tennis spielen zu gehen, einer Freizeitanlage rund dreissig Kilometer ausserhalb von Tripolis. Und am Tag darauf gleich wieder. Göldi wollte nicht. Aber Junker blieb hartnäckig, verriet ihm jedoch, dass es Pitteloud war, der wünschte, dass er jeden Tag aus der Stadt fuhr.

Zehn Tage und viel Tennis später kamen die Vorbereitungen in die heisse Phase. Am 17. Dezember 2008 kam Junker zu Göldi ins Zimmer, Rachid Hamdani, der ebenfalls vorübergehend in der Botschaft Unterschlupf gefunden hatte, bat er dazu. Der Nachwuchsdiplomat drehte die Lautstärke von Göldis iPod-Lautsprecher voll auf und erklärte den Geheimplan: Bei einer Fahrt mit einem Geländewagen zur Oase von Ghadames, einer Unesco-Weltkulturerbestätte in der Sahara, sollten Göldi und Hamdani »verloren gehen« und ins nahe Algerien gelotst werden.

Die beiden Geiseln packten das Nötigste. Kurz bevor es losging, stellten die algerischen Behörden aber plötzlich Bedingungen: Als Gegenleistung für ihre Hilfe verlangten sie die Auslieferung zweier in die Schweiz geflüchteter Anhänger der Islamischen Heilsfront (FIS) – vor allem in der Westschweiz hatten sich damals radikale Führungspersonen der islamistischen Organisation niedergelassen. Für Bern war diese Bedingung inakzeptabel. Der Geheimplan wurde gestoppt. Die Enttäuschung war riesig. Göldi, dessen Frau die Entwicklung von der Schweiz aus mitverfolgte, notierte in sein Tagebuch: »Sie ist mit den Nerven völlig am Ende, was kein Wunder ist. Auch ich bin total verzweifelt.«

Bald darauf war Weihnachten. Ein Botschaftsmitarbeiter stellte einen Plastikbaum mit elektrischen Lämpchen auf. Doch bei Max Göldi kam keine Freude auf. Gefrustet erzählte er einem Journalisten des »Tages-Anzeigers« am Telefon von der geplanten Weihnachtsfeier in der Schweizer Botschaft. »Ohne unsere Familien«, sagte er, »wird es allerdings kein schöner Anlass werden.«

Birchermüesli, Salami und neue Fluchtpläne

In der Botschaft in Tripolis gab es einen stets abgeschlossenen Raum. Darin stand das TC-91, ein Chiffriergerät aus dem Jahr 1991. Der wichtigste Apparat der Eidgenossenschaft in Libyen war damals also bereits siebzehn Jahre alt und, wie Göldi ihn beschrieb, »wirklich antiquiert«. Um den Cursor auf dem Röhrenbildschirm zu bewegen, musste man vier Tasten benutzen, eine Maus gab es noch nicht. Traf eine Meldung ein, blinkte eine grüne Lampe aussen über der Tür.

Das TC-91 von der Zürcher Verschlüsselungsfirma Omnisec AG hätte schon längst durch das neuere TC-007 der Zuger Konkurrentin Crypto AG ersetzt werden sollen. Das Schweizer Aussendepartement hatte den Austausch zwar bereits geplant. Doch jetzt, Anfang 2009, kommunizierte man in der Schweizer Botschaft in Libyen noch mit dem alten Omnisec-Gerät. Und da konnte man nun von einem neuen Fluchtplan lesen; SAKR 2 ähnelte dem im Vormonat abgebrochenen Versuch. Der Hauptunterschied: Diesmal sollte die Flucht durch die Sahara nicht über Algerien, sondern über die Republik Niger erfolgen, mit Unterstützung einiger Tuareg.

Diese waren bereits aufgebrochen. Und ebenfalls wieder unterwegs war Jacques Pitteloud – in Begleitung einiger undercover agierender Elitesoldaten –, als am 9. Januar 2009 plötzlich die grüne Lampe über der Tür des Kommunikationsraums blinkte. Die Botschaft, die da gerade hereinkam, war nicht gut: SAKR 2 musste abgesagt werden, da der Schweizer Auslandsdienst SND erfahren hatte, dass die Libyer bereits seit Dezember von den Befreiungsabsichten wussten. Die Algerier hatten sie verraten. In Libyen war man sogar über die Tarnidentitäten Pittelouds und der AAD-10-Angehörigen im Bilde. Wie genau der Schweizer Auslandsdienst damals davon erfahren hatte, blieb sein Geheimnis. Elf Jahre lang.

In Tripolis und Bern ging das Schmieden von Fluchtplänen trotzdem weiter. Bei SAKR 3 lag das Augenmerk nun nicht mehr auf dem Landweg, sondern auf dem Wasser. Der Vorteil: Es waren keine Nachbarstaaten Libyens involviert. Die Schweiz, obschon Binnenland, war für eine solche Aktion gut gewappnet. Ihre Elitesoldaten sind im sogenannten taktischen Tauchen ausgebildet und mit Unterwasserscootern ausgerüstet. Dank den torpedoähnlichen Zuggeräten können mehrere Seemeilen zurückgelegt werden, ohne einmal aufzutauchen.

Max Göldi und Rachid Hamdani sollten immer wieder zum selben Badestrand in der Nähe von Tripolis fahren, dort regelmässig hinausschwimmen – und dann, so der Plan, irgendwann nicht mehr zurückkommen. Alle sollten glauben, sie seien ertrunken. In Tat und Wahrheit wären sie im offenen Meer aber von zwei Elitesoldaten mit einem Sauerstoffgerät versorgt und mithilfe der Scooter in Sicherheit gebracht worden. Ende Mai 2009 ging es an die Umsetzung: AAD-10-Angehörige, getarnt als Touristen, mieteten sich ein Boot, mit dem sie vor der libyschen Küste kreuzen und auf Max Göldi und Rachid Hamdani warten wollten. Doch auch dieser Plan wurde abgeblasen. Diesmal war aber nicht Verrat der Grund, sondern Hoffnung. Denn plötzlich schien ein Ende der Krise möglich: Der Strategische Nachrichtendienst hatte dem Aussendepartement mitgeteilt, dass er Informationen besässe, wonach die Libyer es mit einer diplomatischen Lösung ernst meinten. Woher die Schweizer Nachrichtendienstler dies wussten? Auch das sollte auf Jahre hinaus ihr gut gehütetes Geheimnis bleiben.

Ausreisen durften Göldi und Hamdani dann aber doch nicht, obwohl sie schon ein Jahr in Libyen festsassen. Damals wurde das Botschaftspersonal nach und nach aus Libyen abgezogen, und Max Göldi, der noch immer in der Botschaft lebte, übernahm dessen Aufgaben. Im Juni 2009 half er einem eingeflogenen EDA-Techniker beim Umbau des Kommunikationsraums. Statt des alten TC-91 stand dort fortan der modernere TC-007 der Zuger Crypto AG.

Militärattaché Jack Rohner kam nun öfter zu Besuch in die Botschaft. Neben Birchermüesli, Schinken und Salami brachte er auch einen neuen Plan mit: eine Flucht per Jetski. Doch auch dieses Vorhaben schlug fehl, denn zu der anvisierten Zeit war in ganz Libyen kein Jetski aufzutreiben.

Kurz darauf verschärften die Libyer die Bewachung der Botschaft und verschleppten Göldi und Hamdani für 53 Tage. Als der Schweizer Bundespräsident Hans-Rudolf Merz am Rande einer UNO-Vollversammlung in New York Gaddafi senior darauf ansprach, entgegnete der libysche Diktator, dass die Schweizer Armee beabsichtigt habe, Göldi und Hamdani gewaltsam zu befreien, weshalb man sie an einen sicheren Ort gebracht habe.

Danach gab es keine Schweizer Bemühungen mehr, die Geiseln zu befreien. Ende 2009 wurden die beiden Schweizer wegen angeblicher Visa- und Steuervergehen zu Freiheitsstrafen von sechzehn Monaten verurteilt. Rachid Hamdani konnte Libyen dann aber trotzdem schon am 22. Februar 2010 verlassen. Drei Tage später rief Diktator Gaddafi zum Dschihad gegen die Schweiz, den Zionismus und ausländische Aggressoren auf (in der UNO-Generalversammlung hatte er zuvor bereits die Zerschlagung der Schweiz gefordert). Max Göldi durfte erst am 13. Juni 2010 in die Schweiz zurückkehren; 695 Tage war er Gaddafis Geisel gewesen.

Als wir keine Woche nach Göldis Freilassung im »Tages-Anzeiger« die Exfiltrationspläne publik machten, staunten viele in der Schweiz über die weit fortgeschrittenen, aber immer wieder gestoppten Aktionen. »Le Matin Dimanche« berichtete kurz darauf erstmals etwas detaillierter über die Gründe für die Beendigung der Fluchtversuche: Demnach hatte die Schweizer Armee verschlüsselte Nachrichten abfangen können, aus denen hervorging, dass die Libyer über die Pläne, durch die Wüste zu fliehen, frühzeitig im Bild gewesen waren. Wie war dieses Abfangen und Entschlüsseln geheimer Nachrichten möglich gewesen? Auf diese Frage gab es zwei Antworten: eine detaillierte, die erst viele Jahre später erfolgte. Und eine allgemeine, die schon zuvor von Edward Snowden kam: Als Whistleblower zeigte Snowden auf, dass weltweite Kommunikation viel stärker überwacht wurde, als die allermeisten Menschen ahnten.

Ein junger Amerikaner in Genf

Als die zwei Hausangestellten der Gaddafis im Juli 2008 im Genfer Hotel President Wilson mit heissem Wasser übergossen und spitalreif geprügelt worden waren, lebte Snowden in Fussdistanz zum Tatort. Vom Alter, Aussehen und von den Interessen her hätte Snowden der Sohn Max Göldis sein können. Der Fünfundzwanzigjährige, wie Göldi ein drahtiger Techniker, war vom US-Auslandsgeheimdienst CIA im Frühjahr 2007 in Genf stationiert worden. Snowden war in die Schweiz gekommen, weil er etwas von der Welt sehen wollte. Doch was er hier vorfand, gefiel ihm gar nicht.

Seine Beobachtungen in jener »geschäftigen, sauberen, wie ein Uhrwerk funktionierenden Stadt«, wie er Genf in seiner 2019 veröffentlichten Autobiografie »Permanent Record« beschrieb, passten auch auf den Gaddafi-Clan: »Diese adligen Herrschaften«, hielt Snowden darin fest, »buchten ganze Stockwerke in Fünf-Sterne-Grandhotels und kauften die Luxusgeschäfte auf der anderen Seite der Brücke leer.« Deren demonstrierte Verschwendungssucht fand er besonders abstossend.

2008 war allerdings nicht nur die Zeit der Schweizer Libyenkrise, es herrschte auch eine globale Finanzkrise.

Edward Snowden wandelte sich damals in der Schweiz vom libertären Alles-ist-möglich-Verfechter zum Finanzplatzkritiker. In seinen Erinnerungen schrieb er: »Während der Rest der Welt immer ärmer wurde, florierte Genf.« Die Schweizer Banken versteckten »frohgemut das Geld der Leute, die von dem Leid profitierten, ohne je dafür zur Verantwortung gezogen zu werden«.

Doch Snowden war nicht als Kritiker gekommen, er sollte spionieren. Und dafür befand er sich an einem guten Ort. »Die Stadt bot weltweit die anspruchsvollsten und ergiebigsten Ziele«, schrieb Snowden. Vom zweiten Hauptsitz der Vereinten Nationen bis hin zur Welthandelsorganisation WTO. Genf, »das kultivierte Alte-Welt-Zentrum« mit all seinen internationalen Organisationen und Privatbanken, war generell so etwas wie das Gelobte Land für Agentinnen und Agenten.

Edward Snowden wohnte in einer »absurd eleganten, absurd geräumigen« Vierzimmerwohnung, wie er schrieb. Sein Arbeitgeber hatte das Appartement für ihn angemietet. »Es lag am Quai du Seujet im Viertel Saint-Jean, mit dem Blick auf die Rhone aus dem einen Fenster und auf das Juragebirge aus dem anderen.«

Snowden war als Diplomat der Vereinigten Staaten an der UNO-Mission akkreditiert. Die überdimensionierte US-Vertretung in Genf ist seit jeher auch eine Spionagezentrale. Snowden, der Informatik-Autodidakt, war als Systemanalytiker in der Mission offiziell für die Sicherheit der Computersysteme zuständig; sein Pflichtenheft umfasste auch die Instandhaltung der Klimaanlage. Doch dank einer intensiven Geheimdienstschulung kümmerte er sich um weit mehr als um die IT und die Raumtemperatur. Snowden schaute sich auch nach Menschen um, die für die CIA interessant sein könnten. Er verstand es, auf Partys mögliche Zielpersonen in Gespräche zu verwickeln. Mit seiner »angeborenen Streberhaftigkeit«, so die ironische Selbstbeschreibung, habe er junge Forscher vom internationalen Kernforschungszentrum Cern so weit gebracht, dass sie »wortreich und übersprudelnd« über ihre Arbeit sprachen.

Human Intelligence, kurz Humint, also das Anwerben und Ausforschen menschlicher Quellen, war allerdings nicht Snowdens Kernaufgabe in der Schweiz. In der Genfer US-Mission betrieb der Neuankömmling ein One-Man-Helpdesk, eine Art Informatikanlaufstelle für die zahlreichen anderen US-Agenten. Zu seinen »Kunden« zählten insbesondere klassische Geheimdienstler mit limitierten Technikkenntnissen und häufig einer ausgeprägten Abneigung gegen die an Einfluss gewinnende Cyberfraktion, zu der Snowden zählte. Er musste also vor allem Old-School-Spione mit Big Data versöhnen und vertraut machen. Sie suchten ihn auf, wenn beim Ausforschen von Personen und Organisationen in der Schweiz technische Hürden überwunden werden mussten. Oft waren die IT-Sorgen seiner Dienstkameraden überschaubar. Einmal wollte beispielsweise ein US-Agent von ihm wissen, wie man eine Diskette so zerstört, dass der Inhalt nicht rekonstruiert werden kann. Laut Snowden waren darauf Kundeninformationen gespeichert, die der Agent »einem korrupten Swisscom-Angestellten abgekauft hatte«.

2008 genoss der junge Informatiker einen schönen Partysommer, vergass dabei aber seine Dienstpflichten nicht. An einem Fest auf der Terrasse eines exklusiven Genfer Cafés lernte er einen Saudi kennen. Der Mann trug, wie Snowden in seiner Autobiografie schrieb, ein rosa Hemd mit weissen Manschettenknöpfen und betreute bei einer Genfer Privatbank saudische Kunden. Auf Snowden wirkte der Banker so aufgeschlossen, dass er ihn noch an der Party gemäss eigenen Angaben diskret an einen seiner Agentenkollegen weiterreichte.

Was dann passierte, schilderte Snowden so: Sein Kollege habe versucht, den Banker mit gemeinsamen Streifzügen durch Stripklubs und Bars für die CIA zu rekrutieren. Als der Saudi einen Monat später aber immer noch nicht anbiss, füllte der Agent ihn ab und liess ihn alkoholisiert mit dem Auto nach Hause fahren. Keine Viertelstunde später wurde der Banker wegen Trunkenheit am Steuer festgenommen. Er war damit seinen Führerschein los. Der Agent übernahm freundlicherweise das horrende Bussgeld und chauffierte den Banker fortan täglich zur Arbeit, sodass dieser nun eigentlich in seiner Schuld stand. Doch trotz all den Bemühungen lehnte es der Saudi ab, für die USA zu spitzeln.

Edward Snowden war enttäuscht, allerdings nicht, weil die Anwerbung gescheitert war, sondern weil diese Methoden – das falsche Spiel, der Druck durch die Agentenkollegen – nicht seinen ethischen Vorstellungen entsprachen. In seiner Autobiografie stellt Snowden diese Genfer Erfahrung als eine Art Erweckungserlebnis dar: Bis dahin hatte er begeistert für den US-Geheimdienst gearbeitet, nun schlich sich zunehmend Skepsis ein.

Dass sich die USA mittels sogenannter Signals Intelligence massenhaft Daten aus Kommunikations- und Informationssystemen verschafften, wusste Snowden – immer gemäss eigener Darstellung – zu diesem Zeitpunkt noch nicht. Er war offensichtlich nicht in alle Geheimnisse der Cyberspionage eingeweiht. Allmählich begann er aber zu erkennen, wie umfassend die US-amerikanischen Geheimdienste auf die internationale Digitalkommunikation aller Menschen zugreifen konnten. Bis er daraus Konsequenzen zog, sollte aber noch fast ein halbes Jahrzehnt verstreichen. Edward Snowden war längst nicht mehr in Genf, als er zum Whistleblower wurde. Oder, wie andere es sehen, zum Verräter.

Der Frankenstein-Effekt

Bereits Anfang 2009 verliess Snowden die Schweiz und wechselte danach mehrfach die Stelle. An verschiedenen Orten weltweit war er weiterhin für US-Geheimdienste und deren engste Partner tätig. Etwas länger arbeitete er so für die NSA auf einem US-Stützpunkt in Japan. Dort kam ihm die Situation jedoch immer mehr vor wie in dem Buch, das er gemäss seinen Memoiren unmittelbar vor seinem Schweiz-Aufenthalt gelesen hatte: Mary Shelleys »Frankenstein«. In dem Roman erschafft ein Forscher in Genf eine Kreatur, die ausser Kontrolle gerät und Amok läuft. Einen derartigen Frankenstein-Effekt diagnostizierte Snowden nun bei seinen Arbeitgebern: CIA und NSA hatten ein Überwachungssystem geschaffen, das sich verselbständigte. Die Menschheit – zumindest jener Teil, der sich im Internet bewegte – wurde umfassend und völlig unkontrolliert ausspioniert. Das Netz war total überwacht. Facebook, Skype, E-Mails – kaum eine elektronische Kommunikationsform war vor dem Zugriff der US-Dienste sicher. Auch Regierungen und Armeen und natürlich andere Geheimdienste wurden weltweit abgehört.

2013 beschloss Snowden schliesslich, die Massenüberwachung publik zu machen. Seither lebt er, von den USA per Haftbefehl gesucht, im russischen Exil. Die von ihm geleakten Dokumente bewiesen unter anderem, dass die Amerikaner nicht nur internationale Organisationen in Genf ins Visier nahmen, sondern beispielsweise auch schweizerische Unternehmen, die Roaming-Zahlungen in der internationalen Telefonie abwickeln. Mit deren Daten liess sich weltweit rekonstruieren, wer mit wem in Kontakt stand.

Vieles, was Snowden enthüllte, war auch für den Schweizer Geheimdienst neu: Die USA – und möglicherweise auch andere Länder – hätten, so hielt der NDB damals in einem Lagebericht fest, »Zugang zu mindestens einem Teil der schweizerischen Kommunikationsinfrastruktur«. Teilweise seien wohl auch »politische und wirtschaftliche Interessen der Schweiz« von dem aus Übersee gelenkten Lauschangriff betroffen. Ziele der Ausspähung seien aber »vermutlich vorwiegend Drittstaaten auf dem Platz Genf«. Und dann schrieb der NDB noch etwas: Die US-Geheimdienste hatten »seit Jahren systematisch Verschlüsselungen aufgebrochen und geschwächt sowie internationale Kryptostandards beeinflusst«. Was nach einer neuen Erkenntnis klang, war, wie sich noch zeigen wird, für den Schweizer Nachrichtendienst keineswegs neu.

Renommierte Schweizer Strafrechtler fanden nun, die Bundesanwaltschaft müsse wegen der US-Spionage ermitteln; Ansatzpunkte für Strafverfahren wegen des Verdachts auf illegalen Nachrichtendienst und andere Delikte gebe es in den geleakten Dokumenten genug. »Mich würde interessieren, was Herr Snowden sagt«, erklärte damals der für solche Verfahren zuständige Bundesanwalt Michael Lauber. Seine Behörde klärte ab, ob und wie man Snowden freies Geleit gewähren könne, damit er in der Schweiz aussagen konnte. Das wäre juristisch kein Problem gewesen. Dies zeigte ein internes Gutachten der Bundesanwaltschaft, das publik wurde. Doch dann intervenierten die USA, für die Snowden nichts anderes als ein Verräter war. Die amerikanische Botschafterin in Bern, Suzan LeVine, sprach beim Bundesamt für Justiz vor. Was genau beredet wurde, kam nie an die Öffentlichkeit. Es fand danach jedoch keine Befragung Snowdens in der Schweiz statt. Und es gab auch kein Strafverfahren wegen der amerikanischen Spionage.

Überhaupt blieb die Reaktion der offiziellen Schweiz auf die Snowden-Enthüllungen bescheiden. Das Aussendepartement protestierte mit einer Verbalnote, einer eher schwachen Form in der Diplomatie. Es wurde offenbar: Mit den US-Amerikanern wollten es sich die politisch Verantwortlichen auf keinen Fall verscherzen.

Verlässliche, aber eigensinnige Warner

Die kleine Schweiz war und ist in Sicherheitsfragen vom grossen Bruder jenseits des Atlantiks abhängig. Ihre Sicherheitsbehörden profitieren von der umfassenden US-Cyberspionage. Und die USA machten auch gehörig Druck auf die Schweizer Behörden, wenn sie etwas entdeckten, was ihnen nicht passte beziehungsweise gefährlich erschien. Wie dies vor sich ging, hatte ein Datenleck einige Jahre zuvor gezeigt: Die Betreiber der Enthüllungsplattform Wikileaks hatten 2010 und 2011 rund eine Viertelmillion interner Berichte und Lagebeurteilungen der US-Botschaften an das Aussenministerium in Washington ins Netz gestellt. Diese Depeschen, auch Diplomatic Cables genannt, stammten zu einem grossen Teil aus den Jahren, in denen Edward Snowden in Genf stationiert war und Max Göldi und Rachid Hamdani in Tripolis festsassen.

Die Schweizer Libyenkrise war entsprechend häufig Thema darin. In einer vertraulichen Depesche – sie trägt den Titel »Schurkenleben: Die Verhaftung von Hannibal Gaddafi führt zu einem Bruch in den schweizerisch-libyschen Beziehungen« – berichtete die amerikanische Botschaft in Tripolis an das Aussenministerium in Washington von einem Gespräch mit Daniel von Muralt. Der Schweizer Botschafter, heisst es da, habe gesagt, dass viele wohlhabende Araber, welche die Schweiz besuchten, im Ruf stünden, ihr Dienstpersonal zu misshandeln: Das Problem sei so gross, dass sich bereits Nichtregierungsorganisationen auf die »Rettung« der Opfer spezialisiert hätten.

Das Leck zeigte aber vor allem, wie sehr die USA seit den Al-Qaida-Anschlägen vom 11. September 2001 in New York und Washington weltweit bemüht waren, weitere ähnliche Attacken zu verhindern. Ins Visier nahmen sie neben Terrororganisationen jene Staaten, die sie zur »Achse des Bösen« zählten: Iran, Nordkorea und Irak unter Saddam Hussein, aber auch Syrien und Libyen. Die Depeschen enthüllten nun, dass die Amerikaner fast immer früher und besser Bescheid wussten als die Schweizer, wenn einer der »Schurkenstaaten« schweizerische Technik zur Herstellung von Massenvernichtungswaffen beschaffen wollte.

Mehrfach konnte das Staatssekretariat für Wirtschaft (Seco), in Bern verantwortlich für die Exportkontrollen, dank derartigen Warnungen Ausfuhren in letzter Minute unterbinden. Das Assad-Regime in Syrien versuchte beispielsweise erfolglos, in der Schweiz Vakuumpumpen zu ordern, die man zur Fertigung von Chemiewaffen einsetzen kann. Und es bekam auch – wieder aufgrund einer US-Intervention – keine Motoren und Sensoren aus der Schweiz geliefert, die sich in Scud-Kurzstreckenraketen einbauen liessen.

Solche Bestellungen erfolgten, wie die Diplomatic Cables zeigten, oft über Strohfirmen in unverdächtigen Drittländern. Die Lieferanten waren nicht selten kleinere Schweizer Hightechunternehmen. Als eine Solothurner Firma etwa hochwertige elektronische Chips nach Malaysia liefern wollte, war das Seco bereits vor Einreichen des Ausfuhrgesuchs darüber im Bilde: Die USA hatten die Schweizer Kontrolleure darauf hingewiesen, dass die Lieferung an ein malaysisches Tarnunternehmen gehe, das »Handel mit dem Iran treibt oder mit Firmen, die mit dem syrischen Raketen- oder Massenvernichtungswaffenprogramm in Verbindung stehen«. Gemäss der offengelegten Depesche versprach das Seco also, uniformierte Polizei nach Solothurn zu schicken, um die Betreiber der Firma darauf aufmerksam zu machen, dass sie sich wohl strafbar machten, wenn sie nach Malaysia lieferten. Der Elektrochip-Deal kam nie zustande.

Überhaupt blockierte das Seco Ausfuhrgesuche für militärisch nutzbare Technik nach Syrien konsequent. Einzige Ausnahme, das zeigten die Recherchen für dieses Buch: Ende der Neunzigerjahre durften Schweizer Chiffriergeräte dorthin exportiert werden. Die Exportkontrolleure winkten die Lieferungen in Absprache mit dem Aussen- und dem Verteidigungsdepartement durch. So kam das syrische Regime in den Besitz von Apparaten der beiden Hersteller Omnisec AG und Crypto AG. Doch die nach Syrien gelieferten Geräte besassen – wie Jahre später bekannt wurde – nur eine schwache Verschlüsselung. Die US-Geheimdienste konnten sie knacken.

Die Vereinigten Staaten beschränkten sich nicht auf ihre Rolle als nachdrückliche Warner. Vielmehr achteten sie die Souveränität anderer Nationen, auch enger Partner wie der Schweiz, wenig. »Wenn die Amerikaner kommen, machen sie das, was sie für richtig befinden.« Dies sagte Justizminister Christoph Blocher, als er 2007 im Ständerat für ein überarbeitetes Antiterrorabkommen mit den USA warb. Er vertrat die Ansicht, dass man sich mit den Vereinigten Staaten auf bestimmte Regeln bei der gemeinsamen Gefahrenabwehr einigen müsse, sonst gingen diese eigenmächtig vor – auch auf Schweizer Staatsgebiet.

Blocher gehörte zu den wenigen Menschen, denen bereits damals Details zu einer solchen Operation bekannt waren: 2003 hatten fünf CIA-Agenten und eine CIA-Agentin im Geheimen im Bündner Rheintal eine Hausdurchsuchung durchgeführt. Die USA hatten die Schweiz nicht in das Vorgehen eingeweiht. Die davon betroffene Familie Tinner gehörte einem internationalen Atomwaffenring an, der dem Iran, Libyen und Nordkorea zur Bombe verhelfen wollte. Im Ständeratssaal sagte Christoph Blocher wohl mit Blick auf das eigenmächtige Vorgehen des US-Geheimdiensts bei den Tinners, die Amerikaner hätten in der Schweiz den »American Way of Life« angewendet. Der CIA gelang es sogar, einen Sohn der Tinners als Informanten anzuwerben. Der Bundesrat liess es damals nicht zu, dass die US-Agenten wegen ihrer Operation im Rheintal zur Rechenschaft gezogen wurden. Auf amerikanischen Druck hin wurden in der Schweiz sogar Akten in der Sache vernichtet.

Das überarbeitete schweizerisch-amerikanische Antiterrorabkommen, für das Blocher 2007 geworben hatte, wurde vom Parlament angenommen. Es sah unter anderem die Bildung einer gemeinsamen Ermittlertruppe vor, sollte eine Situation dies erfordern. Das war erstmals im März 2014 der Fall, kurz nach den Snowden-Enthüllungen: Die Schweizer Bundeskriminalpolizei und Kollegen vom FBI spannten zusammen, nachdem die USA präzise Informationen zu einer Zelle des Islamischen Staats (IS) in Schaffhausen geliefert hatten. Demnach hatten Iraker, die als Flüchtlinge in die Schweiz gekommen waren, sich auf Facebook mit einem IS-Führer über die Planung eines Attentats in Europa ausgetauscht. Eines der mutmasslich anvisierten Ziele: ein amerikanisches Militärspital in Berlin.

Der US-Tipp beruhte auf Erkenntnissen aus der umstrittenen NSA-Massenüberwachung. Dem Schweizer Geheimdienst wäre es damals untersagt gewesen, auch nur ansatzweise so vorzugehen. Er durfte bis 2017 weder Telefone anzapfen noch private Dialoge übers Internet mitschneiden. Diese Möglichkeit bekam der NDB erst später, mit dem Nachrichtendienstgesetz, das im September 2016 in einer Volksabstimmung angenommen wurde. Bis dahin waren ihm beim Überwachen und Abhören potenzieller Täter enge Grenzen gesetzt.

Nach dem Geheimdiensthinweis aus den USA verhaftete die Schweizer Polizei bei Schaffhausen drei Iraker, die später wegen Terrorunterstützung und anderer Delikte zu mehrjährigen Freiheitsstrafen verurteilt wurden. Der Fall zeigte also, dass der grosse Bruder USA nicht nur andere Länder und die Schweiz ausspionierte, sondern einzelne Erkenntnisse aus der Massenüberwachung auch mit diesen Staaten teilte.

Das helvetische Dilemma

Wie sollte man nun aber damit umgehen, dass die USA massenhaft Daten abgriffen und offensichtlich auch in der Schweiz spionierten? Die Snowden-Enthüllungen 2013 und das Auffliegen der Schaffhauser IS-Zelle kurze Zeit später offenbarten das Dilemma, in dem die Schweizer Sicherheitsbehörden steckten. Sollten sie auf die Erkenntnisse von Partnerdiensten wie der CIA verzichten? Und damit Attentate in der Schweiz riskieren?

Der NDB fand darauf eine Antwort: Im Dschihadismus – daran liess er im Lagebericht 2014 keine Zweifel – sah er das grössere und zudem akutere Problem als in der Massenüberwachung durch die NSA. Der islamistische Terror war auch für die Staaten Europas zu einer akuten Gefahr geworden: Der IS hatte Mitte 2014 sein Kalifat ausgerufen. Das vom ihm eroberte Territorium, das sich über weite Teile Syriens und des Iraks erstreckte, war zu einem beliebten Ziel für Dschihad-Reisende geworden. Bis zu hundert Radikalisierte aus der Schweiz – darunter zahlreiche Jugendliche und rund ein Dutzend Frauen – zogen in das vom IS beherrschte Gebiet oder schlossen sich anderen islamistischen Terrororganisationen an. Der Grossteil davon tat dies Mitte der Zehnerjahre, als der IS militärisch erfolgreich war. Der NDB warnt seither vor Terroranschlägen ideologisch indoktrinierter und kampferprobter Rückkehrer, wie sie in anderen europäischen Staaten verübt wurden.

Die Schweiz war auf die Terrorhinweise aus den USA dringend angewiesen. Der NDB beteuerte aber immer wieder öffentlich, dass es keine »direkte Kooperation« mit der NSA gebe. Die National Security Agency war mit den Snowden-Enthüllungen zu einem No-Go geworden – allerdings nicht für alle in der

Schweiz: Die leitenden Kryptologen von der Führungsunterstützungsbasis (FUB) der Schweizer Armee wollten mit der NSA zusammenarbeiten.

Denn die Ver- und Entschlüsselungsexperten sahen ihre Felle davonschwimmen: Über Jahre hatte die FUB dank Parabolantennen in den Berner Gemeinden Zimmerwald und Heimenschwand sowie in Leuk im Wallis Satellitenkommunikation bis nach Fernost und weit nach Afrika hinein abfangen können. Die so erhaltenen Informationen konnten dann, sofern sie nicht verschlüsselt waren oder entschlüsselt werden konnten, nach bestimmten Suchwörtern durchsucht werden – ein mögliches Beispiel wäre während der Libyenkrise »Max Göldi« gewesen. Doch mittlerweile flossen die meisten Daten weltweit via Glasfaserkabel den Meeresgrund entlang. Dienste wie die NSA konnten darauf zugreifen, indem sie die Kabel anzapften. Das Binnenland Schweiz konnte dies nicht (und kann es wohl nach wie vor nicht).

Deshalb hätten die FUB-Kryptologen gern von der Kabelaufklärung der USA profitiert. Ihr Chef Rainer Haefelin wurde deswegen beim NDB-Beschaffungschef Paul Zinniker und später auch noch beim NDB-Direktor Markus Seiler vorstellig. Doch beide liessen Haefelin abblitzen: Die NSA stand nicht auf der Liste der weit über hundert Partnerdienste, die der Bundesrat genehmigt hatte; damit war eine Zusammenarbeit ausgeschlossen. Und dies war ansonsten nur bei den schlimmsten Diktaturen der Fall und bei Ländern, die für die Schweiz sicherheitspolitisch völlig uninteressant waren.

Den FUB-Kryptologen wollte es nicht in den Kopf, dass sie mit ihrem amerikanischen Pendant, der NSA, nicht zusammenarbeiten durften. Der Schweizer Nachrichtendienst kooperierte ja auch mit der CIA. Und CIA und NSA arbeiten Hand in Hand:

Die CIA plant Abhöroperationen und führt diese durch; die NSA übernimmt bei diesen Operationen die technische Umsetzung – vom Einbau von Hintertüren in Verschlüsselungsgeräten bis hin zur Nutzbarmachung abgefangener Kommunikation.

Hinzu kam, dass der NDB sogar Kontakte und einen Austausch mit russischen Geheimdiensten pflegte. Nur die NSA sollte jetzt auf Geheiss der Politik – eine Folge der allgemeinen Empörung nach den Snowden-Enthüllungen – tabu sein. Diese öffentlich demonstrierte Nicht-Zusammenarbeit hielten die Kryptologen für verlogen, denn indirekt profitierte die Eidgenossenschaft weiterhin von NSA-Erkenntnissen, etwa via FBI- oder CIA-Kanäle.

Die Vereinigten Staaten unterhielten im Sicherheitsbereich, wie aus einem von der spanischen Zeitung »El Mundo« publizierten US-Dokument hervorging, eine »fokussierte Kooperation« mit der Schweiz. In Leuk etwa standen auf 150 000 Quadratmetern fünfzig Parabolspiegel zum Aushorchen der halben Welt, betrieben von der Signalhorn AG. Hinter der Betreiberfirma stehen amerikanische Besitzer. Das schweizerische Verteidigungsdepartement arbeitet bei der Nutzung der Leuker Anlage eng mit der Signalhorn AG zusammen. Die Firma rekrutiert seine Führungskräfte oft aus der amerikanischen Rüstungsindustrie. Selbst wenn die Schweiz mit der NSA nun nicht oder nicht mehr direkt kooperierte und Leuk an Wichtigkeit eingebüsst hatte, blieben die Kontakte also eng und die Wege kurz.

Eine brisante Hinterlassenschaft

Doch nun wieder zurück zu Max Göldi. Der ABB-Ingenieur, der heute, längst pensioniert, in Japan lebt, dem Herkunftsland seiner Frau, brauchte einige Zeit, bis er sein Libyen-Tagebuch publizierte. 2018, acht Jahre nach Ende seines Martyriums, erschien »Gaddafis Rache«, 624 Seiten dick. Darin beschreibt er eindrücklich die Exfiltrationsversuche durch Wüste und Meer. Die geplanten Operationen hatten bei ihm immer wieder grosse Hoffnungen geweckt, die genauso regelmässig enttäuscht wurden. Die Gründe für die mehrfachen Abbrüche kannte Göldi nach all den Jahren aber noch immer nicht. Nur ganz wenige Involvierte wussten Genaueres. Und sie schwiegen.

Als Göldis Tagebuch in die Buchhandlungen kam, hatte einer aber bereits mehr in Erfahrung gebracht: der Journalist Peter F. Müller. Dem freien Autor und Filmemacher aus Köln waren hochbrisante Unterlagen zugespielt worden. Die Quelle war gemäss dem Geheimdienstexperten Erich Schmidt-Eenboom, der in diesem Fall eng mit Müller zusammenarbeitete, ein ehemaliger Mitarbeiter des deutschen Bundesnachrichtendiensts (BND) gewesen. Nach dem Tod des Informanten, so gab Schmidt-Eenboom später preis, durfte eines der grössten Geheimnisse in der Geheimdienstgeschichte gelüftet werden.

Das Schlüsseldokument aus der Hinterlassenschaft des BND-Mannes stammte ursprünglich aus den USA. Es war eine Mischung aus interner Festschrift und Rechenschaftsbericht der CIA mit dem Titel »Minerva – a History«. Darin beschrieb der amerikanische Auslandsgeheimdienst ein aus seiner Sicht äusserst erfolgreiches Joint Venture mit dem (damals noch westdeutschen) BND. Das gemeinsame Unterfangen hiess zuerst »Thesaurus« und später »Rubikon«. Müller und Schmidt-Eenboom teilten ihr Material mit dem Zweiten Deutschen Fernsehen (ZDF), mit der »Rundschau« des Schweizer Fernsehens und der »Washington Post«. Im Februar 2020 lancierten die drei auserkorenen Medienpartner gleichzeitig ihren Scoop. Das ZDF nannte seinen Beitrag »Operation Rubikon – Wie BND und CIA die Welt belauschten«. SRF brachte eine 99-minütige Sondersendung zu der »weltweiten Spionageoperation mit Schweizer Firma«. Und die »Washington Post« publizierte einen der längsten Artikel ihrer Geschichte. Der Titel: »Spionagecoup des Jahrhunderts«. Im Zentrum der Enthüllung stand jene Firma, mit dessen Chiffriergerät TC-007 Max Göldi ab Juni 2009 in Tripolis vertrauliche Botschaften empfangen und verschickt hatte: die Crypto AG.

Die Firma mit Sitz im Kanton Zug war lange Zeit Weltmarktführerin in der Verschlüsselungstechnik gewesen. Im Kalten Krieg vertrauten vor allem blockfreie Staaten auf die Qualitätsprodukte aus der neutralen Schweiz. 130 Staaten gehörten zur Crypto-Kundschaft, darunter Ägypten, der Iran, Argentinien, Saudi-Arabien, Syrien und der Vatikan – aber eben auch Algerien und Libyen. Was die Kundschaft nicht wusste: Bereits ab Anfang der Siebzigerjahre waren CIA und BND über eine Liechtensteiner Briefkastenfirma in Besitz der Crypto AG. Das Zuger Unternehmen – die Amerikaner nannten es intern »Minerva« – verkaufte zwei Arten von Geräten: sichere und unsichere. Wollten die Vereinigten Staaten und die Bundesrepublik einen Bezüger aushorchen, bekam dieser Apparate mit einem leicht zu knackenden Algorithmus. So war es für den amerikanischen und den (west)deutschen Geheimdienst ein Leichtes, die verschlüsselte Kommunikation von Diplomatinnen, Spioninnen, Militärs und Staatslenkern zu entschlüsseln.

Dadurch konnten die USA und die BRD in vielen Fällen den Lauf der Geschichte zu ihren Gunsten beeinflussen. Sie verhinderten Verbrechen – oder auch nicht, gerade, wie sie wollten. Die Hinterlassenschaft des BND-Mitarbeiters zeigte beispielsweise, dass die beiden Crypto-Besitzerstaaten Bescheid wussten, als die argentinische Militärdiktatur ab 1976 Oppositionelle verschwinden liess, indem sie sie über dem Meer abwarf. Angehörige erfuhren jahrelang nicht, was mit ihren Verwandten geschehen war. Die USA und Deutschland schwiegen. Im Falklandkrieg 1982 – ein weiteres Beispiel – halfen die USA Grossbritannien, den Krieg zu gewinnen. Sie entschlüsselten die Crypto-Kommunikation der argentinischen Generäle, was unter anderem zu dem Entscheid führte, den argentinischen Kreuzer General Belgrano zu versenken. Bei diesem Angriff kamen 323 argentinische Marinesoldaten um.

Nach dem Bombenanschlag von 1986 auf die Diskothek La Belle in Westberlin war ebenfalls dank der Crypto-Geräte schnell klar, dass Libyen dahintersteckte. US-Präsident Ronald Reagan verlangte damals Rache für die drei Todesopfer, zwei US-Soldaten und eine Zivilistin, und liess Ziele in Libyen bombardieren. Fünfzehn Zivilisten starben dabei. Als Rechtfertigung erzählte Reagan so detailliert von der abgefangenen Kommunikation aus der libyschen Botschaft in Ostberlin, dass die ganze Operation Rubikon aufzufliegen drohte.

Vor allem der Iran wurde damals misstrauisch, denn dort wusste man, dass Libyen Crypto-Geräte verwendete. Jahre später, 1992, wurde in Teheran der Crypto-Vertreter Hans Bühler verhaftet und in einem Militärgefängnis psychisch misshandelt. Man warf dem Zürcher Handelsreisenden vor, er habe dem Iran manipulierte Geräte verkauft. Dabei waren weder Bühler noch die anderen für die Crypto AG tätigen Verkäufer eingeweiht in die Geheimnisse der Firma. CIA und BND setzten also Ahnungslose grossen Risiken aus. Hans Bühler kam nach neun Monaten und der Zahlung einer Kaution in Höhe von einer Million Dollar – im Geheimen beglichen vom BND – frei. Danach wollte er die Wahrheit wissen. Doch sein Arbeitgeber liess ihn auflaufen. Journalisten begannen, zum nachrichtendienstlichen Hintergrund der Crypto AG zu recherchieren. Die Firma dementierte jedoch vehement. Es war nichts herauszubekommen. Auch in späteren Jahren wären die Machenschaften hin und wieder beinahe aufgeflogen. Aber eben nur beinahe, die Trickser konnten weitermachen. Bis zu den Cryptoleaks im Februar 2020.

Empörung Fehlanzeige

Die öffentlichen Reaktionen auf die Enthüllungen der drei Partnermedien blieben in Deutschland und in den USA eher matt. Denn alles wirkte wie ein – so titelte »Swissinfo« – »Spionage-Thriller aus dem Kalten Krieg«, es schien eher zeithistorisch interessant als brandaktuell zu sein: Das Minerva-Dokument gab Aufschluss über das amerikanische und deutsche Wirken am Zugersee zwischen Anfang der Siebziger- und Anfang der Neunzigerjahre. Was danach geschah, wurde darin nicht thematisiert. Fest stand nur, dass der BND kurz nach der Bühler-Affäre 1992 aus der Firma ausgestiegen war. Und naheliegend war, dass die Amerikaner weitergemacht hatten. Wie sie das taten, blieb im Dunkeln.

Mehr Aufmerksamkeit erregten die Cryptoleaks in der Schweiz. Hier war die mediale und politische Diskussion heftig. Sie drehte sich allerdings vor allem um die Neutralität. Denn durch die Dokumente wurde deutlich, dass verschiedene schweizerische Staatsvertreter von der Unterwanderung der Crypto AG durch die Amerikaner und die Deutschen gewusst, aber nichts dagegen unternommen hatten. Die Schweiz, so schien es, hatte jahrzehntelang einfach weggeschaut, wie ihre Hightechindustrie und ihr guter Ruf missbraucht wurden, um die halbe Welt auszuspionieren.

Aber die Zurückhaltung der Schweizer Politik gegenüber den USA und der Bundesrepublik war inzwischen ja auch bestens bekannt. Die Eidgenossenschaft war auf ebendiese beiden Länder nachrichtendienstlich angewiesen. Das wusste man auch bei der Bundesanwaltschaft. Niemand dachte dort nach den Cryptoleaks-Enthüllungen im Februar 2020 auch nur daran, ein Strafverfahren gegen BND- oder CIA-Angehörige zu eröffnen.

Über das Abfangen und Auswerten der Kommunikation von Regierungsmitgliedern, Geheimdiensten und Armeeangehörigen mochten sich aber auch in der Schweiz nur wenige empören. Im Westen war von der dreisten Crypto-Geheimdienstfinte – anders als bei der Massenüberwachung, die Edward Snowden enthüllt hatte – ja kaum jemand direkt betroffen, und viele der ausgespähten Staaten waren Autokratien.

Das Schweizer Parlament verzichtete bei der Aufarbeitung der Crypto-Affäre dann auch auf sein schärfstes Instrumentarium, eine Parlamentarische Untersuchungskommission. Nur die Linke hatte eine solche gefordert, blieb damit aber erfolglos. Und so nahm sich die Geschäftsprüfungsdelegation (GPDel), das für den Geheimdienstbereich zuständige parlamentarische Gremium, des Themas an. Die sechs GPDel-Mitglieder aus National- und Ständerat machten sich an die Arbeit. Und ihnen wurde gleich zu Beginn »schlagartig bewusst, dass es sich keineswegs nur um eine Vergangenheitsbewältigung handelt«, wie sie später in ihrem Bericht festhielten. Vielmehr reichten »gewisse Tätigkeiten bis in die Aktualität« hinein und waren »von grosser Brisanz und Tragweite«. Doch auch das ging kurze Zeit später wieder unter.

Eine illegale Erfolgsgeschichte

Zwei Wochen nach der grossen Enthüllung bestätigte sich in der Schweiz nämlich der erste Covid-19-Fall, und kurz darauf hatte die Pandemie das Land im Griff. Niemand schien sich mehr für die Cryptoleaks zu interessieren. Dabei war das aus schweizerischer Perspektive grösste Geheimnis noch gar nicht gelüftet worden: Weshalb hatte die Schweiz jahrzehntelang wegschaut?

Einige Journalistinnen und Journalisten liessen jedoch trotz Lockdown nicht locker. Die erste Covid-Welle war kaum vorüber, da wartete Kurt Pelda vom Tamedia-Recherchedesk mit weiteren Enthüllungen in der Thematik auf: Den Schweizer Kryptologen war es über die Jahre hinweg immer wieder gelungen, bei Entführungen Schweizer Staatsangehöriger im Ausland wichtige Hinweise zu geben. Sie konnten abgefangene vertrauliche Botschaften entschlüsseln. Das war beispielsweise der Fall, als Anfang 2009 ein Zürcher Ehepaar in der malischen Sahara verschleppt wurde. Die Entführer, islamistische Terroristen, kommunizierten damals über Satellitentelefone. Als 2011 Taliban ein Berner Polizistenpaar entführt hatten, das in einem VW-Bus in Pakistan unterwegs war, war die Arbeit der schweizerischen Abhör- und Entschlüsselungsspezialisten ebenfalls von Nutzen. Hier halfen sie mit, die Entführten zu lokalisieren und Informationen über die Geiselnehmer zu beschaffen.

Doch selbst mit solchen Erkenntnissen war das Zentrale aus Schweizer Perspektive nicht enthüllt. Gerade als im Spätherbst 2020 die zweite Coronawelle anrollte, machten wir im »Tages-

Anzeiger« publik, was die GPDel inzwischen herausgefunden hatte: Dass die Schweiz beim Ausspionieren der halben Welt eine ganz andere Rolle gespielt hatte, als bislang bekannt war. Sie hatte sich nicht darauf beschränkt, bei der Crypto AG wegzuschauen. Vielmehr machte sie aktiv mit. Zwar war der Schweizer Geheimdienst anfangs eher ein Trittbrettfahrer gewesen. Doch während der Affäre Bühler hatte der damalige Auslandsdienst SND die Gewissheit gewonnen, dass die Crypto AG von den Amerikanern und den Deutschen kontrolliert wurde. Und war darauf bei der Firma am Zugersee vorstellig geworden – mit einer ultimativen Forderung, die in etwa so lautete: Entweder ihr lasst uns ab sofort von eurer schwachen Verschlüsselung profitieren, oder wir lassen euch auffliegen. Die amerikanischen Firmenbesitzer waren wenig erfreut über den neuen Mitwisser, gingen jedoch auf den Deal ein.

Fortan lieferte die Crypto AG – zuerst über den SND, später direkt – die Liste ihrer Kunden und die notwendigen Informationen zum Knacken der Verschlüsselung an die Kryptologen der Schweizer Armee. Diese kümmerten sich um das Entschlüsseln geheimer Nachrichten aus dem Ausland, etwa bei Entführungsfällen.

Der SND wusste genau, dass die Bundespolizei nach der Bühler-Affäre in Sachen Crypto AG ermittelte. Trotzdem gab er seine Erkenntnisse nicht weiter, sondern führte den Inlandsdienst noch bewusst in die Irre. Man wollte den Wissensvorsprung in Sachen Crypto AG unbedingt selbst nutzen. Die GPDel schrieb dazu in ihrem Bericht: »Der SND gewichtete somit sein Interesse an der nachrichtendienstlichen Informationsbeschaffung und den ungestörten Beziehungen zu den amerikanischen Nachrichtendiensten höher als die Interessen der Strafverfolgung.« Sie anerkannte aber auch die positiven Seiten der aus dem

Crypto-Deal gewonnenen Erkenntnisse: Es gebe Fälle, heisst es im GPDel-Bericht, in denen die Entschlüsselung Resultate lieferte, »aus denen die Schweizer Behörden und die Armee grossen Nutzen ziehen konnten«.

Ab den Nullerjahren hatte die Schweizer Spionage noch intensiver mit der Zuger Verschlüsselungsfirma kooperiert. Darin eingeweiht waren beim SND, später beim NDB und bei der Führungsunterstützungsbasis (FUB) nur wenige. Man hatte sich die Operation auch nicht von der Armeeführung oder vom Bundesrat bewilligen lassen – obschon das Vorgehen ein grosses Risiko für die ahnungslosen Mitarbeiter der Firma und auch für den Ruf der Schweiz barg. Die parlamentarischen Geheimdienst-Kontrolleurinnen und -Kontrolleure hielten diesbezüglich fest, dass sich hier ein »Staat im Staat« gebildet habe. Ohne die notwendige politische Genehmigung sei eine politisch riskante Grossoperation durchgeführt worden.

Dazu passte, dass die strengen Exportkontrollen in Bezug auf Syrien bereits Ende der Neunzigerjahre einzig für Chiffriergeräte der Crypto AG und die Konkurrentin Omnisec AG gelockert worden war. Auch Omnisec war gegen aussen eine gutschweizerische Firma – und ebenfalls amerikanisch beherrscht. Hier schaute der Schweizer Geheimdienst nur weg. Bei »Minerva« hingegen machte er faktisch mit, ohne allerdings Teilhaber der Crypto AG zu sein.

Für die Involvierten heiligte der Zweck die Mittel. Der kleine Kreis an Mitwissern garantierte ihrer Ansicht nach, dass die Operation überhaupt stattfinden konnte und zum Erfolg wurde. Ausserdem trugen die Amerikaner das unternehmerische Risiko. Die Schweiz hingegen konnte mit relativ wenig eigenem Aufwand über drei Jahrzehnte hinweg ihre wohl grösste Spionageoperation durchführen.

Noch Jahre später zeigten sich die damaligen Schweizer Mitwisser überzeugt, dass die Ergebnisse für sich sprachen – nicht nur, aber insbesondere im Fall von Max Göldi und Rachid Hamdani: Als die beiden Schweizer Geschäftsmänner in Libyen festsassen, hatte die Schweiz Satellitenkommunikation zwischen der libyschen Botschaft in Algier und Tripolis abfangen und die Codes knacken können. So erfuhr man damals gerade noch rechtzeitig, dass die Algerier den Libyern die Schweizer Fluchtpläne verraten hatten. Das hatte ziemlich sicher ein schweizerisches Fiasko in der Sahara verhindert. Und vielleicht sogar Menschenleben gerettet.

OPERATIONSBASIS GENF

DAS HACKERTEAM des russischen Militärgeheimdiensts GRU (Einheit 26165), bekannt als »Fancy Bear«.

Alexei Morenets Cyberoperateur, spezialisiert auf »close access«-Aktionen, also Hacking vor Ort.

Ewgeni Serebriakow Cyberoperateur und Teamkollege Morenets'.

Iwan Ermakow Hacker, unterstützte Morenets und Serebriakow von seinem Büro in Moskau aus. Ausserdem stellvertretender Generaldirektor der russischen Medienbeobachtungsfirma M13.

Wladislaw Kljuschin Unternehmer, Chef Ermakows bei M13. Erst in der Schweiz, dann in den USA in Haft. Gelangte im August 2024 im Rahmen eines Gefangenentauschs zurück nach Russland.

DAS KILLERTEAM DER GRU (Einheit 29155)

Egor Gordienko Agent unter Diplomaten-Cover in Genf. Verdächtigt, bei der Vergiftung eines bulgarischen Waffenhändlers mitgewirkt zu haben.

Alexander Petrow (Klarname Alexander Mischkin) Mutmasslicher Gift-Attentäter auf den russisch-britischen Doppelagenten Sergei Skripal und dessen Tochter Julia im südenglischen Salisbury.

Ruslan Boshirow (Klarname Anatoliy Chepiga) Mutmasslicher Mittäter Petrows bei der Skripal-Vergiftung.

Sergei Fedotow (Klarname Denis Sergejew) Führungsoffizier des Duos Petrow/Boshirow während des Skripal-Attentats. Verdächtigt, in die Vergiftung eines bulgarischen Waffenhändlers involviert gewesen zu sein.

Das Hackerduo und die Todesschwadron

Russlands Militäragenten operieren lange ungestört am Genfersee. Doch dann fliegen sie und viele ihrer Kollegen auf – auch dank einem heissen Tipp aus der Schweiz.

Am 19. September 2016 reisten zwei unauffällige Männer, kurze braune Haare, dunkle Augen, mittleres Alter, nach Lausanne. Auf den Fotos ihrer Diplomatenpässe der Russischen Föderation blickten beide ernst. Obwohl sehr gute Kollegen, checkten sie nicht im selben Hotel ein. Der eine stieg im Viersternehaus »Alpha Palmiers« ab, der andere im nur wenige Schritte entfernten, noch nobleren »Palace«.

In den beiden Hotels nächtigten in jenen Tagen auch Dopingjägerinnen und Dopingjäger aus aller Welt. In der Olympischen Hauptstadt – diesen Titel verlieh das Internationale Olympische Komitee (IOC) Lausanne 1994 – stand ein Kongress der Welt-Antidopingagentur Wada an. Deswegen waren auch Alexei Morenets und Ewgeni Serebriakow, so die Namen der beiden unauffälligen Männer, in die Schweiz gekommen. Die beiden Russen wollten allerdings nicht am Kongress teilnehmen, sondern diejenigen hacken, die Doping im Spitzensport bekämpfen. Morenets und Serebriakow bildeten ein erfahrenes Team von

Cyberoperateuren, einer relativ neuen Berufsgattung im Agentenwesen. Spezialisiert hatte sich das Duo auf »close access«-Aktionen, das Eindringen in Computernetzwerke vor Ort. Das Risiko, erwischt zu werden, war dabei naturgemäss grösser als beim Hacking aus einem der Büros des gefürchteten russischen Militärgeheimdiensts GRU im fernen Moskau, wo Morenets und Serebriakow normalerweise arbeiteten.

In den Hotels hoch über dem Genfersee machten sie sich sogleich an die Arbeit und stellten ihre Fallen: Sie richteten frei zugängliche Wi-Fi-Netzwerke ein, die jenen der Hotels zum Verwechseln ähnelten. Nun mussten die Cyberoperateure nur noch warten. Schon bald tappte ein hoher Vertreter der kanadischen Antidopingagentur in die Falle und wählte sich in das Wi-Fi-Netz der Militärgeheimdienstler ein. Nun ging alles blitzschnell. Die Russen griffen auf den Laptop des Kanadiers zu und installierten Schadsoftware. Die Programme trugen Namen wie Gamefish, XAgent, XTunnel, RemComSvc und Responder. Bald hatten die Agenten kostbare Log-in-Informationen erbeutet, mit denen sie auf die Server der kanadischen Antidopingagentur gelangten. Und konnten so auch dort Daten stehlen. Schon wieder waren die GRU-Hacker erfolgreich.

Ein reisefreudiges Duo

Im Monat zuvor hatten Morenets und Serebriakow sich in Rio de Janeiro aufgehalten, wo gerade die Olympischen Sommerspiele stattfanden. Diese waren überschattet von einem handfesten Dopingskandal: 111 russische Athletinnen und Athleten wurden von der Teilnahme ausgeschlossen. Dass die beiden Russen genau zu der Zeit in Brasilien vor Ort waren, mag Zufall gewesen sein oder auch nicht – jedenfalls sorgte plötzlich eine grosse Hackingattacke weltweit für Schlagzeilen: Unbekannte hatten von IOC-Servern eine Wada-Datenbank abgesaugt. Opfer des Datendiebstahls waren zahlreiche Sportlerinnen und Sportler, darunter auch einige der Besten der Besten wie der britische Läufer und zweifache Olympiasieger Mo Farah und der Spanier Rafael Nadal, der zusammen mit seinem Landsmann Marc López in Rio das Tennisdoppel-Finale gewann.

Entwendete Informationen zu Dopingtests landeten auf der anonymen Website www.fancybear.net, versehen mit zugespitzten oder unwahren Schlagzeilen wie: »Amerikanische Sportler beim Doping erwischt«. Fancy Bear war der Name, den eine westliche Cybersicherheitsfirma einer Hackertruppe gegeben hatte, über die man lange nicht viel mehr wusste, als dass sie aus Russland stammte. Nun verwendeten die Hacker den Namen selbst. Von fancybear.net konnte, wer wollte, Dateien zu angeblichen Vergehen von Ikonen des US-Sports herunterladen, so von der Kunstturnerin Simone Biles oder den Tennisspielerinnen Serena und Venus Williams. Der Subtext des Lecks: Auch in anderen Ländern gibt es viele ungeklärte Dopingfälle, aber nur bei Russland wird hart durchgegriffen. Die Desinformationskampagne funktionierte. Auch westliche Medien verbreiteten, wenn auch oft skeptisch bis kritisch, Informationen aus dem Riesenleck.

Das olympische Feuer in Rio war bereits seit einem Monat erloschen, als die beiden Hacker in Lausanne aktiv wurden. Der kanadische Vertreter der Antidopingagentur, der sich in seinem Hotel aus Versehen in deren Netzwerk eingewählt hatte, merkte allerdings schnell, dass etwas nicht stimmte. Bereits einen Tag nach dem Hacking stiess er auf eine E-Mail in seinem Postausgang-Ordner, die er nie geschrieben hatte. Die Nachricht war an den Chefarzt einer internationalen Sportorganisation gerichtet und strotzte vor Tippfehlern; versehen war sie mit einem Link, der auch beim Empfänger Schadsoftware installieren sollte. Die kanadische Antidopingagentur wiederum brauchte vier Tage, ehe sie ihr Netzwerk offline stellte. Morenets und Serebriakow waren da bereits über alle Berge. Sie hatten in den Lausanner Hotels zwar vier Nächte gebucht, reisten aber schon einen Tag früher ab, denn ihre Mission war erfüllt. Doch sie hatten Spuren hinterlassen.

Das explosive Versteck

Das Hackerduo hatte in einem Land operiert, in dem sich sein Arbeitgeber, der russische Militärgeheimdienst, bestens auskannte. Denn die Aktionen der GRU – ausgeschrieben Glawnoje Raswedywatelnoje Uprawlenije, übersetzt »Hauptverwaltung für Aufklärung« – haben in der Schweiz eine gewisse Tradition. Gegründet unter Lenin kurz nach der Oktoberrevolution im Januar 1918, spielte der Geheimdienst im Zweiten Weltkrieg bei der Auslandsaufklärung, aber auch im Kampfgeschehen eine wichtige Rolle. Schon damals nutzte die GRU den Genfersee als Operations- und Rückzugsgebiet. So unterhielt sie in dieser Region ein Netzwerk um die legendäre GRU-Agentin Sonja: Die deutsche Kommunistin, mit Klarnamen Ursula Kuczynski, auch bekannt als Ruth Werner, wohnte im Krieg einige Zeit in einem Häuschen bei Caux, oberhalb von Montreux. Sie rekrutierte von der Schweiz aus Widerstandsgruppen gegen Nazi-Deutschland.

Im Kalten Krieg stand der Militärgeheimdienst dann im Schatten des KGB, blieb aber mächtig und im In- und Ausland gefürchtet. Genf mit seinen internationalen Organisationen und die Hauptstadt Bern waren Spionagehochburgen, in denen sich viele sowjetische Agenten und auch einzelne Agentinnen aufhielten. Ab den Sechzigerjahren war der sowjetische Militärattaché in der Schweiz Wassili Denissenko besonders aktiv. Der GRU-Offizier verleitete Jean-Louis Jeanmaire, Brigadier und Chef des Bundesamts für Luftschutztruppen, Informationen für die Sowjetunion zu beschaffen. Jeanmaire flog auf und wurde 1977 wegen Landesverrats zu achtzehn Jahren Zuchthaus verurteilt.

Nach dem Fall des Eisernen Vorhangs, nach Glasnost und Perestroika, ging es zunächst bergab mit der GRU. Die Mittel schrumpften. Hinter den Nachfolgeorganisationen des KGB (von 1954 bis 1991 sowjetischer In- und Auslandsgeheimdienst), dem Inlandsdienst FSB und dem fürs Ausland zuständigen SWR, wurde die GRU zur Nummer drei. Im Westen kannten sie nur noch beflissene Zeitungsleserinnen und -leser sowie zeithistorisch Interessierte. Der Kreml sparte allerdings nicht im gleichen Mass beim Geheimdienst wie westliche Staaten. Insbesondere die Bundesrepublik Deutschland, aber auch die Eidgenossenschaft strichen ihre Budgets zusammen. Für die Russische Föderation blieb Spionage wichtig; sie löste die UdSSR als eines der nachrichtendienstlich in Westeuropa aktivsten Länder ab, wie auch Zahlen des Schweizer Bundesamts für Polizei (Fedpol) nahelegen: Die Sowjetunion beziehungsweise deren Nachfolgestaat Russland war in 14 von insgesamt 38 Spionagefällen verwickelt, die in den Neunzigerjahren in der Schweiz aufflogen.

Einer der spektakulärsten Fälle kam im Dezember 1998 ans Licht: Ein früherer KGB-Archivar hatte dem britischen Auslandsgeheimdienst MI6 Unterlagen zukommen lassen, die unter anderem zu einem Versteck des KGB in einem Waldstück beim freiburgischen Belfaux führten. Diesen unauffälligen Ort in der neutralen Schweiz hatte der sowjetische Geheimdienst sich für seine Sabotage- und Spionageausrüstung ausgesucht, die im Kriegsfall ausgegraben werden konnte. In einem Koffer befanden sich eine Kurzwellen-Funkanlage, ein Codiergerät sowie Waffen und Geld. Um an die vergrabene Ausrüstung heranzukommen, mussten die Schweizer Polizisten drei Sprengfallen entschärfen.

Verräterische Feiertagsruhe

Ein halbes Jahr vor diesem Fund hatte ein Mann mit sechzehn Jahren Diensterfahrung beim KGB die Leitung des Inlandsgeheimdienstes FSB übernommen. Er hiess Wladimir Putin, und die Schweiz war auch ihm nicht unbekannt: In den Neunzigerjahren hatte er in Davos mehrfach Ferien verbracht und als Berater des Petersburger Bürgermeisters dort auch zweimal am Weltwirtschaftsforum teilgenommen. Im Jahr 2000 wurde er Präsident der Russischen Föderation und bezeichnete den Zerfall der Sowjetunion bald als »grösste geopolitische Katastrophe des 20. Jahrhunderts«. Fortan setzte er alles daran, Russland wieder zu einer Weltmacht zu machen. Dabei sollten die Geheimdienste eine Schlüsselrolle spielen. Der Militärgeheimdienst GRU erhielt wieder mehr Ressourcen; dessen Spezialeinheiten kamen beispielsweise beim Tschetschenienkrieg ab 1999, im Georgienkrieg 2008, bei der Eroberung von Teilen der Ukraine ab 2014 und in Syrien ab 2015 zum Einsatz.

Die neue aussenpolitische und militärische Aggressivität Russlands machte sich früh auch in der Schweiz bemerkbar – wobei die Hintergründe zunächst unklar blieben. So häuften sich ab Mitte der Nullerjahre plötzlich die Cyberangriffe auf die Schweizer Bundesverwaltung. Hauptziel war dabei die Diplomatie. Ende 2007 waren Hacker mit einer persönlich gestalteten

E-Mail an 550 Mitarbeiterinnen und Mitarbeiter des EDA, des Eidgenössischen Departements für Auswärtige Angelegenheiten, gelangt. Es war eine Einladung zu einem angeblichen Fotowettbewerb des Staatssekretariats für Wirtschaft. Einige der EDA-Angestellten wollten teilnehmen. Wenn sie den entsprechenden Link deshalb anklickten, halfen sie unfreiwillig mit, eine Schadsoftware auf den Bundesrechnern zu verbreiten.

Wer den Angriff ausgeklügelt hatte? Die digitale Fährte führte zu Providern in Tansania und Aserbaidschan und von dort beide Male zu einem Hostserver im Libanon. Doch vieles deutete darauf hin, dass all diese Stationen nur benutzt worden waren, um Spuren zu verwischen. Der Verdacht fiel auf Russland.

Im Herbst 2009 wurde die nächste Attacke registriert. Sie ähnelte markant der vorherigen. Diesmal war das ganze EDA-Netz infiziert. Riesige Mengen sensibler Daten flossen ab, ein GAU für die Schweizer Diplomatie. Möglicher Hintergrund: der Schutzmacht-Status der Schweiz, die nach dem Georgienkrieg im Jahr zuvor das Mandat übernommen hatte, in Russland und Georgien die diplomatischen Interessen des jeweils anderen Landes zu vertreten. Ein weiterer Cyberangriff auf das EDA, entdeckt im Frühling 2012, wies wiederum frappante Parallelen auf. Damals wurden unter anderem die Accounts der Schweizer Diplomatin Heidi Tagliavini gehackt. Tagliavini hatte 2008/2009 für die EU eine Untersuchung zum Georgienkrieg durchgeführt und danach diverse OSZE-Wahlbeobachtungsmissionen geleitet, unter anderem in Russland und der Ukraine.

Die Bundesanwaltschaft eröffnete wegen der Cyberangriffe auf das Aussendepartement mehrere Strafverfahren. Die Fälle bekamen die Namen Miroir I, II und III. Einfach gestalteten sich die Ermittlungen nicht. Die Operationen waren stets geschützt aus der Ferne ausgeführt worden. Aber immerhin war eine Lokalisierung möglich – vielleicht, weil auch Hacker ihren Stolz haben, vielleicht aber auch, weil, wer unter Hochdruck programmiert, manchmal eben Fehler begeht. Was immer der Grund war: In der Schadsoftware fanden sich Personenkürzel, die auf russische Programmierer hindeuteten. Ein weiteres Indiz für eine Täterschaft aus Russland: Die Angriffe erfolgten zu Moskauer Bürozeiten – an russischen Feiertagen herrschte Ruhe. Die Täter sassen also mit grosser Sicherheit in Russland, viel mehr wusste man nicht. So kam die Bundesanwaltschaft bei ihren Miroir-Strafverfahren nicht weiter. Der Schweizer Geheimdienst NDB wollte zumindest versuchen, die Angreifer zu identifizieren, und schlug vor, Gegenmassnahmen zu ergreifen oder sogar Gegenangriffe zu lancieren. Aber das wurde vom Bundesrat mehrmals abgelehnt. Das Risiko schien den politisch Verantwortlichen zu hoch, sie wollten die guten Beziehungen zur russischen Führung nicht aufs Spiel setzen.

Bären auf der Spur

Die Cyberattacken gingen derweil weiter und wurden noch folgenschwerer. Ab Dezember 2014 – vielleicht auch schon früher – schlummerte Schadsoftware in den Firmenrechnern des staatlichen schweizerischen Rüstungskonzerns Ruag. Irgendwann begann die Schadsoftware, Daten abzusaugen. Was genau gestohlen wurde, wissen nur die Täter. Sie hatten Zeit gehabt, viel Zeit. Denn erst nach über einem Jahr, im Januar 2016, entdeckte der Schweizer Nachrichtendienst dank dem Hinweis eines europäischen Partnergeheimdiensts den Angriff.

Inzwischen war auch der Deutsche Bundestag von Hackern heimgesucht worden. Sicherheitskreise sprachen von einem »Abfluss im grösseren Stil«. Sogar E-Mails des Abgeordnetenbüros von Bundeskanzlerin Angela Merkel waren betroffen. Dann, im Frühjahr 2016, gelang es Cyberangreifern, in den Mailserver des Teams der amerikanischen Präsidentschaftskandidatin Hillary Clinton einzudringen. Als das bemerkt wurde, zeigte sich eine interessante Parallele zwischen den beiden Attacken: Die Schadsoftware hatte die gestohlenen Daten an dieselben Server geschickt. Alles deutete nun auf Russlands Militärgeheimdienst hin. Konkret: auf jene GRU-Cybereinheit 26165, die bald unter dem griffigeren Namen Fancy Bear Bekanntheit erlangte. In der Schweiz übernahm die Bundesanwaltschaft die Untersuchungen zum Ruag-Datendiebstahl – und kam zum selben Ergebnis: Hier wie auch im schweizerischen Aussendepartement musste Fancy Bear am Werk gewesen sein.

Das war eine bittere Erkenntnis für die Schweizer Sicherheitsbehörden. Der russische Militärgeheimdienst schien über Jahre keine Probleme gehabt zu haben, in schweizerische Server einzudringen, auf denen Staatsgeheimnisse abgespeichert waren. Die GRU liess von dort mehr oder weniger alles mitgehen, was sie haben wollte. Die schweizerische Cyber- und Spionageabwehr schien machtlos. Bis sie endlich einen ersten Erfolg verbuchte: Bei dem Cyberangriff auf den kanadischen Dopingjäger im Lausanner Hotel im September 2016 hatten die Russen Spuren hinterlassen. Dies liess sich bei »close access«-Operationen nicht ganz vermeiden. Doch es waren zu viele Spuren. So gelang es dem NDB nun, Aufenthaltsorte, Reiserouten und den Modus Operandi des Hackerduos zu rekonstruieren.

Bald wusste die Cyberabwehr auch ziemlich genau, dass hinter dem Angriff Alexei Morenets und Ewgeni Serebriakow steckten. Die schweizerischen Sicherheitsbehörden trugen so viel belastendes Material zusammen, dass die Bundesanwaltschaft ein Strafverfahren wegen des Verdachts des politischen und des wirtschaftlichen Nachrichtendiensts gegen die beiden Hacker von Fancy Bear eröffnen konnte. Nun musste man eigentlich nur noch warten, bis sie wieder in die Schweiz einreisten. Doch das taten sie nicht.

Giftmischer am Genfersee

Lange bemerkte in der Schweiz niemand, dass das GRU-Hacking-team am Genfersee das Terrain längst noch gefährlicheren Kollegen überlassen hatte. Im Januar 2017, vier Monate nach dem Besuch der zwei Hacker in Lausanne, liess sich Egor Gordienko in Genf nieder. Russland akkreditierte den Siebenunddreissig-jährigen als dritten Sekretär der russischen Vertretung bei der Welthandelsorganisation in Genf. Egor Gordienko war kein Karrierediplomat, er arbeitete bereits seit Jahren für die GRU. Als Undercoveragent im diplomatischen Dienst war er in Genf allerdings keine Besonderheit: Jeder dritte Russe, jede dritte Russin mit einer Akkreditierung bei internationalen Organisationen oder diplomatischen Vertretungen in der Schweiz hat gemäss NDB einen nachrichtendienstlichen Hintergrund. Doch Gordienkos GRU-Truppe – die Einheit 29155 – bestand nicht aus klassischen Spionen, wie sie etwa der Schriftsteller John le Carré beschrieben hatte, die Quellen anwarben und geheime Informationen stahlen, sondern aus Elitesoldaten. Spezialisiert ist diese Einheit auf »feuchte Arbeit«. Mit dem euphemistischen Ausdruck, der aus dem Russischen stammt, sind Operationen gemeint, bei denen Blut fliesst.

Als Egor Gordienko 2017 in die Schweiz kam, wussten westliche Nachrichtendienste noch wenig bis nichts über ihn und das unheilvolle Wirken seiner Einheit – Details wurden erst in den folgenden Jahren nach und nach enthüllt. Demnach war die kleine Geheimtruppe nicht nur 2014 an der Krim-Annexion beteiligt und für eine Destabilisierungskampagne in Moldawien verantwortlich gewesen, sie hatte 2016 auch einen Putschversuch in Montenegro unternommen. In Lausanne war sie, noch bevor Gordienko in Genf stationiert wurde, Seite an Seite mit den Hackerkollegen in die Aktion gegen die Welt-Antidopingagentur Wada involviert gewesen. Dort hatte sie die Aufpasser gestellt, welche die Mission der IT-Experten in den Lausanner Hotels absicherten.

Die meisten Operationen der Einheit 29155 hatten Aufsehen erregt. Aber es war den Sicherheitsbehörden der jeweils betroffenen Staaten lange nicht gelungen, eine Verbindung zwischen den einzelnen Taten herzustellen, geschweige denn das Vorgefallene der GRU zuzuordnen. Es schien also niemand zu erkennen, dass ein russisches Trüppchen gerade ziemlich erfolgreich Europa destabilisierte. Dazu brauchte es erst das Recherchenetzwerk Bellingcat. Der Verbund aus Investigativjournalistinnen und -journalisten, spezialisiert auf Fact-Checking und Internetrecherchen, enthüllte ab 2019 nach und nach, wie die Todesschwadron des russischen Militärgeheimdiensts operierte: Die Einheit 29155 bestand demnach aus etwa zwanzig kampferprobten Elitesoldaten mit Spezialkenntnissen. Sie verfügten jeweils über besondere Fähigkeiten, die von der Signalaufklärung bis zu Kenntnissen in der Medizin reichten, dabei insbesondere in der Toxikologie. Dies ermöglichte es der Minitruppe, einen hybriden Krieg zu führen, also militärische Operationen mit Hacking, Propaganda oder Desinformation zu kombinieren. Sie war aber auch – wie ebenfalls Bellingcat am besten dokumentierte – für Morde zuständig.

Das russische Parlament hatte 2006 die Tötung von »Extremisten« im Ausland legalisiert, Präsident Putin hatte das Gesetz unterzeichnet. Noch im selben Jahr brachte der Inlandsgeheimdienst FSB in London den russischen Ex-Spion Alexander Litwinenko mit der radioaktiven Substanz Polonium um. Auch die GRU nutzte die Lizenz zum Töten und mischte bald im Giftbusiness mit. Im April 2015 gab es in Bulgarien einen Giftanschlag auf den Waffenhändler Emilian Gebrew, dessen Sohn und einen seiner Firmenmanager. Die drei überlebten. Die Polizei fand zunächst keine Spur zu den Tätern. Den Ermittlern entging, dass Egor Gordienko und dessen Kollegen aus der GRU-Killereinheit 29155 zum Tatzeitpunkt in Bulgarien gewesen waren. Der Fall Gebrew galt als unlösbar. Bis 2018 in England etwas Ähnliches passierte.

Ein Doppelagent in der Schweiz

Drei Jahre nach dem Mordversuch in Bulgarien, am 3. März 2018, flog die Russin Julia Skripal nach England, um im südenglischen Salisbury ihren Vater Sergei Skripal zu besuchen. Die beiden gingen tags darauf zum Grab von Sergeis Frau, Julias Mutter, und anschliessend noch etwas essen. Später brachen sie auf einer Parkbank zusammen. Dass sie sehr schnell ins Spital gebracht wurden, rettete ihnen das Leben. Es begann eine der intensivsten Ermittlungen in der Geschichte der britischen Spionageabwehr. Denn Sergei Skripal war ein Doppelagent mit einer bewegten Biografie.

Geboren war Sergei Skripal 1951 in der Sowjetunion, in der heutigen russischen Exklave Kaliningrad, dem ehemaligen ostpreussischen Königsberg. Der leidenschaftliche Boxer besuchte eine Militärakademie, wurde Fallschirmjäger und meisterte das strenge Auswahlverfahren für die GRU. Er wurde für verdeckte Operationen ausgebildet, leitete solche hinter der Front im

Afghanistankrieg. Nach dem Fall des Eisernen Vorhangs wurde er in den Westen geschickt und arbeitete, als Kulturattaché getarnt, an den russischen Botschaften auf Malta und in Spanien.

1996 gelang es in Madrid einem Agenten des britischen Auslandsgeheimdiensts MI6, ein freundschaftliches Verhältnis zu Skripal aufzubauen und ihn »umzudrehen«. Dies zahlte sich aus, als Skripal nach Moskau zurückbeordert wurde, wo er im GRU-Hauptquartier Karriere machte. Zuletzt leitete er dort die Personalabteilung. Zur Jahrtausendwende, gerade erst achtundvierzigjährig, wurde Skripal in Rente geschickt. Der frühpensionierte Spion blieb in Kontakt mit ehemaligen GRU-Arbeitskollegen, sodass er seinem Führungsoffizier beim MI6 weiterhin Informationen übermitteln konnte – mit unsichtbarer Tinte in Büchern notiert, die er ihm als Geschenk schickte.

Das ging gut, bis die Russen ihrerseits einen Maulwurf bei den Briten einschleusen konnten, der Skripal als Doppelagenten entlarvte. 2006 wurde Skripal wegen Hochverrats zu dreizehn Jahren Arbeitslager verurteilt. Er musste jedoch nicht die ganze Strafe absitzen. Denn vier Jahre später enttarnten die USA ein Netzwerk von russischen Geheimagentinnen und -agenten, die bis dahin ein vermeintlich normales Leben im Westen führten. Darunter war auch die angebliche Geschäftsfrau Anna Chapman, die »Agentin 90–60–90«, wie sie danach in den britischen Medien hiess. Sie hatte sich in Manhattan in politischen Kreisen bewegt und war irgendwann in eine Falle des FBI getappt. Ost und West einigten sich – wie einst im Kalten Krieg – auf einen Austausch der Spione. Der fand am 9. Juli 2010 auf dem Wiener Flughafen statt. Die USA liessen unter anderen Anna Chapman laufen, Russland Sergei Skripal. Sie ging nach Moskau, er landete schliesslich in Salisbury, einem beschaulichen Städtchen im Süden Englands.

Während Chapman in Russland zur patriotischen Ikone aufstieg, Putins Partei beitrat, Trash-TV-Sendungen moderierte und in Sachen Mode reüssierte, führte Skripal ein ruhiges Leben. So schien es zumindest. Denn wirklich im Ruhestand befand er sich nicht. Skripal beriet in den Jahren nach seiner Freilassung westliche Nachrichtendienste. Als die GRU im Westen zunehmend aggressiv auftrat, war er plötzlich wieder ein gefragter Mann: Wie sein Biograf, der BBC-Journalisten Mark Urban, in »Die Akte Skripal« schreibt, war der Ex-Doppelagent in den USA, in Polen, Tschechien und Estland unterwegs, um sich mit Sicherheitsbehörden auszutauschen.

Im Sommer 2017 reiste er auch in die Schweiz, um Vertreter des NDB zu treffen. Die Schweizer Spionageabwehr beschäftigte sich ja gerade intensiv mit dem GRU-Hackerteam, das ein Dreivierteljahr zuvor in Lausanne aktiv gewesen war. Dank Mobilfunkdaten, Kreditkartenabrechnungen, Hotelbuchungen und Spuren der Cyberangriffe im Netz konnte man inzwischen detailliert nachzeichnen, wie das Duo Morenets und Serebriakow beim Angriff auf die Dopingjäger vorgegangen war. Über die konkrete Operation gegen die Wada wusste Skripal natürlich nichts. Der mittlerweile Sechsundsechzigjährige war dafür viel zu lange nicht mehr bei der GRU tätig. Nach wie vor konnte er aber gut einschätzen, wie sein Ex-Arbeitgeber vorging, was nun auch für die Schweizer Gegenspionage hilfreich war.

Skripal hatte gewusst, dass er gefährlich lebte. Seine Consultingdienste im Westen musste die GRU als weiteren Verrat werten. Als Putin einmal von russischen Medienvertretern suggestiv gefragt wurde, ob im Ausland lebende Verräter nicht bestraft gehörten, antwortete er: »Die Spezialeinheiten haben ihre eigenen Regeln, und jeder kennt sie.« In Salisbury gaben sich die Täter jedenfalls keine Mühe, zu vertuschen, wer für das Attentat verantwortlich war: An der Türklinke von Skripals Haus fand sich ein tödliches Nervengift aus der Sowjetzeit: Nowitschok. Das war eine klare Botschaft an alle russischen Agenten, die mit dem Gedanken spielten, überzulaufen.

Um jegliche Zweifel bezüglich der Herkunft des Gifts auszuräumen, übergaben die britischen Ermittler eine Probe an die OPCW, die Organisation für das Verbot von chemischen Waffen, in Den Haag. Diese liess die Probe daraufhin in Referenzlaboren untersuchen, unter anderem in Spiez im Berner Oberland, wo das Bundesamt für Bevölkerungsschutz ein auf die Analyse chemischer Kampfstoffe spezialisiertes Hochsicherheitslabor betreibt. Einen Monat später bestätigte die OPCW, dass es sich um den vermuteten sowjetischen Kampfstoff Nowitschok handelte.

Ein folgenloser Erfolg und grosse Empörung

Just zu dieser Zeit schnappte in Den Haag eine Falle zu, und zwar am 13. April 2018, einem Freitag. Der Tag wurde zu einem Horrortag für den russischen Militärgeheimdienst. Als kurz vor siebzehn Uhr vier Männer aus dem Lift in die Lobby des Haager Hotels Marriott traten, warteten schon niederländische Zivilfahnder auf sie. Die vier Russen hatten einen Plastiksack bei sich mit leeren Fruchtsaftfläschchen und Heineken-Bierdosen – entweder waren sie vorbildliche Recycler, oder sie wollten in ihren Hotelzimmern möglichst wenig Spuren hinterlassen.

Alles blieb ruhig, als die Zivilfahnder die Russen aufforderten, ihnen zu folgen. »Keine Pistolen, keine Handschellen oder Gewalt«, erzählte später ein Hotelmanager. Nichts liess die Umstehenden ahnen, dass dies der Auftakt zu einem der grössten Schläge gegen den Militärgeheimdienst Russlands war, dem weltweit noch weitere folgten.

Ausser Sichtweite des Personals des Viersternehauses gab es dann doch noch etwas Action, wie die Fotos des niederländischen Verteidigungsministeriums nahelegen. Auf dem Parkplatz des Hotels hatten die Russen noch versucht, zwei Smartphones zu zertrümmern, was aber nicht so recht gelang. Im Kofferraum ihres Mietautos, eines Citroën C3, fand die Polizei einen Laptop, einen Transformer, eine Batterie, ein G4-Smartphone, alles durch viele Kabel miteinander verbunden. Und auf der Ablage darüber, unter einem schwarzen Regenmantel verborgen, stiessen die Fahnder auf eine WLAN-Richtantenne.

Der Citroën stand rückwärts geparkt zum angrenzenden Hauptsitz der OPCW. Für den »Militaire Inlichtingen- en Veiligheidsdienst« – so heisst der niederländische Militärnachrichtendienst – war klar: Die Männer wollten mit den Gerätschaften ins Wi-Fi-Netzwerk der Chemiewaffenverbotsorganisation eindringen.

Dank nachrichtendienstlichen Informationen aus der Schweiz waren zwei der vier Russen der Spionageabwehr bereits bestens bekannt: Es waren Alexei Morenets und Ewgeni Serebriakow, die Cyberoperateure, die 2016 in Lausanne zu viele Spuren hinterlassen hatten. Der NDB hatte danach seine internationalen Partner vor den GRU-Agenten gewarnt und gemeinsam mit ihnen weitere Informationen zu dem Duo und zu dessen Netzwerk zusammengetragen. Und abgewartet. Man wollte die Fancy-Bear-Hacker, die der Schweiz und anderen westlichen Staaten über so lange Zeit so viel Mühe bereitet hatten und die so viel Schaden angerichtet hatten, in flagranti erwischen. Am 13. April 2018 war endlich die Gelegenheit zum Gegenschlag gekommen. Und der sass.

Denn das Hacking-Equipment im kleinen Citroën war längst nicht alles, was die Niederländer beschlagnahmten. Bei den vier

Männern stellten sie auch ungewöhnlich hohe Barsummen sicher: 20 000 US-Dollar und 20 000 Euro. Zudem stiessen die Zivilbeamten auf weitere Hacker-Hardware, eine Fotokamera und eine Reihe zusätzlicher Mobilgeräte. Damit konnte nun bewiesen werden, dass die Russen GRU-Spione waren. Besonders verräterisch war ein Sony-Smartphone. Man fand heraus, wo es zum ersten Mal aktiviert worden war: bei einem Mobilfunkmasten unweit des Militärgeheimdiensts GRU in Moskau.

Alexei Morenets machte es der niederländischen Spionageabwehr noch etwas leichter. Der Computercrack hatte von seiner Reise nach Den Haag eine Taxiquittung aufbewahrt. Vermutlich wollte er sie als Spesenbeleg einreichen. Doch nun wurde die Quittung, ausgestellt an seinem Anreisetag in die Niederlande – das war der 10. April 2018 –, zu einem ganz besonderen Beweisstück: Morenets hatte 842 Rubel, umgerechnet 13 Franken und 50 Rappen, bezahlt für eine Fahrt zum Moskauer Flughafen Scheremetjewo. Als Ausgangsort war eine 32 Kilometer vom Flughafen entfernte Strasse verzeichnet. Sie führt am Hintereingang eines Gebäudekomplexes der GRU vorbei.

Auf dem Flughafen Scheremetjewo, so liess sich weiter rekonstruieren, hatte Morenets eine Maschine in die Niederlande bestiegen. Mit an Bord war sein treuer Hacking-Partner Ewgeni Serebriakow, Vizedirektor und Sektionschef der GRU-Cyberspionage. Begleitet wurden die beiden von zwei bulligen Männern, die wie Personenschützer wirkten. Alle vier trugen Diplomatenpässe auf sich und wurden am Flughafen Schiphol in Amsterdam von einem Mitarbeiter der russischen Botschaft abgeholt.

Aus ihren weiteren Vorhaben wurde dann aber nichts mehr. Wie die in Den Haag beschlagnahmten Zugbillette zeigten, wollte das Quartett in das Land weiterreisen, das für die russischen

Geheimdienste stets so wichtig war: die Schweiz. Doch ihre reservierten Erstklassplätze im ICE von Utrecht nach Basel blieben leer. Stattdessen flog das GRU-Quartett nach Hause zurück. Wie häufig in Spionagefällen wurden die Erwischten einfach ins nächstbeste Flugzeug gesetzt. Die Niederländer verzichteten auf eine Strafverfolgung.

Vielleicht wäre die für Russland peinliche Episode nie bekannt geworden, hätte sich Sergei Lawrow anders verhalten. Der russische Aussenminister ging in die Offensive, kaum waren die vier gescheiterten Agenten zurück in Moskau. Das Ergebnis der Giftanalyse war inzwischen bekannt geworden. Lawrow behauptete nun aber trotzdem, in Salisbury sei kein Nowitschok verwendet worden, sondern ein Nervengas aus dem Westen. Das habe das Labor Spiez festgestellt, was jedoch unterschlagen worden sei. Diese Falschmeldung verbreitete sich rasend schnell. Die Schweiz protestierte. Im Exekutivrat der OPCW brachte sie ihr »Unverständnis« für die ungerechtfertigte Anschuldigung zum Ausdruck und erklärte, das Verhalten Russlands sei »absolut inakzeptabel« und schwäche die Glaubwürdigkeit der Organisation.

In Grossbritannien war die Empörung über Russlands Leugnen des Offensichtlichen noch grösser. Zwar hatten die Skripals die Giftattacke überlebt, aber eine Südengländerin war inzwischen gestorben. Die Täter hatten das tödliche Gift in einem Nina-Ricci-Parfumfläschchen transportiert und danach so entsorgt, dass es ein Mann, der in der Gegend lebte, fand und seiner Partnerin schenkte. Es befanden sich noch Nowitschok-Reste darin.

Welche Personen hinter dieser fahrlässigen Tötung und dem doppelten Mordversuch an den Skripals steckten, blieb unklar, bis Premierministerin Theresa May im September 2018 die Ergebnisse der Untersuchungen dieser »abscheulichen und verachtenswerten Tat« präsentierte. Rund 250 Ermittlerinnen und Ermittler hatten, wie sie dem mucksmäuschenstill zuhörenden Parlament vortrug, vier Monate lang mehr als 11 000 Stunden Aufnahmen von Überwachungskameras und über 1400 Aussagen ausgewertet. Dank der gewaltigen Anstrengung rund um die Uhr wusste man nun, dass es sich bei den Tätern in Salisbury um zwei GRU-Agenten mit den Decknamen Alexander Petrow und Ruslan Boshirow handelte.

Die Forensiker hatten in deren Zimmern im Citystay Hotel in Ostlondon, einem Haus mit zwei Sternen und unterdurchschnittlichen Gäste-Bewertungen, Nowitschok-Spuren sichergestellt. Zudem konnten sie nachweisen, dass die beiden Russen am Tag vor der Tat eine Erkundungstour durch Salisbury gemacht und sich zur Tatzeit in der Nähe von Skripals Haus aufgehalten hatten. Und um 22 Uhr 30 – während Skripal und seine Tochter um ihr Leben kämpften – waren Petrow und Boshirow, die beiden Agenten der Killer-Einheit 29155, in einer Aeroflot-Maschine bereits wieder Richtung Moskau unterwegs.

Zwei Helden fliegen auf

Doch nicht nur bei der Tat in England hatte die Todesschwadron Spuren hinterlassen, sondern auch in der Schweiz – und zwar viele und deutliche. Die Genferseeregion hatte sich in den Monaten vor dem Skripal-Attentat zum GRU-Operationsraum entwickelt. Ein halbes Dutzend Agenten der Killer-Einheit 29155 hielt sich bis kurz vor der Nowitschok-Attacke in Salisbury immer wieder in der Westschweiz und im nahen Frankreich auf, wie nun nach und nach publik wurde. Über Monate waren die Elitesoldaten präsent gewesen, jeweils für mehrere Tage. Normalerweise hielten sich mindestens zwei gleichzeitig in der Region auf. Die Reisebewegungen wirkten so, als hätten sich die Agenten jeweils nach wenigen Tagen abgelöst.

Zusammen mit dem Rechercheteam von Bellingcat konnten wir vom Tamedia-Recherchedesk enthüllen, dass sich das Salisbury-Duo Petrow und Boshirow besonders häufig in der Schweiz aufgehalten hatte, nicht selten gleichzeitig mit einem GRU-Generalmajor, der den Tarnnamen Sergei Fedotow trug. Dieser war auch während des Skripal-Attentats in England präsent gewesen, von wo er Kontakt zur GRU-Zentrale hielt, ehe er sich über Rom nach Moskau absetzte. Dank seinen Mobilfunk-Daten konnten wir nachweisen, dass Fedotow Anfang Oktober 2017 gleich dreimal in Lausanne gewesen war, zweimal mit dem Auto, einmal mit dem Schiff von der französischen Seeseite aus, und dass er später immer wieder auch nach Genf und in französische Skiorte wie Chamonix reiste. Genau einen Monat vor dem Skripal-Attentat endeten die Schweiz-Aufenthalte des GRU-Trios Petrow/Boshirow/Fedotow. Ein weiteres Mitglied der Killer-Einheit blieb noch bis drei Tage vor dem Mordanschlag in Genf. Doch wozu die konspirative Reiserei? Hatte die GRU das Attentat auf Skripal am Genfersee und in den Savoyer Alpen vorbereitet? Und wer verbarg sich hinter den Namen Petrow und Boshirow?

Zu dieser Frage lieferte Putin selbst erste – allerdings irreführende – Antworten. »Wir haben natürlich nachgeforscht, wer diese Männer sind«, erklärte der russische Präsident im September 2018, »und wir haben sie gefunden.« An den Vorwürfen aus dem Westen sei jedoch »nichts dran, auch nichts Kriminelles«, beteuerte er. Vielmehr handle es sich um Privatpersonen, und er gab der Hoffnung Ausdruck, dass sie »unseren Aufruf heute« erhören, »sich melden und selbst über sich erzählen«. Noch am selben Tag erhörten die beiden Männer Putin.

Das Duo der Killereinheit 29155 trat im staatlichen Propaganda-sender RT, früher Russia Today, auf. Die beiden beteuerten, wirk-lich Alexander Petrow und Ruslan Boshirow zu heissen und kei-ne GRU-Agenten zu sein. Sie seien nur nach London gereist, um »einen draufzumachen«. Und weil in der britischen Hauptstadt das Wetter schlecht gewesen sei, seien sie eben zweimal nach Salisbury gefahren, um dort die berühmte Kathedrale zu be-sichtigen. In der Schweiz seien sie geschäftlich gewesen, hätten dort aber auch Ferien gemacht. Petrow sagte, dass sie den Markt in Bezug auf neue Produkte wie etwa »biologisch aktive Nah-rungsergänzungsmittel« untersuchten. Boshirow erklärte, Genf sei touristisch ganz praktisch, hier sei es nicht weit zum Mont-blanc, ausserdem könne man »nach Frankreich fahren – das ist nur ein paar Kilometer entfernt«. Und sagte am Ende, sie wollten jetzt aber einfach in Ruhe gelassen werden.

Damit konnte das Team der Investigativplattform Bellingcat allerdings nicht dienen. Es enthüllte keine zwei Wochen nach dem RT-Interview die wahre Identität des ruhebedürftigen Boshirow. Der Mann hiess in Wahrheit Anatoliy Chepiga und war GRU-Oberst. Einst war er für die Spezialtruppe Speznas in Tschetschenien im Einsatz gestanden. Zudem war er ein »Held der Russischen Föderation«. Diesen höchsten Staatsorden hat-te er 2014 verliehen bekommen, dem Jahr der Krim-Annexion, für die »Durchführung einer Friedensmission«.

Just am Tag dieser Enthüllung, am 26. September 2018, traf der Schweizer Aussenminister Ignazio Cassis in New York sei-nen russischen Amtskollegen Sergei Lawrow, der im Zusam-menhang mit dem Nowitschok-Attentat falsche Behauptungen über das Labor Spiez verbreitet hatte. Nun gab es noch einiges mehr zu besprechen. In den Tagen vor der Zusammenkunft hat-ten das Tamedia-Recherchedesk und das niederländische

»NRC Handelsblad« ein weiteres wohl gehütetes Geheimnis enthüllt: Fast ein halbes Jahr lang war der Öffentlichkeit verborgen geblieben, dass in Den Haag die zwei GRU-Spione Morenets und Serebriakow und deren bullige Begleiter mit dem Hackerequipment erwischt worden waren. Nun machten wir dies publik. Und wir berichteten gleich auch noch, dass das GRU-Quartett, wäre es nicht enttarnt worden, ins Berner Oberland weitergereist wäre, und zwar zu ebenjenem Labor Spiez, das zum Bundesamt für Bevölkerungsschutz gehört und damit dem Schweizer Verteidigungsdepartement untersteht. Geplant war also eine Cyberattacke auf die kritische Infrastruktur der Schweiz.

Die russische Botschaft in Bern reagierte sofort »mit Bedauern« auf unsere Veröffentlichungen, schrieb, dass – »aus der Feder der unermüdlichen Schweizer Journalisten« – haltlose Vorwürfe gegen Russland erhoben worden seien. Bundesrat Cassis sah dies offensichtlich anders. Für ihn gingen die russischen Spionageaktivitäten »über das gewohnte Mass der nachrichtendienstlichen Tätigkeiten« hinaus, wie er nach dem Treffen mit Lawrow in einem Interview sagte. Die Atmosphäre der Zusammenkunft mit dem russischen Amtskollegen bezeichnete er als angespannt, man habe ja »nicht über das Wetter gesprochen, sondern über die Informationen, die in der Schweiz über mögliche russische Geheimdienstaktivitäten kursieren«.

Danach verging kaum ein Tag ohne weitere Enthüllungen. Bellingcat, immer wieder Bellingcat, outete einen weiteren GRU-Agenten: Der zweite Kathedralen-Besichtiger von Salisbury, der angebliche Alexander Petrow, der so gern wegen bioaktiver Nahrungsergänzungsmittel in die Schweiz fuhr, hiess mit richtigem Namen Alexander Mischkin. Auch er, ein Militärarzt im Dienst der GRU, war im Jahr 2014 von Wladimir Putin zum »Helden der Russischen Föderation« erklärt worden.

Entwaffnende Offenheit

Wer gedacht hatte, das grosse GRU-Outing sei damit beendet, sah sich getäuscht. Es kam noch schlimmer für den russischen Militärgeheimdienst. In den Niederlanden hatte sich über mehrere Jahre hinweg der Ärger über Russland aufgestaut. Am 17. Juli 2014 war eine Passagiermaschine der Malaysia Airlines über der Ostukraine abgestürzt. Das Flugzeug mit der Flugnummer MH17 war von Amsterdam nach Kuala Lumpur unterwegs gewesen. Alle 283 Passagiere und die 15 Crew-Mitglieder starben. Rund zwei Drittel der Getöteten stammten aus den Niederlanden.

Wladimir Putin machte damals prompt die Ukraine für den Absturz verantwortlich. Der staatlich kontrollierte Kanal RT behauptete gar, dass Kiew und »westliche Unterstützer« ein Attentat auf den russischen Präsidenten geplant, aber irrtümlicherweise den MH17-Flug getroffen hätten. Die Wahrheit sah anders aus: Die Boden-Luft-Rakete stammte von einer Brigade aus Russland, prorussische Separatisten hatten das malaysische Flugzeug abgeschossen. Der Kreml gab dies allerdings nie zu und tat im Gegenteil alles, um die Ermittlungen zu sabotieren – auch mithilfe von GRU-Hackern. Und dieselben Hacker – das hatten die niederländischen Sicherheitsbehörden soeben herausgefunden – hatten auch in Den Haag die Chemiewaffenverbotsorganisation OPCW ausspionieren wollen. Das war dann doch zu viel.

Die Niederlande entschieden, dem russischen Treiben mit einer für diesen sensiblen Bereich völlig ungewöhnlichen Methode zu begegnen: mit maximaler Offenheit. Und so traten am 4. Oktober 2018 Verteidigungsministerin Ank Bijleveld-Schouten und der Direktor des militärischen Nachrichtendiensts Onno Eichelsheim in Den Haag vor die Kameras und Mikrofone. Mit auf dem Podium sass ein Vertreter des Vereinigten Königreichs. Der für Europa und Amerika zuständige Staatsminister Alan Duncan fasste in knappen Worten den Zweck der Veranstaltung zusammen: »Die GRU kann nur im Verborgenen erfolgreich sein«, sagte er, »wir müssen sie gemeinsam ans Licht bringen.«

Nicht mit dabei war Jean-Philippe Gaudin, seit drei Monaten Direktor des NDB. Auch er war als Redner eingeladen worden. Dank den Recherchen der Schweizer Sicherheitsbehörden hatten die niederländischen Kollegen ein halbes Jahr zuvor ja immerhin das Hackerquartett in Den Haag stoppen können – das war ein entscheidender Schritt des Westens heraus aus seiner Ohnmacht gegenüber den russischen GRU-Agenten. Doch Gaudin mochte nicht mitmachen beim »naming and shaming« in Den Haag. Er hielt es für besser, sich so zu verhalten, wie es Nachrichtendienst-Chefs traditionell tun: äusserst zurückhaltend.

Verteidigungsministerin Ank Bijleveld-Schouten schien sich für den Gang an die Öffentlichkeit entschuldigen zu müssen. »Wir machen das normalerweise nicht«, sagte sie, als sie die Medienkonferenz eröffnete. Aber es gelte, der Russischen Föderation die »klare Botschaft zu übermitteln, dass sie ihre unterminierenden Cyberoperationen einstellen« müsse. »Indem wir den Modus Operandi der GRU aufdecken, erschweren wir ihre Operationen und stärken gleichzeitig unsere eigene Widerstandsfähigkeit.« Deshalb mache man »den höchst ungewöhnlichen Schritt, diese russischen Geheimdienstler öffentlich zu identifizieren«. Dann gab die Verteidigungsministerin Generalmajor Onno Eichelsheim das Wort. Und der Direktor des niederländischen Militärnachrichtendiensts begann, jenen für die russische

GRU so düsteren Freitag den Dreizehnten ein halbes Jahr zuvor nachzuzeichnen.

Beeindruckende Fehler

In achtzehn Minuten und fünfunddreissig Powerpoint-Slides stellte er dar, wie die Agenten der GRU-Cybereinheit 26165 seinem Dienst an jenem 13. April 2018 ins Netz gegangen waren. Wobei er die Taxiquittung einblendete, Überwachungsbilder von der Ankunft des Agentenquartetts auf dem Flughafen Schiphol zeigte, die Diplomatenpässe der Cyberoperateure Morenets und Serebriakow und der zwei Begleiter präsentierte sowie den Mietvertrag für den Citroën. Und sogar offenlegte, dass seine Leute alle vier Russen zwei Tage lang observiert hatten, bevor man schliesslich zugegriffen und die GRU-Agenten »aus den Niederlanden eskortiert« habe.

Generalmajor Eichelsheim sagte weiter, dass Serebriakows Laptop nicht so gut durch Passwörter geschützt gewesen sei, wie man es von einem Profihacker erwarten würde. Der Sektionschef der GRU-Cyberspionage hatte es auch versäumt, Spuren von früheren Operationen zu verwischen – wodurch sich rekonstruieren liess, wo überall er in den Monaten und sogar Jahren zuvor beruflich aktiv gewesen war. Ein Foto verriet, dass Serebriakow sich im August 2016 in Rio de Janeiro aufgehalten hatte. Er hatte sich dort mit einer russischen Athletin bei den Olympischen Sommerspielen ablichten lassen. Die niederländische Spionageabwehr fand aber auch weitere Beweise dafür, was die Schweizer bereits gemeldet hatten: dass die GRU-Hacker sich – kurz nach Rio – in Lausanne aufgehalten hatten. Serebriakows Laptop war in den Hotels Alpha Palmiers und Palace eingesetzt worden, als die Cyberattacke auf den kanadischen

Dopingjäger begann. Und schliesslich war derselbe Rechner im Dezember 2017 in Kuala Lumpur in Betrieb, und zwar, wie Eichelsheim ausführte, »in einem Bezirk, in dem viele der Regierungsorganisationen angesiedelt sind, die an der Untersuchung des Absturzes von Flug MH17 der Malaysia Airlines beteiligt« waren.

»Dass die GRU-Geheimdienstler planten, von Den Haag in die Schweiz zu reisen, um dort eine weitere Cyberoperation durchzuführen«, davon war der Direktor des niederländischen Militärnachrichtendienst ebenfalls überzeugt. Er blendete die verfallenen Erstklasstickets für den Direktzug Utrecht–Basel ein und präsentierte weitere Beweisstücke, die unter anderem zeigten, dass Serebriakow vor dem Flug in die Niederlande nach Hotels in Zürich und Umgebung gegoogelt und sich für die Website des Labors Spiez interessiert hatte. Und dass die GRU-Agenten auch für den Fall, dass in der Schweiz etwas schiefgehen sollte, vorgesorgt hatten: Sie trugen Ausdrucke von Google-Maps-Bildern und -Karten der diplomatischen Einrichtungen Russlands in Genf und Bern bei sich.

Nur Stunden nach der ungewöhnlichen Haager Medienkonferenz im Oktober 2018 veröffentlichte das amerikanische Federal Bureau of Investigation, das FBI, eines seiner »Wanted«-Plakate. Darauf waren gleich sieben Russen zu sehen, alles GRU-Agenten, darunter das in Den Haag gestoppte Quartett. Die USA fahndeten jetzt weltweit nach ihnen. »Diese Individuen könnten bewaffnet und gefährlich sein und müssen als internationales Flug- und als Fluchtrisiko betrachtet werden«, steht in grossen roten Lettern unter den Fotos der sieben Männer. »Falls Sie Informationen zum Fall haben, kontaktieren Sie bitte den nächsten Posten des FBI, die nächste Botschaft oder das nächste Konsulat der USA.«

Die Anklage gegen die sieben lautete: Verschwörung, Betrug im Internet, Identitätsdiebstahl und Geldwäsche. Die Beschuldigten hätten seit mindestens 2014 fast ununterbrochen »hartnäckige und ausgeklügelte kriminelle Cyberangriffe« durchgeführt. Das Ziel: der Diebstahl und die Publikation »privater oder anderweitig sensibler Informationen« als Teile einer »Beeinflussungs- und Desinformationskampagne« zugunsten Russlands.

Auf 41 Seiten zeichnete die Anklageschrift detailliert nach, wie die GRU-Hacker unter anderem in Lausanne, Den Haag und Rio vorgegangen waren. Ein halbes Dutzend Sportorganisationen hatten sie attackiert, darunter den Internationalen Sportgerichtshof mit Sitz in Lausanne und die Fifa in Zürich. Von Rechnern des Weltfussballverbands hatten sie gemäss Anklage Dokumente zur Antidopingstrategie, Verträge mit Ärzten und Labors, Testergebnisse und Untersuchungsprotokolle gestohlen. Die Fifa war nach Ansicht der US-Staatsanwaltschaft ins Visier des russischen Militärgeheimdiensts geraten, weil sie eine Rolle bei der Untersuchung und Verurteilung des russischen Staatsdopings gespielt und den Ausschluss der Athletinnen und Athleten von den Spielen in Rio unterstützt habe. Nun hoffe man, dass mit solchen Aktionen Schluss sei. »Die Angeklagten«, sagte der US-Staatsanwalt, der die Anklageschrift präsentierte, »sollten wissen: Das Recht ist sehr geduldig, es reicht weit und hat ein langes Gedächtnis.«

Eine billige Retourkutsche

Egor Gordienko, dem Mitglied des GRU-Killerteams 29155 unter Diplomaten-Cover, wurde die Sache nun tatsächlich zu heiss. Der dritte Sekretär der russischen Mission bei der WTO hatte Frau und Kinder mitgebracht, als er 2017 in die Schweiz gekommen war. Seine Akkreditierung war noch bis 2020 gültig. Doch jetzt, im Herbst 2018, kamen die Einschläge immer näher. Bellingcat hatte die Klarnamen und biografische Details der Nowitschok-Attentäter Petrow alias Mischkin und Boshirow alias Chepiga enthüllt. Und Gordienkos Kollegen aus der GRU-Cyberabteilung waren gerade in Den Haag und in den USA der Weltöffentlichkeit vorgeführt worden. Dies alles betraf Egor Gordienko nicht direkt. Aber jetzt, da im Westen gegen engste Arbeitskollegen Strafverfahren liefen, musste er damit rechnen, ebenfalls aufzufliegen.

Dank seiner Akkreditierung besass er zwar diplomatische Immunität. Aber vielleicht hatte er im Frühjahr 2018 aufmerksam die Schweizer Zeitungen gelesen: Nach Einschätzung des Eidgenössischen Aussendepartements waren Diplomaten nicht absolut vor Strafverfolgung geschützt, wenn sie sich – wie bei der türkischen Geheimoperation Friedhof – an einer Entführung beteiligten, da dies »nicht Teil ihrer diplomatischen Funktion« war. Bei Mordanschlägen, das konnte sich Gordienko denken, dürfte die Sachlage nicht viel anders sein. Zwar musste er vorerst, solange er als Vertreter seines Landes in der Schweiz akkreditiert war, keine Verhaftung befürchten, aber diplomatische und politische Komplikationen drohten dennoch.

Lange hatte niemand bemerkt, dass Egor Gordienko sich in Bulgarien aufgehalten hatte, als dort 2015 der Waffenhändler

Emilian Gebrew vergiftet worden war. Doch nun hatte Bellingcat auch seinen Kollegen Sergei Fedotow geoutet: Der Generalmajor und Führungsoffizier der Skripal-Attentäter hiess mit richtigem Namen Denis Sergejew. Er war nicht nur vor dem Attentat in Salisbury oft in Lausanne und Genf gewesen, sondern hatte sich 2015, zur Zeit des Gebrew-Attentats, ebenfalls in Bulgarien, in einem Resort am Schwarzen Meer, aufgehalten. Denis Sergejew war dort aber nicht allein gewesen, sondern zusammen mit Egor Gordienko.

Nun stand Sergejew wegen des Mordanschlags in Bulgarien unter Tatverdacht. Die bulgarischen Ermittler begannen, mit den britischen zu kooperieren. Und so war es vermutlich nur noch eine Frage der Zeit, bis sich jemand auch für ihn, Egor Gordienko, zu interessieren begann. Doch war die Lage in der Schweiz für ihn wirklich so ernst? Sah es nicht so aus, als wollte der Schweizer Staat bei Diplomaten, die sich strafbar machten, gar nicht durchgreifen? Hatte die Bundesanwaltschaft die beiden türkischen Diplomaten nicht trotz deutlichen Indizien für ihren Entführungsplan laufen lassen?

Auch auf die jüngsten Enthüllungen zu russischen Operationen auf schweizerischem Territorium waren die offiziellen Reaktionen eher zurückhaltend ausgefallen: Das Aussendepartement hatte es mit mündlichen Protesten auf verschiedenen diplomatischen Ebenen bewenden lassen – und selbst dabei hätte die Wortwahl schärfer ausfallen können. Mit den Hackingoperationen gegen kritische Infrastruktur der Schweiz, konkret das Labor Spiez sowie auf das Aussendepartement und die staatliche Rüstungsindustrie, hatte die GRU die Souveränität der Eidgenossenschaft mehrfach verletzt. Damit hatte Russland eigentlich eine rote Linie überschritten, und mit den Aufenthalten eines halben Dutzend Militäragenten kurz vor einer Mordmission ebenso. Wie ernst es Bern meinte, hatte sich einzig darin gezeigt, dass der höchste russische Vertreter in Bern ins Aussendepartement einberufen wurde, das dafür gleich dreimal.

Während Länder wie die Niederlande und Grossbritannien zahlreiche russische Diplomaten zurück nach Moskau schickten – insgesamt waren es in jener Zeit etwa hundertfünfzig (und später noch viel mehr) –, verzichtete der Bundesrat auf ähnliche Schritte. Die Schweizer Exekutive war einzig darum besorgt, dass russisches Personal, das andere Länder wegen Spionageverdachts hatte verlassen müssen, nicht nach Bern, Genf oder Zürich versetzt würde. Allerdings war das Schweizer Aussendepartement nicht einmal in diesem Punkt konsequent. Es hatte über Jahre trotz Bedenken des NDB immer wieder andernorts aufgeflogene russische Agenten ins Land gelassen.

Doch nun, im September 2018, war partout nicht mehr zu übersehen, dass die Russen die rote Linie überschritten hatten. Besonders dreist schien das Vorgehen bei der vereitelten »close access«-Operation gegen das Labor Spiez. Die Aktion hätte wohl dazu gedient, weiteres Material zu sammeln, um die Arbeit der OPCW zu diskreditieren. Nun entscheid sich selbst die sonst so zurückhaltende Schweiz für einen etwas härteren Kurs: Wer als Russe auf früheren diplomatischen Posten durch nachrichtendienstliche Aktivitäten aufgefallen war, dem wurde die Akkreditierung für die Schweiz verweigert. Dies geschah nun öfter. Eine Reaktion des Kremls folgte postwendend: Man liess als Retourkutsche eine Reihe Diplomaten nicht ins Land, welche die Schweiz gern dort stationiert hätte.

Ansonsten aber war Aussenminister Ignazio Cassis um Deeskalation bemüht. »Es darf zu keiner diplomatischen Krise kommen«, sagte er in einem Radiointerview. Er wusste: Die Eidgenossenschaft sass am kürzeren Hebel. Man verfügte über nur wenig Personal in Russland, einzelne Schlüsselfunktionen waren in der Schweizer Botschaft in Moskau bereits unbesetzt. Während die Russische Föderation in der Schweiz – in Bern und vor allem bei den internationalen Organisationen in Genf – über zweihundert Diplomatinnen und Diplomaten akkreditiert hatte.

Am 25. Oktober 2018 war es dann aber einer weniger. Um 20 Uhr 21 kaufte sich Egor Gordienko ein Last-Minute-Ticket nach Moskau. Der Flug ab Genf-Cointrin ging noch am selben Abend. Eine Woche später holte er seine Familie am Flughafen Scheremetjewo ab. Die Gordienkos kehrten nicht mehr in die Schweiz zurück.

Die verräterische Meldeadresse

In diesem für den russischen Militärgeheimdienst schwarzen Herbst endete eine lange Phase intensiver GRU-Aktivitäten auf schweizerischem Staatsgebiet. Plötzlich konnten mehrere Männer, die in den vergangenen Monaten und sogar Jahren die heikelsten Operationen ausgeführt hatten, nicht mehr ausserhalb Russlands herumreisen, ohne Gefahr zu laufen, verhaftet zu werden. Es war zwar normal, dass Agentinnen oder Agenten bei heiklen Missionen enttarnt werden konnten. Doch zuletzt hatten es die sonst so professionellen russischen Agenten der westlichen Spionageabwehr manchmal überraschend leicht gemacht – so beispielsweise in einer Sache, die besonders peinlich wirkte: Die Namen von 305 GRU-Angestellten wurden bekannt, weil sie – wie sich in einer öffentlich zugänglichen Datenbank einsehen liess – ihre Autos bei ein und derselben Adresse angemeldet hatten: der ihres Arbeitgebers GRU.

Für den russischen Militärgeheimdienst war dieser Herbst also ein massiver Rückschlag, geradezu eine Katastrophe. Beim

Streben Russlands nach alter Grösse war der GRU über Jahre eine wichtige Rolle zugekommen: Das Killerteam schürte Unsicherheit, schüchterte ein. Und den GRU-Hackern war es gelungen, Staatsgeheimnisse zu stehlen, in die Server wichtiger internationaler Organisationen einzudringen und auf mehreren Kontinenten politische Entwicklungen zu manipulieren, sogar die Präsidentschaftswahlen in den USA. Doch nun waren die beiden Einheiten plötzlich nicht mehr erfolgreich.

Als Wladimir Putin im November 2018, quasi zum Ende des schwarzen Herbstes, vor Männern in grauen Uniformen und dunklen Zivilanzügen seine Ansprache zum hundertsten Jahrestag der GRU hielt, liess er sich nichts anmerken. Er tat, als hätte er von den Blamagen seines Militärgeheimdiensts nichts mitbekommen. »Ich bin von Ihrer Professionalität, Ihrem Mut und Ihrer Entschlossenheit überzeugt«, sagte der Präsident. Er ging nicht auf die schweren und mittlerweile gut dokumentierten Vorwürfe ein, die Länder wie Grossbritannien, die Niederlande, die USA und die Schweiz erhoben. Vielmehr liess Putin keine Zweifel offen, dass es eine schlagkräftige GRU brauche. »Das Konfliktpotenzial in der Welt wächst«, befand der russische Präsident. Die Schuld daran verortete er, vier Jahre nach der russischen Annexion der Krim, im Westen: »Es gibt Provokationen und eklatante Lügen, aber auch Versuche, die strategische Parität zu stören.« Putin zog eine direkte Linie von den Agenten der Roten Armee, die im Zweiten Weltkrieg halfen, die Nationalsozialisten zu besiegen, zu den Offizieren der GRU. Deren »einzigartige Fähigkeiten« würden nun gegen eine andere Art von Feind eingesetzt.

Zwei Spengler stören die Harmonie

Nicht zu diesen Feinden gehören wollte die Schweizerische Eidgenossenschaft. Mit einem pompösen Festakt – das Budget betrug rund 700 000 Franken – eröffnete sie im Juni 2019 in Moskau ihr neues Botschaftsgebäude. Gesponsert wurde der Anlass unter anderem von der Nord Stream AG mit Sitz in Zug, der Trägerfirma der umstrittenen (und 2022 durch Sabotage zerstörten) Gaspipeline durch die Ostsee, sowie von der Volga-Gruppe des Putin-nahen Oligarchen Gennadi Timtschenko. Seit Russland 2014 die ukrainische Halbinsel Krim annektiert hatte, stand der Milliardär Timtschenko, der jahrelang auf der Schweizer Seite des Genfersees lebte, auf einer Sanktionsliste der USA. Die Schweiz sanktionierte ihn erst 2022 nach dem russischen Überfall auf die Ukraine.

Die Einweihungsparty im Sommer 2019 mit Alphornklängen und Raclette sollte das Ende der Spannungen zwischen den beiden Ländern einläuten. Der Schweizer Aussenminister Ignazio Cassis hatte zuvor schon mit Blick auf Russland erklärt: »Sensible, schwierige Fragen wie Spionage können unter Freunden besprochen werden.« Jetzt war sein Amtskollege Lawrow Ehrengast bei der Eröffnung der schmucken neuen Botschaft. Beide betonten die guten Beziehungen der beiden Nationen. Doch die nächste harte Probe für die russisch-schweizerische Freundschaft liess nicht lange auf sich warten.

Zwei Monate nach dem rauschenden Fest kontrollierte die Kantonspolizei Graubünden in Davos zwei Männer. Sie gaben an, sie seien Russen und von Beruf Spengler. Was die Polizisten stutzig machte, war, dass die beiden gleich drei Wochen, vom 8. bis zum 28. August 2019, im Land bleiben wollten – eine teure

Angelegenheit für einfache russische Handwerker. Noch mehr staunten die Polizisten, als die Kontrollierten Diplomatenpässe der Russischen Föderation zückten. Der Verdacht lag nahe, dass die beiden Handwerker-Diplomaten nicht zum Wandern in die Alpen gereist waren. Viel wahrscheinlicher waren Vorbereitungsarbeiten, um das nächste Weltwirtschaftsforum auszuspionieren, das jeweils zu Jahresbeginn in Davos Spitzenleute aus Politik und Wirtschaft zusammenbringt (dort reisten im darauffolgenden Jahr zum Beispiel die deutsche Kanzlerin Angela Merkel und US-Präsident Donald Trump an). Die Bündner Kantonspolizei hielt die zwei angeblichen Spengler vorsorglich fest und meldete die Sache umgehend nach Bern.

Der NDB wurde aktiv. Die russische Diplomatie intervenierte bei den Bundesbehörden, drohte mit Konsequenzen, falls die beiden Männer nicht sofort freikämen. Sie kamen frei. Dabei hätten die Schweizer Behörden sie aufgrund des Spionageverdachts durchaus verhaften können. Denn sie besassen zwar Diplomatenpässe, hatten sich aber in der Schweiz nicht akkreditiert und konnten somit keine Immunität geltend machen, falls es zu einem Strafverfahren wegen verbotenen Nachrichtendiensts kommen sollte.

Weshalb liess die Schweiz sie trotzdem gehen? War die Beweislage gegen die Handwerker-Diplomaten zu dünn gewesen? Oder wollte die Schweizer Politik die Angelegenheit – wie so oft bei Spionage – lieber diskret erledigen? Verhaftungen von Agentinnen und Agenten sind ja selbst bei konkretem Verdacht eher selten, nicht nur in der Schweiz. Auch andere westliche Regierungen agieren in solchen Fällen oft zurückhaltend, weil sie mögliche Konsequenzen einkalkulieren, wie das Beispiel der GRU-Hacker in Den Haag zeigt, die man, obschon in flagranti erwischt, laufen liess. Werden Spione ertappt und ins Gefängnis gesteckt, muss man mit harschen Gegenreaktionen rechnen: Autokraten handeln gern nach dem Motto »Wie du mir, so ich dir«. In einem solchen inhumanen »tit for tat« sitzen Rechtsstaaten nicht selten am kürzeren Hebel. Gerade Russland sollte sich in den Folgejahren in dieser Hinsicht besonders skrupellos zeigen: So wurde beispielsweise die amerikanische Spitzenbasketballerin Brittney Griner inhaftiert, die Russland 2022 dann gegen den russischen Waffenhändler Viktor Bout austauschte, der bis dahin in den Vereinigten Staaten im Gefängnis sass. Selbst die mächtigen USA mussten also einen rechtsstaatlich fragwürdigen Deal eingehen, um ihre Staatsbürgerin freizubekommen.

Auf so etwas wollte es die Schweiz nicht ankommen lassen. Die beiden angeblichen Spengler-Diplomaten in Davos kamen ungeschoren davon. Es verstrichen danach aber nur wenige Monate, bis in den Alpen doch noch ein Russe mit Verbindungen zu Spionen verhaftet wurde (der schliesslich Teil eines weiteren Gefangenentauschs wurde).

Der gut vernetzte Geschäftsmann

Es hätten schöne Familienferien in Zermatt für Wladislaw Kljuschin und seine Familie werden sollen. Sie begannen mit einem Privatflug Moskau–Sitten, Kostenpunkt retour: 64 000 Euro. Doch als der Jet der Air Hamburg am 21. März 2021 im Walliser Kantonshauptort landete, erwartete den russischen Juristen die Polizei. Kljuschin wurde von seiner Frau und den fünf Kindern getrennt; die Familie musste ein paar Tage später ohne ihn nach Moskau zurückfliegen. Die Behörden beschlagnahmten Kljuschins iPhone, zwei Uhren und sein MacBook Pro und nahmen ihm 35 500 Rubel (etwas mehr als 300 Franken), 1100 US-Dollar und drei Bankkarten ab.

Als der Russe in die Schweiz aufgebrochen war, hatte er nicht gewusst, dass die Amerikaner ihn im Visier hatten und seine Reisepläne bestens kannten. Zwei Tage vor Abflug hatten sie ein Strafverfahren gegen ihn eröffnet. Der Verdacht: Onlinebetrug sowie Verschwörung mit dem Ziel, in fremde Computer einzudringen. Die US-Behörden baten die Schweiz um Kljuschins Verhaftung. So geschah es auch. Kljuschins Kautionsangebot über 1,5 Millionen Franken lehnte die Walliser Staatsanwaltschaft ab: Die Fluchtgefahr sei zu gross und die angebotene Summe sei auch »nur knapp mehr als ein Jahreslohn des Beschwerdeführers«.

Als die USA seine Auslieferung verlangten, legte Kljuschins Anwalt Einspruch ein. Kljuschin wollte auf gar keinen Fall dorthin ausgeliefert werden. Und es waren auch plötzlich nicht mehr nur die Amerikaner, die grosses Interesse zeigten, den Gefangenen von Sitten in ihre Hände zu bekommen: Drei Wochen nach der Verhaftung schickte Russland ein Auslieferungsersuchen an die Schweiz. Begründung: In Russland laufe ebenfalls ein Strafverfahren gegen Kljuschin. Ob es das wirklich gab oder ob es nur konstruiert worden war, um die Auslieferung an die USA zu verhindern, blieb unklar. Die involvierten Schweizer Behörden wussten aber spätestens jetzt: Die Sache wird ernst.

An Händen und Füssen gefesselt und begleitet von zahlreichen Polizisten mit Sturmgewehren, wurde Wladislaw Kljuschin am 23. April 2021 aus dem Gefängnis zur Staatsanwaltschaft in Sitten geschafft. So beschrieb Kljuschin laut Protokoll seinen Transport zum Verhör. »Ich habe selbst Angst bekommen vor meiner Eskorte«, sagte er der Walliser Staatsanwaltschaft. Die sei nur zu seinem Schutz da, erklärte Oberstaatsanwalt Nicolas Dubois. Schutz wovor? Werde er bedroht? Wenn ja, von wem?

Befürchte man einen Anschlag auf sein Leben? Kljuschin bekam keine Antworten auf seine Fragen.

Der Verhaftete war Besitzer der russischen Firma M 13, die mittels einer Software namens Katjuscha Medien beobachtet und analysiert. Katjuscha war auch der Name eines im Zweiten Weltkrieg besonders gefürchteten Raketenwerfers, der sogenannten Stalin-Orgel. Die Firma M 13 hatte gemäss dem russischen Handelsregister 2020, also dem Jahr vor der Verhaftung, Aufträge im Wert von rund 17 Millionen Franken erhalten. Fast ein Viertel davon stammte von staatlichen Agenturen und Institutionen. Der Medienbeobachtungsdienst Katjuscha war bereits seit mehreren Jahren im Einsatz und diente russischen Ministerien, aber auch der Pressestelle des Kremls als ein Kontrollinstrument, das eine schnelle Reaktion auf kritische Medienberichte ermöglichte. Auch das russische Verteidigungsministerium verwendete diese Software, und Kljuschin verfügte über einen Ausweis, der ihn als Beamten dieses Ministeriums auswies. Er selbst definierte die Rolle seiner Firma als eine »strategisch wichtige für die russische Regierung«. Kljuschin war also ein bestens vernetzter und ziemlich reicher Russe, mit hervorragenden Beziehungen zum Kreml. Der nun in einer Einzelzelle in Sitten sass. Und dort noch monatelang sitzen würde.

Laut Einvernahmeprotokoll war Kljuschin überzeugt, dass die Amerikaner seiner habhaft werden wollten, weil er sich geweigert hatte, mit westlichen Geheimdiensten zu kooperieren. In einer im Gefängnis verfassten Erklärung gab er an, es habe in den vergangenen Jahren zwei Anwerbeversuche gegeben: Einmal – im August 2019 in Südfrankreich – seien es Vertreter eines amerikanischen Diensts gewesen; er habe aber so getan, als verstünde er kein Englisch. Das zweite Mal – im März 2020 auf dem Flughafen von Edinburgh – sei er von einem Mann und einer Frau angesprochen worden, die ihn in schlechtem Russisch aufgefordert hätten, mit den britischen Geheimdiensten MI5 und MI6 zusammenzuarbeiten. Als er abgelehnt habe, hätten sie, so Kljuschin, mit ernsten Konsequenzen gedroht.

Während Kljuschin hinter dem Auslieferungsersuchen der USA also ein politisches Motiv vermutete, warf ihm die amerikanische Strafverfolgung in einer Anklageschrift Wirtschaftsverbrechen vor: Kljuschin soll sich im Zeitraum von 2018 bis 2020 über Mittelsmänner Zugang zu passwortgeschützten Computern verschafft haben, auf denen interne Daten grosser US-Unternehmen gespeichert waren. Mit den gestohlenen Daten und dem darin enthaltenen Insiderwissen, so der Vorwurf, habe er Aktien von Konzernen wie IBM und Tesla gehandelt und damit einen Gewinn von 93 Millionen US-Dollar erzielt.

Kljuschin bestritt diese Anschuldigungen nicht nur, er versuchte auch, die Auslieferung in die USA mit einem höchst ungewöhnlichen Mittel zu verhindern: In einer Eingabe an das Bundesstrafgericht in Bellinzona bezichtigte er sich, mit einem der »Most wanted«-Männer des FBI in engem Kontakt zu stehen – mit Iwan Ermakow. Gegen diesen Ermakow und elf weitere Russen hatte der US-Sonderermittler Robert Mueller Anklage wegen Verschwörung gegen die USA erhoben. Ermakow soll 2016 beteiligt gewesen sein, als Server der Demokratischen Partei gehackt wurden. Zehntausende Mails wurden danach an die Plattform Wikileaks weitergegeben, die sie publizierte. Damit wurde der US-Wahlkampf beeinflusst oder gar entschieden. Wahlsieger Donald Trump, der die E-Mails weidlich ausgeschlachtet hatte, gewann knapp gegen die Demokratin Hillary Clinton.

Ermakow stand in den USA aber noch wegen einer zweiten Sache unter Anklage: Er hatte eng mit den beiden Cyberoperateuren Morenets und Serebriakow zusammengearbeitet, dem

Hackerduo, das in Rio und Lausanne aktiv gewesen und in den Niederlanden vorübergehend festgehalten worden war. Während seine Komplizen herumreisten, um weltweit in Computersysteme einzudringen, so der US-Vorwurf, habe Ermakow deren Operationen von Russland aus unterstützt: Er soll über Onlinerecherchen mögliche Ziele ausfindig gemacht und verhängnisvolle Phishing-E-Mails verschickt haben.

In der amerikanischen Anklageschrift gegen Kljuschin war Iwan Ermakow als Mittäter aufgeführt: Als stellvertretender Generaldirektor der Firma M 13 soll er zwischen 2018 und 2020 seinem Freund und Chef Kljuschin geholfen haben, Daten aus US-Firmencomputern zu stehlen. Im Wallis spielte Kljuschins Verteidiger nun all die Verbindungen zu den russischen Hackeragenten in den Vordergrund. Denn die Schweiz liefert niemanden wegen politischer Delikte aus, worunter auch nachrichtendienstlich motiviertes Hacking fällt. Solche Barrieren gibt es bei Wirtschaftsverbrechen – wie dem Kljuschin und Ermakow vorgeworfenen Insiderhandel dank gehackten Daten – nicht. Also betonte die Verteidigung die weltpolitische Dimension der amerikanischen Anschuldigungen. Die anderen Vorwürfe seien nur vorgeschoben.

Doch es half Kljuschin nichts. Am Ende entschieden alle Schweizer Gerichtsinstanzen pro USA und contra Russland. Noch vor Weihnachten 2021 wurde Kljuschin in die USA überstellt. Die russische Botschaft in Bern zeigte sich »zutiefst enttäuscht«: »Bedauerlicherweise« habe die Schweizer Justiz den Argumenten bezüglich des offensichtlichen politischen Charakters der Anklage keine Beachtung geschenkt. »Daher müssen wir leider feststellen, dass es um eine weitere Episode der amerikanischen ›Jagd‹ nach russischen Bürgern in Drittstaaten geht.« Kljuschin sei, so schrieb das russische Aussenministerium, »ein weiteres Opfer der fanatischen Russophobie, die heute in den Machtstrukturen in Übersee herrscht«.

Im September 2023 wurde Wladislaw Kljuschin in Boston »wegen Beteiligung an einem ausgeklügelten Hacking-Schema« zu neun Jahren Gefängnis verurteilt. Das Gericht sah es als erwiesen an, dass er aus US-Computernetzwerken Unternehmensdaten gestohlen und damit lukrative Insidergeschäfte getätigt hatte.

Von den GRU-Agenten, die über all die Jahre in unterschiedlichen Konstellationen in der Schweiz operiert hatten, ist bislang niemand verhaftet worden. Die Hacker und Killer werden nach wie vor über Interpol gesucht. Die meisten dürften sich jedoch in Russland befinden. In Sicherheit.

Dort ist mittlerweile auch Kljuschin wieder, denn er musste nicht lange im Gefängnis bleiben. Am 1. August 2024 kam es zu einem grossen Gefangenenaustausch, und Kljuschin war Teil davon. US-Präsident Joe Biden hatte ihn zuvor begnadigt. Zusammen mit dem russischen Agenten Wadim Krassikow, der in Berlin einen politischen Mord begangen hatte, einer Spionin und einem Spion mit zwei kleinen Kindern aus Slowenien und vier weiteren im Westen Inhaftierten konnte Kljuschin nach Russland ausreisen. Präsident Putin erwartete alle auf dem roten Teppich – und umarmte zuerst den Mörder, danach das Paar aus Slowenien und dann Kljuschin.

DER FALL »RÖSSLI«

CHINA

Dawei alias **David Wang** Er kam als Student aus China in die Schweiz. Zusammen mit seiner Schwester, die nie in Erscheinung trat, und seinen Eltern kaufte er den Gasthof Rössli im Weiler Unterbach in Meiringen im Berner Oberland.

SCHWEIZ

Für dieses Kapitel sprachen wir mit zahlreichen Anwohnerinnen und Anwohnern des »Rössli« und Bekannten der Familie Wang, denen Quellenschutz zugesichert wurden. Ihre Namen werden nicht offengelegt. Das Gleiche gilt für die Informantinnen und Informanten, die beruflich mit der Geheimoperation »Rössli« zu tun hatten.

Der Wunderjet im Alpental und die nette Familie Wang

Tief in den Bergen parkt die Schweiz ihre Kampfjets. Gleich daneben führt eine Familie aus China ein Hotel. Lange stört das niemanden.

Manchmal fängt eine journalistische Recherche mit wenig an – in diesem Fall mit sieben Wörtern: »Die Chinesen interessieren sich für unseren F-35.« Das sagte ein Insider in der zweiten Jahreshälfte 2023 irgendwo in der Schweiz ganz beiläufig. Mehr wollte diese Person dazu nicht preisgeben. Sie redete lieber über den Krieg in der Ukraine und über die Taktik der Hamas. Über den amerikanischen Super-Kampfjet, der in der Schweiz erst zum Testen eingeflogen worden war, verlor sie kein weiteres Wort. Doch mein journalistisches Interesse war geweckt. Die Andeutung konnte ja kaum etwas anderes bedeuten als … Spionage.

Ich begann herumzufragen. Doch wo immer ich die Sprache auf ein mögliches chinesisches Interesse an dem Kampfjet brachte, kam ich nicht weiter. Normalerweise gut informierte Quellen wussten von nichts. Oder schwiegen. Ich erfuhr nur, was alle politisch Informierten im Land ohnehin längst wussten: dass der Bundesrat im Sommer 2021 entschieden hatte, von den USA sechsunddreissig F-35-Kampfjets zu kaufen. Der Vertrag war unterschrieben, die Lieferung sollte frühestens ab 2027 erfolgen.

Ich wollte schon aufgeben, doch dann traf ich mich noch mit einem weiteren Informanten auf ein Bier. Und als ich diesen auf die Möglichkeit einer chinesischen Spionagetätigkeit ansprach, erwiderte er hastig: »Dazu kann ich nichts sagen.« Dieser Satz kam schnell, allzu schnell. War also an der Sache doch etwas dran? Das musste ich annehmen. Also klemmte ich mich dahinter und bekam schliesslich den entscheidenden Tipp: »Schauen Sie sich einmal die Besitzverhältnisse des Hotels Rössli in Meiringen an.«

3086 Quadratmeter und eine schöne Aussicht

Wer »Rössli Meiringen« googelt, stösst zuerst auf ein Grillrestaurant im Ortskern der Gemeinde im Berner Oberland. Die Spezialitäten: Steaks sowie Kalbsleberli mit Zwiebeln in Butter gebraten mit goldbrauner Rösti. Die Besitzverhältnisse: ziemlich unverdächtig, sehr schweizerisch, von Chinesen keine Spur. Doch einige Zeilen weiter unten auf der Google-Trefferliste wurde ersichtlich: Es gab neben dem Restaurant Rössli auch noch den Gasthof Rössli, und zwar etwas ausserhalb im Meiringer Weiler Unterbach, direkt neben dem einzigen ausschliesslich militärisch genutzten Flugplatz der Schweiz. Und siehe da: Auf der Touristik-Website Tripadvisor war in den Kommentaren von chinesischen Mitarbeitern zu lesen. Vor allem aber wurde der Gasthof für die »sehr schöne Terrasse zum Flugplatz hin« gerühmt. Auch auf dem Konkurrenzportal Booking.com fand sich fast nur Positives über den Hotelbetrieb wie etwa das Lob über »die Ruhe, die das Personal ausstrahlte«. Oder die Bewertung: »Sehr freundliches Personal, sauberes Zimmer, wunderschöne Aussicht, gute Auswahl beim Frühstücksbuffet«. 9 von 10 Punkten. Was auffiel: Alle Kommentare und Bewertungen waren älter als ein halbes Jahr. Weshalb gab es keine neueren?

Ende November 2023 weihte ich die ersten Redaktionskolleginnen und -kollegen in die Sache ein, und wir begannen, intensiv zu recherchieren. Wir schauten im Grundbuch des Kantons Bern nach, wem der Gasthof neben dem Militärflugplatz gehörte. Vier Personen mit chinesisch klingenden Namen firmierten als Besitzer der Liegenschaft – das Grundstück umfasste insgesamt 3086 Quadratmeter und grenzte direkt an das Rollfeld des Militärflugplatzes. Gekauft hatten die vier das »Rössli« bereits im Oktober 2018.

Drei der vier im Grundbuch Eingetragenen hiessen Wang. Zwei waren um die sechzig Jahre alt, die beiden anderen konnten dem Alter nach – sie waren dreiundzwanzig beziehungsweise sechsundzwanzig – gut ein Sohn und eine Tochter sein. Sollte diese chinesische Familie sich wirklich für den F-35 interessieren? Hatten sie das »Rössli« gekauft, um dereinst das amerikanische Flugzeug auszuspähen? Zeitlich betrachtet konnte das schon passen: Rund zweieinhalb Jahre vor der »Rössli«-Übernahme durch die Wangs hatte der Bundesrat verkündet, dass die Schweiz verschiedene Kampfjets testen und sich dann für einen Typ entscheiden wollte. Schnell war klar, dass auch der F-35 infrage kam. Dieser Kampfjet gilt als Wunderwaffe der USA und ihrer Verbündeten: Seine Tarnkappentechnik macht ihn für den feindlichen Radar unsichtbar.

Die Volksrepublik China versucht seit Jahren, ihn zu kopieren, aber ohne Erfolg. Und sie bemüht sich mittels Spionage ebenfalls schon lange, mehr über den F-35 zu erfahren. Bereits 2009 hatten laut amerikanischen Medienberichten chinesische Cyberspione mehrere Terabytes an Informationen zu Design, Leistung und Elektronik des US-Jets abgesaugt. Und im März 2016 gestand ein

Chinese in Kalifornien den Diebstahl von F-35-Bauplänen des Herstellers Lockheed Martin.

Aber offensichtlich hatte die Volksrepublik noch nicht alles bekommen, was sie brauchte. Die Spionagebemühungen gingen weiter. Immer wieder vermeldeten Behörden und Medien weltweit entsprechende Versuche – zuletzt wurde im September 2023 in Norwegen eine chinesische Staatsbürgerin dabei erwischt, wie sie beim Anflug auf einen Flugplatz nördlich des Polarkreises verbotenerweise dort stationierte F-35 filmte. Das nachrichtendienstliche Interesse Chinas am Jet hielt also an. War es da nicht ungemein praktisch, dass eine Familie aus China einen Gasthof direkt am Rand jener Piste besass, auf der das Spionageobjekt starten und landen würde?

Wer also waren die Wangs? Mehr über die »Rössli«-Besitzerinnen und -Besitzer herauszufinden, stellte sich als nicht ganz einfach heraus. Googeln half nicht weiter, denn für einmal spuckte die Suchmaschine nicht zu wenige Treffer aus, sondern viel zu viele. Wang ist der häufigste Nachname der Welt, über hundert Millionen Menschen heissen so. Es blieb also nur eins: selber hinfahren, und zwar, da Sonntag war und das Postauto die Meiringer Haltestelle »Unterbach BE, Flugplatz« nicht bediente, mit dem Auto quer über das Rollfeld nach Unterbach zum Gasthof. Das geht nämlich.

»The hotel is closed«

Militärflugplätze sind weltweit durch Sperrzonen gesichert. Wer trotzdem eindringt, wird verhaftet. Nicht so im engen Haslital. Hier gäbe es auch kaum Platz für eine Sperrzone. Der Aaregletscher hat ein Tal von nur rund einem Kilometer Breite hinterlassen. Neben der Rollbahn braucht es Raum für eine Hauptstrasse, diverse kleinere Strassen, für eine Bahnlinie, für die Landwirtschaft und für die Bevölkerung, die dort in einer Streusiedlung und eben im Weiler Unterbach lebt. Militär und Anwohnerinnen und Anwohner pflegen hier eine friedliche Koexistenz, nur manchmal gestört durch Streit wegen Fluglärm.

Es queren gleich zwei öffentliche Strassen die Piste: eine am Beginn, die andere gegen Ende des Rollfelds. Braust gerade kein Jet heran oder davon, sind die Schranken oben und die Durchfahrt ist erlaubt. Untersagt ist die Querung einzig Fahrzeugen über 3,5 Tonnen, davon wiederum ausgenommen sind laut einem Hinweisschild Fahrzeuge des Bundes, der Landwirtschaft sowie der Ortsbus. Ansonsten gilt: »Aufenthalt zwischen den Schranken verboten!« Und: »Strasse zügig passieren!«

Der Flugplatz Meiringen gehört also zu den wenigen Militärflugplätzen der Welt, die von Privatpersonen gequert werden dürfen – ganz nach Belieben zu Fuss, mit dem Pkw, dem Velo oder dem Traktor. Das fand im Frühling 2023 ein britischer Youtuber so verwunderlich, dass er ein Video online stellte über das »Airfield, auf dem du über den Runway fahren kannst«. Er interviewte einen Schweizer Luftwaffenpilot, der ihm beschied, Menschen so nahe am Rollfeld seien kein Problem, wenngleich das natürlich »abhängig von der Gefahrenstufe« sei, aber »im Moment«, sagte er, »sind wir im Frieden«.

Dieser Moment dauert nun schon über 175 Jahre an. 1847 war die Schweiz letztmals direkt in einen Krieg verwickelt, den Sonderbundskrieg, in dem liberale gegen konservative Kantone, Schweizer gegen Schweizer kämpften. Doch trotz Dauerfrieden war die Gefahrenstufe seither einige Male angehoben worden. Im Zweiten Weltkrieg beispielsweise, als Hitlers Deutschland auch die Schweiz bedrohte. Im August 1940 – Frankreich war gerade gefallen – ist der Flugplatz in Meiringen entstanden.

Doch auch damals blieb die Schweiz verschont, und vielleicht erklärt diese historische Erfahrung, weshalb ihr militärisches Sicherheitsbewusstsein weniger ausgeprägt ist als in anderen Ländern.

Ausser mir wollte an diesem grauen Adventssonntagnachmittag 2023 anscheinend keine Menschenseele nach Unterbach mit seinen 478 Einwohnerinnen und Einwohnern. Der Flugplatz selbst und sein »Fliegerstübli«, Kantine und Besuchercafé in einem, sind nur zu Bürozeiten von Montag bis Freitag offen. Und beim »Rössli« hing ein Zettel an der Tür: »The hotel is closed«. Der Gasthof – ein grosses Chalet, vier Stockwerke, zwei Anbauten – wirkte, als sei er schon vor einiger Zeit verlassen worden. Die Vitrine vor der Eingangstür mit den Touristiktipps war nicht mehr up to date, die hölzerne Kinderschaukel hinter dem Haus verwittert. Stanley Kubrick hätte seinen Hotel-Horrorfilm »The Shining« auch hier drehen können. Oder waren diese Gedanken nur dem trüben Wetter geschuldet?

Die Familie Wang jedenfalls war nicht da und auch sonst weit und breit niemand. Die markanten roten Fensterläden an der denkmalgeschützten Fassade des »Rössli« waren jedoch geöffnet. Wer die Nase gegen die Scheiben drückte, sah, dass die Tische fürs Frühstück gedeckt waren. In der Ecke eines Nebenraums standen eine Flasche Weizenbier, ein Sechserpack Multivitaminsaft und eine angefangene Flasche Mineralwasser. Das sah nach einem überhasteten Abgang aus.

Eine äusserst interessante Heimatbasis

Zu den Hauptgebäuden des Luftwaffenstützpunkts waren es nur wenige Schritte. Filmen und Fotografieren war hier verboten. Jetzt, nach etwa einer Stunde in Unterbach, bekam ich den ersten Menschen zu sehen, aber nicht etwa – wie ich erwartet hätte – jemanden vom Sicherheitspersonal, der sich fragte, warum ein Fremder hier alles inspizierte. Sondern eine Anwohnerin. Sie kam aus ihrem Haus auf der anderen Strassenseite und wollte trotz dem Hudelwetter kurz zum Oltschibachfall gleich hinter dem Weiler spazieren. Bei besserer Witterung ist er eine Touristenattraktion.

»Das ›Rössli‹ ist schon länger zu«, erzählte mir die Frau, als ich sie zum Wasserfall begleitete. Dabei sei die Wirtschaft früher gut gelaufen. Die Meiringer Vereine, die in der Unterbacher Turnhalle trainierten, seien gern hier eingekehrt. Die Kegler hätten gekegelt, die Jasserinnen gejasst, und in der Altjahrwoche hätten die Trychler für viel Umsatz gesorgt. Ausländische Piloten und Techniker, die zu Besuch kamen, hätten bisweilen im »Rössli« übernachtet, und die Schweizer Militärpiloten hätten dort ihre geselligen Abende abgehalten.

»Mit dem Restaurant war schnell Schluss, als die Chinesen kamen«, sagte die Anwohnerin mit Bedauern in der Stimme. Nach wenigen Wochen hätten sie es dichtgemacht. Die Kegelbahn ebenso. Es lohne sich nicht, habe die Begründung gelautet. Das Hotel sei als Garni weiterbetrieben worden; man konnte also übernachten, bekam aber nur noch Frühstück serviert. Und vor ein paar Monaten sei es dann ganz zu gewesen.

Wir waren beim Wasserfall angelangt. Dreihundert Meter donnert das Wasser dort den steilen Fels hinab ins Tal. »Da drin ist alles ausgehöhlt«, sagte die Unterbacherin und deutete auf die Bergwand. Die Kavernen, errichtet im Kalten Krieg, seien so gross, dass Kampfflugzeuge darin kreuzen könnten.

Eine solche Anlage besitzt die Schweizer Armee kein zweites Mal. Hier in Meiringen befindet sich die Heimatbasis der mit F/A-18 ausgerüsteten Fliegerstaffel 11 der Schweizer Luftwaffe. Diese Staffel ist – trotz schweizerischer Neutralität und Nichtmitgliedschaft bei der Nato – Vollmitglied der inoffiziellen »Nato-Tigervereinigung«. Die an diesem Verbund beteiligten Staffeln treffen sich jährlich in einem der Staaten des westlichen Militärbündnisses zu einer gemeinsamen Übung. Dabei vertiefen die Schweizer Piloten »ihre Kenntnisse und Fähigkeiten in der länderübergreifenden Luftverteidigung«, schreibt die Armee. Auch wegen dieser Einbindung in Nato-Strukturen ist der Schweizer Alpenflugplatz für Gegner der Militärallianz äusserst interessant. Und dass drinnen im Felsen in absehbarer Zeit auch die F-35-Jets stationiert werden sollen, macht den Flugplatz für diese noch interessanter.

Zurück im Weiler, dunkelte es bereits ein. Als ich wegfuhr, war im Flugplatzgebäude und in den Hangars kein Licht zu sehen. Auch der Gasthof blieb dunkel.

Die Wangs, ein Glücksfall

Einen Tag später besuchte ich das »Fliegerstübli«. Für Flugfans gibt es dort an der Kasse einiges zu kaufen – unter anderem ein F-35-Modell, Massstab 1:72, für 85 Franken. *Cash only.* Es war Mittagszeit. An den Tischen sassen und assen Flughafenmitarbeiter, Techniker, Verwalter und ein halbes Dutzend Polizisten in Uniform und leuchtend orangen Westen mit der Aufschrift »Militärpolizei«. Zum Wochenauftakt gab es asiatisch inspirierte Glasnudeln mit Pilzen und Gemüse. »Die Piloten sind zurzeit in Grossbritannien«, beschied mir der Koch, der an der Theke das Essen ausgab. Nach dem Dessert marschierten zwei der Militärpolizisten ein paar Meter Richtung »Rössli«, als müssten sie kurz nachschauen, ob die Wangs zurück sind.

Chinesinnen und Chinesen fallen im Berner Oberland weniger auf als anderswo in der Schweiz. Touristinnen und Touristen aus Fernost und aus der Volksrepublik gibt es viele. Meiringen ist ein beliebter Stopp auf dem Weg zwischen Luzern und Interlaken. Die Gäste besuchen hier den Reichenbachfall, in den der britische Schriftsteller Arthur Conan Doyle seinen berühmten Detektiv Sherlock Holmes stürzen liess. Mehrere Hotels im Berner Oberland werden fast ausschliesslich von asiatischen Gruppen belegt, einzelne befinden sich in chinesischem Besitz.

Und doch ist es verwunderlich, dass so lange Zeit niemand die Präsenz einer chinesischen Familie in direkter Nachbarschaft zum Flugplatz Meiringen ernsthaft hinterfragte. Die meisten der rund zweihundert Mitarbeiterinnen und Mitarbeiter des Luftwaffenstützpunkts sind beim Verteidigungsdepartement angestellt. Eine andere Stelle desselben Departements, der Nachrichtendienst des Bundes, warnte schon lange vor Spionageaktivitäten Chinas (nur vor russischen Agenten warnt er noch mehr). Seit 2004 betreibt der NDB das Präventionsprogramm Prophylax, das Unternehmen, Hochschulen und Forschungsinstitute für die Gefahren der Industriespionage sensibilisiert. In seinen Broschüren, Vorträgen und Kurzfilmen tauchen auffällig oft Beispiele von Spionage durch ein »asiatisches Land« auf – auch wenn China nicht explizit genannt wird, so ist es doch gemeint.

Auf dem Flugplatz Meiringen war dennoch niemand beunruhigt gewesen, als Chinesen das »Rössli« übernahmen. Im Weiler

Unterbach war man sogar erleichtert, weil so der Gasthof geöffnet blieb. Der langjährige »Rössli«-Wirt, auch er ein Unterbacher, war bereits im Pensionsalter und hatte schon länger einen Nachfolger gesucht. Niemand wollte die geforderten 1,25 Millionen Franken für das Haus mit den sieben Doppelzimmern und dem Fünferzimmer zahlen. Das Schweizer Verteidigungsdepartement hatte sich einmal interessiert gezeigt, aber nur bis klar war, dass der Gasthof wegen Denkmalschutzes nicht abgebrochen werden durfte. So erzählte man es sich jedenfalls im Weiler. Deshalb war man froh, als sich die Wangs meldeten. Rechtliche Hürden waren keine ersichtlich. Nichteuropäer können wegen der Lex Koller in der Schweiz zwar nur in Ausnahmefällen Wohnungen oder Häuser erwerben. Doch für Betriebe, zum Beispiel Hotels, gelten weniger Einschränkungen. Das »Rössli« schien gerettet zu sein.

Die Wangs waren für Unterbach zunächst ein Glücksfall. Sie versprachen, nicht nur das Hotel, sondern auch das Restaurant weiterzubetreiben – und sogar mit schweizerischer, nicht mit chinesischer Küche. Vor allem Vater Wang hinterliess einen ansprechenden Eindruck, wie wir in der Nachbarschaft, von früheren »Rössli«-Gästen und ehemaligem Personal erfuhren. Der neue Hotelier aus China sprach auch gut Deutsch, da er, wie er dem Vorbesitzer erzählte, als Diplomatensohn unter anderem in Deutschland und der Schweiz aufgewachsen sei. Das musste im vorherigen Jahrhundert gewesen sein, denn gemäss Grundbucheintrag war Vater Wang beim »Rössli«-Kauf neunundfünfzigjährig. Den Preis hatten die Wangs noch etwas heruntergehandelt. Für rund 800 000 Franken bekamen Vater, Mutter, Sohn und Tochter (die vor Ort nie gesehen wurde) schliesslich am 19. Oktober 2018 den Zuschlag für die Liegenschaft.

Die Eltern Wang zogen in das vierstöckige Gebäude ein, und anfangs schien es ein fast nahtloser Übergang zu sein. Vater Wang kümmerte sich um die Administration, beschäftigte das Personal weiter und stellte den bisherigen Wirt und Besitzer als Geschäftsführer und Küchenchef ein. Die Mutter, mit der man sich nur mit Händen und Füssen verständigen konnte, packte in der Küche mit an. Wie Mitarbeiter erzählten, telefonierte ihr Ehemann immer wieder über Wechat-Videocall mit einem Mann, den er dem Personal als seinen Vater in China vorstellte. Der ältere Herr auf dem Bildschirm konnte Deutsch, schliesslich war er den Angaben seines Sohnes nach ja in Deutschland und der Schweiz Diplomat gewesen.

Seinen Gästen erklärte der neue »Rössli«-Hotelier, dass er den Gasthof für seinen Sohn gekauft habe. Dieser studiere in Lausanne Tourismus – zumindest hatte man das damals in Unterbach so verstanden. Unter der Woche sei der Junior jedenfalls nie da gewesen und an den Wochenenden in teuren Mietautos vorgefahren. Und bald seien auch die ersten Bussen für Geschwindigkeitsübertretungen im »Rössli« reingeflattert. Der junge Wang hiess Dawei, aber er verwendete, wie viele Chinesinnen und Chinesen, im Westen einen Vornamen, der sich hier besser merken liess: David. David konnte Englisch und sprach auch seinen Vornamen englisch aus. Nach Meinung der Einheimischen taugte der Junge damals nicht sonderlich für das Gastgewerbe. Er habe das Arbeiten nicht gerade erfunden, lautete das Urteil, habe lieber ausgeschlafen als mitgeholfen. Computertechnisch war David offensichtlich engagierter. Er installierte »Rössli«-Angestellten und Anwohnern die chinesische App Wechat auf ihren Smartphones. Damit sei die Kommunikation einfacher und sicherer als mit Whatsapp, meinte er.

Touchdown im Oberhasli

Wir hatten nun also folgende Fakten zusammengetragen: Da war eine chinesische Familie, die einen in die Jahre gekommenen Gasthof gekauft hatte. Dieser Gasthof lag direkt neben einem der Stützpunkte, an der die Schweizer Luftwaffe ihren künftigen Wunderjet zu stationieren plante. Und dieser Jet war seit Jahren ein Hauptziel der Spionage Chinas.

War also, so fragten wir uns nach zwei Tagen Recherche vor Ort, der »Rössli«-Kauf Teil einer von langer Hand geplanten Grossoperation des chinesischen Geheimdiensts in der Schweiz? War David ein Agent oder wirklich nur ein harmloser Student, dessen vermögende Eltern ihm ein teures Studium und gleich auch noch, quasi zum einfacheren Berufseinstieg, ein Hotel finanziert hatten, das zufällig etwas speziell lag?

Erste Antworten erhofften wir uns in Lausanne. Nach Angaben aus Unterbach hatte David dort die Lausanner Hotelfachschule besucht, die als eine der besten gilt und im weltweiten Ranking immer wieder auf dem ersten Platz landet. Doch Spuren von Wang junior fanden wir dort keine. Und auch sonst nirgends in der Kantonshauptstadt.

Ein Handelsregisterauszug half uns weiter: Daraus wurde ersichtlich, dass David 2018, also zum Zeitpunkt des »Rössli«-Kaufs, auf seinen chinesischen Namen Dawei Wang ein Einzelunternehmen hatte eintragen lassen. Dort stand auch, dass er in Leysin, unweit von Lausanne, wohnhaft war, wo es ebenfalls eine Hotelfachschule gibt: die Swiss Hotel Management School, kurz SHMS. Wir fuhren hin.

Dieses Eliteinternat in den Waadtländer Alpen, das hoch über dem Genfersee thront, rühmt sich, die besten Hotelmanager der Welt auszubilden. Aus ihren Absolventinnen und Absolventen, die bis zu achtzig Prozent aus Asien stammen, will die Akademie »leaders for the global hospitality industry« machen, Führungskräfte für das globale Gastgewerbe. Dawei Wang war einer von ihnen – bis 2019. Das wurde uns an der Rezeption der Swiss Hotel Management School bestätigt.

David-Dawei wohnte, ass und lernte also nicht in Lausanne, sondern in dem ein klein bisschen ähnlich klingenden Leysin, und zwar in dem aus zwei Palais bestehenden SHMS-Komplex samt grosszügigem Garten, Fitnessraum und Spa. Einst war die Anlage mit den samtweichen Teppichen und Stuckaturdecken ein Club Med, heute wird sie zu Ausbildungszwecken von den Studierenden selbst bewirtschaftet, die gleich auch dort leben. Die Grandezza hat allerdings ihren Preis: ein dreijähriges Bachelorstudium kostet 170 000 Franken, ein einzelnes Semester rund 45 000 Franken.

Auch in Leysin hinterliess der junge Wang nicht viele Spuren. Wer lange sucht, findet ein Facebook-Konto, mit spärlichen Informationen: David gefällt ein Hotel im Waadtländer Alpendorf. Und er hat auf Facebook fünf »Friends«, ehemalige Mitstudierende der Swiss Hotel Management School aus aller Welt. Einer von ihnen, Rodrigo, der mittlerweile Hotelmanager in Mexiko war, fiel aus allen Wolken, als er erfuhr, dass David bereits zu gemeinsamen Studienzeiten ein Hotel in der Schweiz gekauft hatte. Das habe David in Leysin verheimlicht, sagte er, als das Westschweizer Fernsehen RTS ihn später interviewte. »David hat erzählt, dass seine Familie in China lebt.«

Unter der Woche Hotelleriestudent in der Waadt, an den Wochenenden Hotelier im Berner Oberland – offensichtlich hatte Dawei Wang in der Schweiz zwei getrennte Leben geführt. Oder war es ein Doppelleben?

Im Sommer 2019 schloss Dawei Wang jedenfalls sein Studium mit einem Bachelor in Hospitality Management ab, und auf den 31. Juli 2019 hin meldete er sich in Leysin ab und zog nach Meiringen, ohne sich dort auf der Gemeinde zu registrieren. Während seine Kommilitoninnen und Kommilitonen in mondänen Hotels anheuerten, landete David-Dawei dort, wo er sich schon zuvor samstags und sonntags aufgehalten hatte: im Gasthof Rössli, einem Haus, das seine besten Tage hinter sich hatte und dessen Zimmereinrichtung, wie es in einer Bewertung hiess, »eher alt und sehr einfach« war. Das Restaurant war da bereits geschlossen. Aber die acht Hotelzimmer waren gut gebucht, so gut sogar, dass die Wangs selbst in das nun nicht mehr bewirtete Säli zogen, um ein Gästezimmer mehr zur Vermietung zu haben.

Aviatisch waren es interessante Zeiten. Bereits im Frühjahr 2019 hatte es eine kurze Testphase des F-35 in Meiringen gegeben. Und im Juni kam es zu einer intensiveren Flug- und Bodenerprobung des Wunderjets in der Schweiz. Diese Tests dauerten vierzehn Tage, wobei die insgesamt drei F-35 vor allem in Payerne im Kanton Waadt getestet wurden. Die Sicherheitsvorkehrungen waren vonseiten des amerikanischen Herstellers immens. Um heimliche Ausmessungen zu verhindern, verbrachten die Testjets die Nächte weder auf dem Militärflugplatz Payerne noch in Meiringen, sondern auf dem bestens abgeschotteten Nato-Militärflugplatz Aviano im Nordosten Italiens. Für Meiringen war der grosse Tag der 12. Juni 2019. Die Besucherparkplätze des Flugplatzes waren voll, als einer der US-Jets direkt vor dem »Rössli« landete. »Touchdown im Oberhasli« titelte die Zeitung »Berner Oberländer«.

Verdächtige Gäste

Anfang 2020 kam Corona. Hotels mussten in der Schweiz, anders als Restaurants, zwar nie zwangsschliessen. Aber viele Häuser stellten ihren Betrieb mangels Buchungen dennoch vorübergehend ein, so auch das »Rössli«. Nach wenigen Wochen öffneten die meisten Hotels bereits wieder, und bald boomte der Tourismus in den Alpen. Viele Schweizerinnen und Schweizer entschieden sich für Ferien im eigenen Land, wo weniger strenge Pandemieregeln galten als in den Nachbarstaaten. Die Wangs allerdings verpassten den Boom. Sie öffneten ihren Gasthof an der Rollbahn erst nach über zwei Jahren im Sommer 2022 wieder, wie sich aus zahlreichen Booking.com-Bewertungen schliessen lässt.

Vor allem David-Dawei schien nun als Hotelier sehr präsent gewesen sein. Er hinterliess bei online kommentierenden Gästen ab diesem Zeitpunkt einen hervorragenden Eindruck. »Für die Nacht hat mir der Hotelier extra eine zusätzliche Decke gebracht, obwohl ich nicht danach gefragt hatte«, heisst es da beispielsweise. Noch überschwänglicher fiel ein Kommentar im Sommer 2023 aus: »Hotelbesitzer David hat uns bestmöglich empfangen und hilft, alle Wünsche zu erfüllen. Ich werde wiederkommen.« Ein spanischer Gast rühmte die »Liebenswürdigkeit von Dawei Wang«: »Das Nachtessen und der Garten waren sehr einladend. Obschon wir spät ankamen, hat sich Dawei um uns gekümmert und uns schnell Pizzas gemacht mit gutem Bier. […] Thanks, Dawei! See you again!« Offensichtlich gab es da trotz geschlossenem Restaurant abends wieder etwas zu essen für »Rössli«-Hotelgäste. Das Lob des Spaniers stammt vom 17. Juli 2023.

Doch dann, nur einen Monat später, erfolgte der letzte Eintrag auf Booking.com. Ein Gast namens Vang aus den USA schrieb: »Als wir um 17 Uhr ankamen, war das Hotel geschlossen. Niemand war da, und es gab auch keine Mitteilung.« Dabei hatte Vang das Zimmer für sich und seine Familie erst wenige Tage zuvor gebucht. »Das war der stressigste Tag während meiner Schweizreise, weil wir nun keinen Schlafplatz mehr hatten. Ich war glücklich, last minute ein Hotel in Interlaken zu finden zu einem extremen Preis.« Er vergab für das »Rössli« die Tiefstnote 1. Die Mitteilung von Booking.com, dass der Meiringer Gasthof aufgrund eines Wasserschadens geschlossen war, entdeckte Vang in seinen Mails zu spät.

Einen solchen Wasserschaden hatte es im »Rössli« allerdings nie gegeben. Diese Information war falsch, wie wir vier Monate später vor Ort herausfanden. Zwischen der Abreise des begeisterten spanischen Gastes und der Ankunft der Vangs aus den USA, die vor verschlossenen Türen standen, war es zu einer Razzia gekommen: Am 26. Juli 2023, einem Mittwoch, war gegen 8 Uhr 15 ein halbes Dutzend Zivilpolizisten beim »Rössli« vorgefahren.

Die meisten seien, so erzählten uns Nachbarn, im Gasthof verschwunden, ein oder zwei hätten draussen Stellung bezogen. Gegen Mittag seien weitere Berner Kantonspolizisten dazugestossen, und schliesslich habe man die dreiköpfige Wirtefamilie – »eigentlich ganz nette Leute« – abgeführt. Ein anderer Nachbar ergänzte, dass das ältere Hoteliersspaar nach kurzer Zeit zurückgekehrt sei und sich von ihnen verabschiedet habe – mit den Worten, dass sie wegen fehlender Bewilligungen von den Behörden drangsaliert würden. Sie müssten nun zurück nach China, kämen aber wieder. »Seither haben wir nichts mehr von ihnen gehört.«

Weshalb die Wangs verschwanden? Das blieb lange ein Rätsel. Erst jetzt, in diesem Buch, können die Hintergründe erstmals vertieft dargestellt werden. Die Sache hat nämlich eine Vorgeschichte, die im Oktober 2022 beginnt, also kurz nach Wiedereröffnung des »Rössli« nach der Pandemie-Pause.

Damals gingen ein paar »Rössli«-Hotelgäste aus Frankreich und Pakistan spazieren und gelangten dabei auf den Flugplatz. Daran hinderte sie kein Zaun, und es gab auch keine Verbotstafel, denn man durfte das Rollfeld ja überqueren, sofern kein Flugzeug im An- oder Abflug war. Lediglich der Kernbereich des Luftwaffenstützpunkts mit den Betriebsgebäuden und Hangars war Sperrzone und speziell gesichert. Doch der Kantonspolizei kamen die »Rössli«-Gäste irgendwie verdächtig vor. Man klärte deren Personalien ab und schaltete auch den Nachrichtendienst in Bern ein, um mögliche terroristische Verbindungen auszuschliessen. Als die Namen der Kontrollierten gecheckt wurden, zeigte sich schnell: Alles harmlos.

Durch diesen Fehlalarm wurde der NDB nun aber darauf aufmerksam, dass sich das »Rössli«, direkt neben dem Rollfeld des Schweizer Luftwaffenstützpunkts gelegen, seit vier Jahren in chinesischem Besitz befand. Angesichts des anhaltenden nachrichtendienstlichen Interesses der Volksrepublik am F-35 fand man das höchst beunruhigend und wollte sich das einmal genauer anschauen. Die Schweizer Spionageabwehr eröffnete eine Untersuchung. Sie schaltete auch Partner ein; insbesondere die CIA, der US-Auslandsgeheimdienst, zeigte sich sehr besorgt, auffällig geworden waren die Wangs, wie die CIA nach Bern zurückmeldete, bislang aber nicht.

Wenn die Abwehrspezialistinnen und -spezialisten des NDB eine Operation durchführen, legen sie normalerweise grössten Wert darauf, dass die Zielpersonen nichts bemerken. Doch in diesem Fall ging die Schweizer Spionageabwehr anders vor. Bereits kurz nach Beginn der Untersuchung wurde die Berner Kantonspolizei vorgeschickt. Im November 2022 – also ein Dreivierteljahr vor der bereits erwähnten Razzia im »Rössli« – führte sie im Gasthof eine Personenkontrolle durch. Die Polizei traf die Wangs an und stellte fest, dass die Familie illegal im Land war: Die Aufenthaltsbewilligung, die Sohn Dawei für sein Studium besessen hatte, war längst abgelaufen, und die Eltern waren nie berechtigt gewesen, in der Schweiz zu leben. Selbst die Erlaubnis, ein Hotel zu betreiben, fehlte.

Die Wangs machten das »Rössli« dicht. Sie hinterlegten die Schlüssel bei einer Nachbarsfamilie, mit der Bitte, danach zu schauen, dass in der Heizung des Gasthofs immer genügend Pellets zum Verfeuern waren. Einen Winter lang wurden sie nicht gesehen in Unterbach. Im Frühjahr darauf war Dawei plötzlich wieder da. Er stellte bei den Behörden den Antrag auf eine Aufenthaltsbewilligung für sich und auf eine Betriebserlaubnis für das »Rössli«. Auch seine Eltern reisten wieder ein, mit einem Touristenvisum.

Von Schläfern und toten Briefkästen

Derweil hatte der Nachrichtendienst einige Abklärungen getroffen, deren Resultate ihn noch mehr beunruhigten. Der frühere Wirt und Besitzer, der das »Rössli« den Wangs verkauft hatte, war auf den Polizeiposten in Meiringen vorgeladen worden. Der Pensionär aus Unterbach hatte in seiner Zeit als Geschäftsführer und Küchenchef des »Rössli« die Wangs etwas näher kennen gelernt. Um ihn zu befragen, kamen Nachrichtendienst-Mitarbeiter aus dem über eine Stunde entfernten Bern ins Oberland. Und die Anreise lohnte sich, denn nun erfuhren die Geheimdienstler, was Vater Wang dem früheren »Rössli«-Wirt und -Besitzer erzählt hatte: dass er als Sohn eines Diplomaten sowohl in der Schweiz als auch in Deutschland gelebt hatte. Sie waren elektrisiert. Da tat sich eine interessante Verbindung zwischen der Familie und dem chinesischen Staatsapparat auf.

Aber stimmte das denn auch? Die Fachleute des NDB konsultierten die Archive und fanden die Bestätigung: Daweis Grossvater war während des Kalten Kriegs tatsächlich als Diplomat in Bern und Bonn stationiert gewesen. Und später auch noch in den USA und in Indien, in Ländern also, die aus chinesischer Perspektive wichtig waren. Diese Posten deuteten darauf hin, dass er in der Diplomatie der Volksrepublik alles andere als eine Nebenfigur gewesen war. Da stellte sich natürlich die Frage, warum dessen Sohn mit seiner Familie ausgerechnet diesen etwas heruntergekommenen Gasthof an wenig attraktiver Lage kaufte. Bei dem die wirtschaftlichen Aussichten zudem nicht allzu rosig waren. Es hätte im Alpenraum einige Hotels in idyllischerer Umgebung gegeben, die zum Verkauf standen. Und überhaupt: Woher hatten die Wangs das Geld für Daweis teures Studium und woher die 800 000 Franken zum Kauf des »Rössli«? Auf der langen Liste der chinesischen Superreichen stand die Familie jedenfalls nicht.

Handfeste Beweise für eine gross angelegte Spionageoperation Chinas in der Schweiz waren das natürlich keine. Die Geheimdienstgeschichte ist jedoch reich an spektakulären Spionagefällen, in denen Menschen über Jahre oder gar Jahrzehnte ein harmloses Berufs- und Privatleben in einem anderen Land führten. Die bestens ausgebildeten Agenten – Männer wie Frauen – lebten dort als sogenannte Schläfer, wobei die Bezeichnung in die Irre führt: Nur die wenigsten warteten einfach zu, um irgendwann einmal operativ tätig zu werden. Fast alle versuchten, beruflich in eine interessante Position zu kommen und Kontakte zu knüpfen. Viele unterhielten ein Netzwerk mit Informantinnen und Informanten und wurden sogar in Operationen eingespannt. Perfektioniert hatten diese Praxis der sowjetische Geheimdienst KGB und seine Verbündeten. Die Ostblock-Geheimdienste schleusten Dutzende von Paaren und Einzelpersonen mit aufwendigen Legenden in den Westen ein. Insbesondere in den USA, aber auch in Westeuropa blieben zur Zeit des Kalten Kriegs zahlreiche solche »sleeper spies« – auch »illegals« genannt – lange unentdeckt.

Russland setzte Schläferinnen und Schläfer nach dem Zerfall der Sowjetunion weiter ein. Im Juni 2010 etwa gelang es der Bundespolizei FBI in den Vereinigten Staaten, zehn von ihnen zu verhaften, darunter die gebürtige Russin Anna Chapman (die wenige Wochen später bereits ausgetauscht und zum russischen TV-Star wurde) und das ebenfalls russischstämmige Ehepaar Donald Heathfield und Tracey Foley. Die beiden hatten in den USA zwei Knaben grossgezogen, die nicht wussten, dass ihre Eltern Spione waren. Das Doppelleben der Eltern inspirierte zu der preisgekrönten TV-Serie »The Americans«.

Auch in der Schweiz waren Schläferinnen und Schläfer aktiv gewesen, solche aus der DDR: 1973 enttarnte die schweizerische Spionageabwehr dank abgefangenen Funksignalen ein Ehepaar mit den Aliasnamen Hans und Ursula Kälin. Sechs Jahre zuvor hatten sich die zwei, die in Wahrheit Gisela und Hans-Günter Wolf hiessen, in Effretikon bei Zürich niedergelassen; sie arbeiteten für den Winterthurer Technologiekonzern Sulzer. Das Bundesstrafgericht verurteilte die beiden Angehörigen der Militärischen Aufklärung der Nationalen Volksarmee damals zu je sieben Jahren Zuchthaus. Absitzen musste das Agentenduo nur einen kleinen Teil davon. Es wurde gegen ein anderes

Paar ausgetauscht, gegen einen Koch der Schweizer Botschaft in Ostberlin und dessen ostdeutsche Freundin, die verhaftet worden waren, als er sie im Kofferraum seines Autos in den Westen schmuggeln wollte.

1986 wurden abermals DDR-Spione in der Schweiz verurteilt – zu je sechs Jahren Zuchthaus: Jan Karmazin und Rosmarie Müller hatten als Johann und Ingeborg Hübner-Manthey in Neuenkirch bei Luzern gewohnt. Ihr Leben wirkte bieder, aber sie legten in der Deutschschweiz fünfzehn sogenannte tote Briefkästen an: Über solche Verstecke – klassischerweise zum Beispiel unter einem unauffällig markierten Stein irgendwo in der Natur – gelangte über die Schweiz nachrichtendienstliches Material aus der Bundesrepublik in die Zentrale des ostdeutschen Geheimdiensts Stasi. Das Paar betrieb zudem in der Nähe des Sempachersees eine geheime Funkanlage.

Nach den Kälins und den Hübners waren in der Schweiz allerdings jahrzehntelang keine Agenten mehr in ähnlichen Konstellationen aufgeflogen – bis die Wangs kamen.

Eine suspekte Staatsbürgerpflicht

Aber war der »Rössli«-Fall überhaupt ein Schläfer-Fall? Hieb- und stichfeste Beweise dafür hatte der Nachrichtendienst des Bundes nach über einem Jahr intensiver Abklärungen noch immer keine. Doch das, was man herausgefunden hatte, passte ins Bild. Da war der Grossvater, der wichtige Posten in der chinesischen Diplomatie innegehabt hatte. Oder das sonderbare Geschäftsgebaren der »Rössli«-Besitzer, das nicht auf Gewinn ausgerichtet schien – während der Pandemie hielten die Wangs ihren Gasthof zwei Jahre lang geschlossen, obwohl der Tourismus in der Schweiz boomte. Und weshalb hatte die Familie das

Restaurant des »Rössli« kurz nach der Übernahme bereits dichtgemacht?

Für all das mochte es Erklärungen geben. Doch die Spezialistinnen und Spezialisten beim NDB hielten sie für wenig plausibel. Je länger, desto überzeugter waren sie, dass China in Meiringen eine auf Jahre angelegte Spionageoperation aufgegleist hatte mit dem Ziel, den F-35 auszuforschen. Und selbst für den Fall, dass dem nicht so war (was sie für höchst unwahrscheinlich hielten), gab es immer noch diesen Passus, der im Nationalen Nachrichtendienstgesetz Chinas stand und dem NDB sehr wohl bekannt war: Jede und jeder chinesische Staatsangehörige, heisst es darin, müsse die Geheimdienste der Volksrepublik »unterstützen, ihnen helfen und mit ihnen zusammenarbeiten«. Das war gefährlich, denn das konnte jederzeit geschehen. Übertragen auf die Situation im Berner Oberland bedeutete dies: Sollten die Wangs keine Agentenfamilie sein, konnten sie es auf Geheiss Pekings ganz plötzlich werden.

Partnerdienste, die über die Erkenntnisse im Fall »Rössli« laufend gebrieft wurden, teilten die entsprechende Besorgnis des NDB. Die Vereinigten Staaten und Grossbritannien übten – wie das »Wall Street Journal« später berichtete – Druck auf die Schweiz aus, die Sicherheitsvorkehrungen bei militärisch genutzten Flugplätzen zu verbessern. Im Klartext hiess dies bezogen auf Meiringen: Entweder verschwinden die Wangs, oder ihr bekommt keine F-35.

Die Schweizer Spionageabwehr kam allerdings unabhängig vom angelsächsischen Ultimatum zum Schluss, dass die Gefahr zu gross war. Deshalb schlug sie Präventivmassnahmen vor: Die kantonalen Behörden sollten die Gesuche Dawei Wangs bezüglich seiner Aufenthaltsbewilligung und der Betriebserlaubnis für das »Rössli« ablehnen. Das geschah.

Doch Wang junior ignorierte die ihm gesetzte Ausreisefrist. Er blieb einfach in der Schweiz und hielt das »Rössli« offen, als wäre nichts geschehen. Und so kam es am 26. Juli 2023 bei dem Gasthof am Luftwaffenstützpunkt Meiringen zu der Razzia. Die Polizei nahm Dawei und die Eltern mit zur Befragung. Alle drei bestritten, Beziehungen zu chinesischen Staatsstellen oder Sicherheitsbehörden zu haben. Und alle drei verliessen kurz danach die Schweiz und kehrten nicht mehr zurück.

Zu den Vorkommnissen im »Rössli« gab es keine Medienmitteilung. Die einzigen kantonalen Polizeimeldungen jenes Tages bezogen sich auf einen Strassenarbeiter in Roggwil, der von einem Lieferwagen erfasst worden war, und auf Unbekannte in Bern, die drei Geldkoffer aus einem geparkten Geldtransporter entwendet hatten. Mehr als vier Monate lang erfuhr die Öffentlichkeit nichts von der Razzia, bis wir nach intensiven Recherchen im Dezember 2023 endlich genügend Fakten zusammengetragen hatten, um über diese potenzielle grosse chinesische Spionageoperation berichten zu können. Doch als wir den NDB und das Verteidigungsdepartement dazu um Stellungnahme baten, kam zurück: »Kein Kommentar!« Bei Spionagefällen ist es in der Schweiz nicht unüblich, dass sich die zuständigen Behörden in Schweigen hüllen. Die chinesische Botschaft in Bern reagierte überhaupt nicht auf unsere Anfragen. Einzig die Kantonspolizei Bern bestätigte schriftlich, dass sie am 26. Juli 2023 einen Einsatz beim »Rössli« durchgeführt hatte – »im Zusammenhang mit Widerhandlungen gegen das Ausländer- und Integrationsgesetz und das Gastgewerbegesetz«. Es seien, schrieb sie, Personen »für weitere Abklärungen auf eine Polizeiwache gebracht« und »nach Abschluss der Abklärungen wieder entlassen« worden. Die Schweizer Behörden hatten die Wangs also gehen lassen.

Wir versuchten selbstverständlich auch, mit den Wangs in Kontakt zu treten. Die journalistische Sorgfaltspflicht gebietet es, dass Betroffene Stellung nehmen können zu Vorwürfen, über die berichtet werden soll. Doch wo war die Familie, falls es überhaupt eine Familie war? Alle Kontaktversuche scheiterten zunächst.

Einige Tage vor Weihnachten 2023 – es waren nur noch wenige Stunden bis zum anvisierten Publikationstermin unseres Artikels – bekamen wir dann aus dem Berner Oberland die Information, dass das »Rössli« zum Verkauf stand. Es gab vor Ort Leute aus dem Immobiliensektor, die mit den Wangs Kontakt hatten, und wir erfuhren, um wen es sich dabei handelte. Ich fuhr ein letztes Mal dorthin und konfrontierte diese Personen mit unseren Erkenntnissen und mit dem in unseren Augen plausiblen Spionageverdacht. Darunter war eine Juristin, die mit der chinesischen Familie über Jahre zu tun hatte. Sie nahm »die unbescholtenen Bürger« jedoch gleich »vor solchen diffamierenden Gerüchten« in Schutz. Das Ehepaar habe mit dem Kauf des »Rössli« seinem erwachsenen Sohn einen guten Start ins Berufsleben ermöglichen wollen. Nicht mehr, nicht weniger.

Bei dem Gespräch, das wir im Eingangsbereich einer Immobilienagentur im Berner Oberland führten, war auch der Partner der Juristin dabei. Er war der Makler, der das »Rössli« fünf Jahre zuvor an die Chinesen verkauft hatte und es nun für sie wiederverkaufen wollte (wie wir später erfuhren, für 1 590 000 Franken, also fast das Doppelte des ehemaligen Kaufpreises). Er beantwortete keine meiner Fragen nach den Umständen dieser Geschäfte, riet mir aber immer wieder, die Sache nicht publik zu machen. »Ich würde nichts schreiben«, sagte er wiederholt. Und: »Sie müssen aufpassen.« Als ich einwandte, dass Journalisten in der Schweiz nichts zu befürchten hätten, spielte er auf die Situation in Russland und den eingekerkerten Oppositionellen Alexei Nawalny an (der wenige Wochen später in einem sibirischen Straflager umkam). Der Partner der Juristin hatte auch ein Porträtfoto und eine Kurzbiografie von mir ausgedruckt – beides ist auf der Website meines Arbeitgebers Tamedia zu finden – und verkündete nun, dass er das weitergeben werde. An wen, wollte er nicht verraten. Am Ende mahnte er aber noch einmal: »Ich würde nichts schreiben.«

Wir nahmen einen letzten Anlauf, die Wangs zu erreichen, da wir nun auch deren Schweizer Handynummern hatten auftreiben können. Das Telefon der Mutter schien abgeschaltet zu sein. Doch bei David-Dawei war das Freizeichen zu hören. Und es nahm auch tatsächlich jemand ab. Ja, antwortete der Mann am anderen Ende, er sei Dawei Wang und derzeit in Peking. Das »Rössli« – es war seit der Razzia nicht wieder geöffnet worden – sei nicht etwa wegen eines Wasserschadens geschlossen, sondern wegen des Winters, da kämen zu wenige Gäste und die Heizkosten seien zu hoch. Warum die Familie das »Rössli« gekauft habe? Es sei eine Immobilieninvestition gewesen, ausserdem hätten er und seine Eltern in die Schweiz ziehen wollen, weil sie sich ein anderes Leben gewünscht hätten – und die Schweiz »ist ein schönes Land«.

Dawei Wang erzählte, dass sein Grossvater inzwischen verstorben sei und dass dieser als Diplomat vier Jahre lang in der Schweiz und auch in Deutschland stationiert gewesen sei. Wie er hiess, wollte er jedoch nicht verraten. Das könne er nicht, sagte er, wir sollten bei der Polizei nachfragen, dort habe er bereits Angaben zum Grossvater gemacht. Die Spionagevorwürfe bezeichnete er als reine »Fake News«. Sie seien ganz normale Leute und sässen ja schliesslich auch nicht im Gefängnis. Probleme mit der Schweizer Polizei habe es gegeben, ja, die

Bewilligung für den Betrieb und die Arbeitsbewilligung seien kontrolliert worden. Aber »auf den Sommer hin werden wir wieder öffnen«, versicherte er trotz Verkaufsabsichten, »auch das Restaurant«. Und dann beteuerte er ein letztes Mal: »Ich bin kein Spion.«

Drei Strafbefehle und ein Handelsabkommen

Kurz vor Heiligabend 2023 machten wir den bestrittenen Spionageverdacht publik. »Chinesen kaufen Hotel an Militärflugpiste Meiringen – dann schreitet die Polizei ein«, titelten wir und schrieben: »Der Deal der Familie Wang mit dem ›Rössli‹ sieht nach einer grossen Spionageaktion aus. Im Visier womöglich der US-Superjet F-35.« Weitere Medien zogen nach, die Sache machte weltweit Schlagzeilen. Das »Wall Street Journal« schickte sogar zwei Reporter los in die Alpen, um die Story nachzurecherchieren. Sie kamen zu den gleichen Erkenntnissen wie wir.

Nach unserer Enthüllung äusserte sich kein Schweizer Regierungsmitglied jemals öffentlich zu diesem Thema. Fragen nach dem »Rössli« und den Wangs wurden an Medienkonferenzen des Bundesrats mit »Kein Kommentar!« abgeklemmt. Juristisch wurde der Fall »Rössli« mit Strafbefehlen für die drei Familienmitglieder erledigt, die je knapp zwei Seiten umfassten. Die Wangs wurden von der Staatsanwaltschaft Berner Oberland wegen Widerhandlungen gegen das Ausländer- und das Gastgewerbegesetz bestraft: Der Sohn hatte sich der illegalen Einreise und illegalen Erwerbstätigkeit schuldig gemacht, insbesondere weil er im »Rössli« das Frühstücksbuffet angerichtet und Putzarbeiten ausgeführt hatte. Die Mutter, weil sie im »Rössli« ohne Bewilligung die Wäsche gemacht hatte, und der Vater, weil er dort Boden und Tische gewischt und die Pflanzen im Garten gegossen hatte. Dawei Wang, der zudem eine Aufforderung zur Ausreise missachtet hatte, bekam eine bedingte Geldstrafe von 80 Tagessätzen zu je 50 Franken. Seine Eltern kamen mit jeweils 50 Tagessätzen zu je 12 Franken davon.

Diese 4000 beziehungsweise 600 Franken müssen die Wangs allerdings nur bezahlen, wenn sie innerhalb einer Probezeit von zwei Jahren – also bis 2025 – in der Schweiz in ähnlicher Weise erneut straffällig werden. Dazu dürfte es kaum kommen, denn gegen Vater und Sohn wurde eine zweijährige Einreisesperre verfügt. Unbedingt entrichten mussten die Wangs lediglich Bussen in Höhe von insgesamt 1750 Franken und Gebühren für die Verfahren in Höhe von 1800 Franken.

Damit blieben vonseiten der Justizbehörden aber die zentralen Fragen ungeklärt: Waren die Wangs Schläfer oder nicht? War das Ganze eine chinesische Spionageoperation oder nur ein grosser Zufall? Interesse an einer weiteren Aufklärung schien niemand zu haben. Offensichtlich wollte die Eidgenossenschaft ihr Verhältnis zur Volksrepublik China nicht durch eine Geheimdienstaffäre belasten. Nur wenige Wochen nach Erlass der drei Strafbefehle gegen die Wangs verkündeten Viola Amherd, Schweizer Bundespräsidentin sowie Verteidigungsministerin, und der chinesische Ministerpräsident Li Qiang in Bern, das bilaterale Freihandelsabkommen ausweiten zu wollen.

Das »Rössli« ist bis heute geschlossen.

STATT EINES SCHLUSSWORTS

DOSSIERÜBERSICHT

Adieu Spionageparadies?

Lange hatten Agentinnen und Agenten in der Schweiz
kaum etwas zu befürchten. Doch plötzlich werden sie
in Parkhäusern und Restaurants überwacht.

Die Bilanz der spektakulärsten aufgeflogenen Schweizer Geheimdienstfälle der vergangenen Jahre ist ernüchternd. Zumindest aus schweizerischer Sicht. »Switzerland – zero points«, könnte man bösartig sagen.

Die beiden georgischen Agenten? Zwar in Zürich auf frischer Tat ertappt, aber auf Geheiss des Bundesrats laufen gelassen. Der mit Geheimdienstmethoden ausgetragene Steuerstreit mit Deutschland? Den hat die Schweiz verloren. Und die Türken, die auf dem Friedhof im Zürcher Oberland eine Entführung planten? Liess man ungeschoren davonkommen.

Und dann waren da auch noch die Weltmächte: Mit den Amerikanern, die über die Zuger Geheimdienstfabrik Crypto AG die halbe Welt ausspionierten, spannte die Schweiz lieber zusammen, als dass sie sie stoppte. Auf das russische Hackerduo und das Killerteam am Genfersee wurde die Schweizer Spionageabwehr erst aufmerksam, als sie das Land verlassen hatten. Und die chinesische Familie am Militärflugplatz Meiringen? Ob die Wangs das »Rössli« zum Wirten oder zum Spionieren gekauft hatten, fand man trotz starkem Verdacht letztlich nicht heraus.

Das Land der Geheimnisse

Und doch: »zero points«? Das wäre nicht fair. Immerhin hatte die Schweizer Cyberabwehr entscheidend dazu beigetragen, dass die weltweiten Operationen eines Hackerteams des russischen Militärgeheimdiensts unterbunden werden konnten. Auch hatte die schweizerische Spionageabwehr die türkischen Agenten vom Wetziker Friedhof unter Kontrolle: Sie hätte jederzeit einschreiten können, wenn der Geheimdienst der Türkei versucht hätte, seinen Kidnapping-Plan umzusetzen. Ausserdem ist anzunehmen, dass es in den vergangenen Jahren noch die eine oder andere erfolgreiche Schweizer Gegenoperation gab, die gar nie bekannt wurde.

Doch genau das ist ein Problem: Die eidgenössischen Sicherheitsbehörden reden zu wenig über ihre Aktivitäten. Deshalb braucht sich auch niemand zu wundern, wenn die Medien mehr über Pleiten, Pech und Pannen in der schweizerischen Spionage- oder Terrorabwehr berichten als über Erfolge, die es ja durchaus auch gibt. Ein Blick über die nördliche Landesgrenze zeigt, dass das nicht so sein muss: Wenn der deutsche Generalbundesanwalt einen Spion oder eine Spionin verhaftet (was alle paar Wochen oder Monate vorkommt), macht er das umgehend öffentlich. In den Medienmitteilungen stehen dann die wichtigsten Details zum Fall, inklusive Vorwurf und Nationalität der Erwischten, mit den Vornamen und abgekürzten Nachnamen.

In der Schweiz gibt es trotz den vergleichsweise wenigen nachrichtendienstlichen Strafverfahren nichts Derartiges. Die Bundesanwaltschaft in Bern hüllt sich in Schweigen. Sie ist der Ansicht, wie sie auf eine Medienanfrage hin schrieb, Spionage sei »per Definition ein Bereich, in dem es besonders wichtig ist, bestimmte Ermittlungen geheim halten zu können«. Sie beschränkt sich darauf, einen Fall zu bestätigen, wenn Journalistinnen und Journalisten selbst etwas in Erfahrung gebracht haben; doch manchmal tut die Bundesanwaltschaft nicht einmal dies. Stets halten die Verantwortlichen für die Spionageabwehr in der Schweiz Details zurück, die in Deutschland längst publik gemacht worden wären. Man äussere sich »weder zu Einzelfällen noch zu seinen operativen Tätigkeiten«, heisst es dann auch regelmässig vonseiten des NDB.

Die Schweiz ist also nicht nur, was den Finanzplatz betrifft, das Land der Geheimnisse. Im Sicherheitsbereich setzt sie sich nur widerwillig oder überhaupt nicht der öffentlichen Kontrolle aus, die eigentlich zu einer direkten Demokratie gehört. Damit verpasst das Land, so meine Überzeugung, eine grosse Chance. Denn wie lautet das oben auf ihrer Titelseite stehende und treffende Motto der »Washington Post«, also jener Zeitung, welche die Crypto-Affäre mit enthüllt hat? »Democracy Dies in Darkness« – Demokratie stirbt im Dunkeln.

Nun wird die Schweizer Demokratie natürlich nicht sterben, nur weil die Bundesanwaltschaft keine Medienmitteilungen zu Spionagefällen herausgibt. Aber grösstmögliche Offenheit in einem Bereich, in dem naturgemäss vieles geheim bleiben muss, trägt dazu bei, dass ein politisches System robust bleibt. Es ist eine effiziente Methode, um die Demokratie vor ihren Feinden zu schützen. Die Schweizer Bevölkerung hat den Sicherheitsbehörden in Volksabstimmungen in den vergangenen Jahren weitreichende Überwachungsmöglichkeiten an die Hand gegeben. Zum Schutz aller darf der NDB beispielsweise stark in die Privatsphäre vieler Menschen eingreifen. Wir Betroffenen haben das Recht, zu erfahren, wie das geschieht. Wenn die Behörden im Geheimbereich nicht grösstmögliche Transparenz schaffen, untergraben sie das Vertrauen, das wir in sie setzen.

Auch wirkt das – amtliche wie journalistische – Benennen von Tat und Täterschaft präventiv. Es kann abschrecken und Spionage unterbinden. Ein Beispiel dafür sind die Recherchen von Bellingcat und den Partnermedien zum russischen Militärgeheimdienst. Was klein anfing, führte zu vielen Enthüllungen und schliesslich zu einer medialen Massenenttarnung von GRU-Agenten, von denen einige der gefährlichsten auch in der Schweiz operiert hatten. Die Aufgeflogenen werden sich hüten, wieder einen Fuss in den Westen zu setzen.

Heikler Gleichklang

Wer in den vergangenen Jahren zum Spionieren in die Schweiz kam, konnte sicher sein: Im Gefängnis landete man dafür nicht, und falls doch, höchstens für ein paar Tage. Und vor Gericht musste man sich auch nicht verantworten. Der letzte ausländische Agent, der hier angeklagt und verurteilt wurde, war der in einem Keller in Liebefeld bei Bern in flagranti ertappte und recht spärlich bekleidete »Herr Mossad«. Das liegt mittlerweile rund ein Vierteljahrhundert zurück. Damals lud die Bundesanwaltschaft gleich zu zwei Medienkonferenzen – auch das hat es seither nicht mehr gegeben. Und genau aufgrund dieser Besonderheiten habe ich den Fall in dieses Buch mit aufgenommen.

In den 1990er-Jahren kam es noch ziemlich oft vor, dass die Schweiz einen Spion mit Diplomaten-Cover zur »persona non grata« erklärte, zur unerwünschten Person. Im neuen Jahrhundert ist kein Fall mehr bekannt geworden, in dem das geschehen wäre. Vielmehr schlich sich in der helvetischen Spionagebekämpfung in Bezug auf Massnahmen wie diplomatische

Noten oder die Einbestellung von Botschaftern ins Aussendepartement, auf strafrechtliche Verfolgung und die Kommunikation gegenüber der Öffentlichkeit eine grosse Passivität ein, ohne dass dies öffentlich diskutiert oder politisch transparent entschieden worden wäre.

Aufgrund der vielen internationalen Einrichtungen und anderen Faktoren wie der Neutralität und der starken Wirtschaft war die Schweiz für ausländische Agentinnen und Agenten schon zuvor sehr attraktiv. Durch die Passivität wurde sie aber erst so richtig zum Spionageparadies. Dafür verantwortlich ist die Schweizer Regierung. Der Bundesrat hat die Strafverfolgung mehrfach ausgebremst, hat aussenpolitisch auf entschiedenes Handeln verzichtet und mit den Medien und damit der Öffentlichkeit, wenn überhaupt, nur spärlich kommuniziert. Dabei agierte sie im Einklang mit der Bundesanwaltschaft, die in Nachrichtendienstverfahren – sofern es nicht um Bankdatendiebe ging – ebenfalls einen sehr zurückhaltenden Kurs fuhr. Auch andere Staaten schauen bei Spionage gern mal weg. Kaum ein Land hat dies im 21. Jahrhundert aber so konsequent getan wie die Schweiz.

Ein Ding der Unmöglichkeit

Doch es ist auch ein bisschen Bewegung in die Spionageabwehr gekommen. Ein Hauptgrund: Als 2018 bekannt wurde, dass russische Militäragenten die Genfersee-Region vor dem Skripal-Attentat als Operationsbasis genutzt hatten, war das für die schweizerischen Sicherheitsbehörden ein Schock. Der NDB begann im Jahr darauf, die neuen Überwachungsmassnahmen, vom Volk zuvor an der Urne genehmigt, verstärkt zur Spionagebekämpfung zu nutzen. Die Möglichkeiten, die es so für den

Schweizer Geheimdienst lange nicht gegeben hatte, wurden nun häufig angewandt: Telefone wurden abgehört, Peilsender an Fahrzeuge angebracht, Räume und Autos durchsucht oder verwanzt oder Computer gehackt. Allein 2019 genehmigte das Bundesverwaltungsgericht zur Spionageabwehr hundertsiebzig solche Einzelmassnahmen. Der NDB lancierte in jenem Jahr gleich vier Gegenoperationen (davor waren es eine oder zwei jährlich), behielt aber für sich, gegen wen sich diese Operationen richteten.

Anfang 2022 gab es dann einen zweiten, diesmal globalen Schock. Mit dem russischen Überfall auf die Ukraine veränderte sich die geopolitische Lage eklatant. Auch gegenüber Westeuropa und der Schweiz agierte Russland nun noch aggressiver als zuvor schon. Was tun?

Nachrichtendienstlich waren die Möglichkeiten nach wie vor eingeschränkt, trotz NDB-Ausbau und vermehrter Überwachungstätigkeit. Das numerische Missverhältnis bestand weiterhin: Höchstens sechzig Fachleute kümmern sich in der Schweiz aktuell um die Spionageabwehr. Sie sollen hunderte ausländische Spioninnen und Spione im Auge behalten. Das ist unmöglich.

Deshalb waren die Kräfte schon immer stark auf Russland und auf das ebenfalls sehr aktive China ausgerichtet gewesen. Doch nun führte die viel beschworene »Zeitenwende« dazu, dass man sich beim NDB vollends auf die Agentinnen und Agenten der beiden Länder in der Schweiz zu konzentrieren begann. Der entsprechende Entscheid der Geheimdienstführung bedeutete aber auch: Um Spionage weiterer Staaten kann man sich kaum mehr kümmern.

Die Fokussierung zeigt Resultate: Die Schweizer Spionageabwehr war gleich in zwei Fällen erfolgreich, die wir im Sommer 2024 im »Tages-Anzeiger« enthüllen konnten. Im einen war in Bern Igor Sergejewitsch Skrjabin, ein russischer Militäragent, aufgeflogen. Diesen Fall kann ich nach unseren zusätzlichen Recherchen hier nun ausführlich darstellen.

Dieser Skrjabin, ein fünfunddreissigjähriger Russe, war als Diplomat in Bern akkreditiert. Der Absolvent einer Militärakademie in Nowosibirsk gab vor, in der Handelsvertretung der Russischen Föderation zu arbeiten. In Tat und Wahrheit gehörte der Offizier dem Militärgeheimdienst GRU an – und die Handelsvertretung in der Nähe des Bahnhofs war der inoffizielle GRU-Sitz in Bern. An dem herrschaftlichen Reihenhaus sind die Fensterstoren stets geschlossen, an den Nachbarhäusern hängen demonstrativ Ukraine- und Friedensflaggen. Von hier und von seiner Blockwohnung im Vorort Muri aus operierte Skrjabin.

Als GRU-Offizier war er darin geschult, zu erkennen, wenn ihn jemand verfolgte, und ihn abzuschütteln. Um ihn über Monate zu observieren, brauchte es also Dutzende ebenfalls bestens geschulte Personen. Der NDB tat dies über einen längeren Zeitraum und konnte dabei auf die Unterstützung von Spezialeinheiten mehrerer Kantonspolizeikorps zählen. Und so beobachtete die Schweizer Spionageabwehr im Herbst 2023, wie Igor Sergejewitsch Skrjabin sich wiederholt mit einem Berner Waffenhändler traf, und zwar im Parkhaus eines Einkaufszentrums in der Nähe der Bundesstadt. Dort übergab der Waffenhändler Skrjabin diverse Kisten, die dieser in seinem Dienst-Volvo in die Handelsvertretung brachte. Wie sich herausstellte, enthielten die Kisten Präzisionsmunition des Typs »Swiss P Tactical«.

Die Herstellerin, die Swiss P Defence AG in Thun, ist eine ehemalige Tochterfirma des staatlichen Schweizer Rüstungskonzerns Ruag. Auf ihrer Website lobt sie ihr Produkt in den höchsten Tönen: Mit der grosskalibrigen Munition könne man Ziele hinter einem Fenster oder einer Windschutzscheibe präzise treffen, »ohne dass das Risiko einer unvorhersagbaren Ablenkung besteht«. Das sei auch bei Scheiben möglich, die nicht gerade seien, also beispielsweise gewölbt oder angekippt. Weiter heisst auf der Firmen-Website: »Herkömmliche Patronen zerbrechen oder zersplittern beim Durchdringen von Glas, was ein präzises Schiessen unmöglich macht.« Von dem Patronenmodell, das sich der GRU-Agent von dem Berner Waffenhändler beschaffen liess, blieben jedoch »mindestens 90 Prozent des Restkörpers intakt«.

Die Präzisionsmunition eignet sich also bestens für Attentate auf Fahrzeuge und Ziele hinter Gebäudefenstern und Glastüren. Russlands Militärgeheimdienst könnte sie in Europa oder in der Ukraine einsetzen; und er könnte das hoch entwickelte Schweizer Produkt nachbauen lassen. Denn nach Russland darf es nicht exportiert werden, da es sich um Kriegsmaterial handelt.

Der überstimmte Bundesrat

Kurz bevor der Berner Munitionsdeal stattfand, hatte sich die Aussenpolitische Kommission des Nationalrats mit der Frage beschäftigt, wie sich die Schweiz gegenüber den vielen Agentinnen und Agenten im Land verhalten solle. Von einer Kommissionssitzung im September 2023 blieb vielen Teilnehmerinnen und Teilnehmern vor allem in Erinnerung, wie ein leitender NDB-Beamter einem Bundesrat ungewohnt heftig widersprochen hatte. Es ging dabei um eine Motion des Zürcher SP-Nationalrats Fabian Molina, der die »systematische Ausweisung russischer und anderer ausländischer Spione« forderte. Anwesend war auch Aussenminister Ignazio Cassis. Der Bundesrat erklärte, er befürworte die seit langem bewährte Praxis, im Fall von Diplomaten, die der Spionage verdächtigt würden, mit grosser Zurückhaltung vorzugehen. Es entspreche nicht der schweizerischen Tradition, sagte er, solche Personen systematisch auszuweisen. Kaum hatte Cassis geendet, wies der NDB-Mann sinngemäss darauf hin, dass die Schweiz in Europa die meisten russischen Agenten beherberge und dass dies durchaus eine Gefahr sei. Die klaren Worte wirkten wie eine Blossstellung Cassis'.

Was die Zahlen anbetrifft, hatte der Nachrichtendienstler recht. Es gab eine Entwicklung, welche die Schweiz für die russischen Geheimdienste noch wichtiger machte, als sie es bereits gewesen war. Andere europäische Länder hatten nach dem Überfall auf die Ukraine über sechshundert spionageverdächtige russische Diplomaten ausgewiesen. Selbst das lange Russlandfreundliche Österreich schickte zehn zurück nach Moskau und gab dies auch öffentlich bekannt. Die Schweiz verzichtete auf solche Schritte. Sie stellte nur sicher, dass andernorts weggewiesene russische Agenten nicht in der Schweiz stationiert werden durften. Weit über dreihundert Russinnen und Russen wurden mit entsprechenden Einreiseverboten belegt. Mehr war nicht drin. Denn im Aussendepartement herrschte die Meinung vor, die ein Schweizer Diplomat so auf den Punkt brachte: Man könne »nicht jeden abweisen, sonst schlägt Russland zurück, und als kleines Land hast du dann bald keine Botschaft mehr in Moskau«.

Schliesslich unterstützte aber auch der Bundesrat – trotz dem anfänglichen Widerstand von Aussenminister Cassis – die Motion Molina. Würde man das nicht tun, erklärte Verteidigungsministerin Viola Amherd später vor dem Parlament, berge dies das Risiko, noch mehr Spionageaktivitäten anzuziehen. National- wie Ständerat nahmen die Motion an.

Ein Deal zu viel

Während die Beratungen im Bundeshaus noch liefen, reiste Igor Sergejewitsch Skrjabin immer wieder in die Nordwestschweiz zu konspirativen Treffen. Im Parkhaus eines Baumarkts im Raum Basel traf er einen Angestellten eines lokal ansässigen Labortechnik-Handelsunternehmens. Die Geräte, die diese Firma verkauft, können bei der Herstellung biologischer und chemischer Kampfstoffe nützlich sein. Deshalb unterliegen sie einer strengen Ausfuhrkontrolle und dürfen nicht nach Russland exportiert werden.

Einmal mehr beobachtete der NDB mit den Polizeikräften vor Ort, wie Kisten und Kartons aus dem Wagen des Labortechnik-Verkäufers in den des russischen Agenten umgeladen wurden. Skrjabin steckte dem Verkäufer Banknoten zu. Das alles wurde von der Spionageabwehr verfolgt und dokumentiert. Damit hatte der Schweizer Geheimdienst handfeste Beweise: Der GRU-Agent beschaffte nicht nur Präzisionsmunition, die für Attentate verwendet werden konnte, sondern auch potenziell gefährliche Labortechnik. Das war endgültig genug.

Der NDB schaltete die Bundesanwaltschaft ein. Nils Eckmann, neuer Leiter der Staatsschutzabteilung, übernahm. Er eröffnete gleich zwei Verfahren: eines wegen des Berner Munitionsdeals, eines wegen der Nordwestschweizer Labortechnik. Im Frühjahr 2024 schlugen die Strafverfolger dann zu: Bundesanwaltschaft, Bundeskriminalpolizei und kantonale Polizeikorps führten in mehreren Kantonen Hausdurchsuchungen durch. Von der Razzia betroffen waren das Geschäft und der Wohnsitz des Berner Waffenhändlers und wohl auch die entsprechenden Räume des Labortechnik-Verkäufers.

Die Handelsvertretung der Russischen Föderation durfte nicht durchsucht werden. Dies ist bei diplomatisch genutzten Gebäuden ausgeschlossen. Auch eine Verhaftung Skrjabins war wegen dessen Immunität nicht möglich. Man konnte den Agenten unter Handelsdiplomaten-Cover höchstens zur unerwünschten Person erklären. Doch die Schweiz wählte die etwas sanftere Variante: Das Schweizer Aussendepartement verlangte von Russland, dass es Skrjabin abzog, woraufhin der GRU-Offizier Bern Richtung Moskau verliess.

Nachdem der Russe weg war, beantragte die Bundesanwaltschaft beim Bundesrat zwei Genehmigungen: Sie ersuchte das Aussendepartement um die Aufhebung des Schutzes für den abgezogenen Agenten. Und sie beantragte beim Justizdepartement nachträglich die Ermächtigungen zur Führung der beiden Strafverfahren wegen des Munitions- und des Labortechnik-Deals. Bislang waren in diesen Fällen formell erst sogenannte sichernde Massnahmen wie etwa die Hausdurchsuchungen durchgeführt worden, wovon bislang nur der Berner Waffenhändler und der Nordwestschweizer Labortechnik-Verkäufer direkt betroffen waren, nicht jedoch Skrjabin.

Jetzt stellte sich die grosse Frage: Riskiert der Bundesrat den Zorn Moskaus? Oder schützt er den Militärspion und damit vermutlich auch die zwei mutmasslichen Mittäter vor Strafverfolgung und allfälliger Strafe?

Das Justizdepartement, seit Januar 2024 unter Beat Jans, entschied nach Rücksprache mit dem Aussendepartement von Ignazio Cassis nun tatsächlich, die Ermächtigung zu erteilen. Das Aussendepartement teilte der Bundesanwaltschaft gleich auch noch mit, dass die Immunität Skrjabins mit seiner Abreise erloschen sei – zumindest für Handlungen, die nicht Teil klassischer diplomatischer Tätigkeit bildeten, denn normalerweise beschaffen Diplomaten keine Präzisionsmunition oder Labortechnik.

Staatsanwalt Eckmann konnte also seine zwei Strafverfahren gegen den Waffenhändler und den Labortechnik-Verkäufer definitiv führen und auf den GRU-Offizier ausdehnen. Natürlich wusste Eckmann, dass er Skrjabin nie in die Finger bekommen würde, trotzdem schrieb er ihn in der Schweiz zur Verhaftung aus.

Mit all den Schritten – von der Ermächtigung bis zur Ausschreibung – zeigten die Schweizer Strafverfolgung und auch der Bundesrat, dass sie neuerdings gewillt sind, zumindest etwas härter gegen ausländische Agentinnen und Agenten vorzugehen. Wie sich der GRU-Agent Skrjabin selbst zu den Vorwürfen stellt, konnten wir indes nicht in Erfahrung bringen. Als wir den Fall im Juni 2024 publik machten, liess die russische Botschaft in Bern verlauten, dass niemand aus der Schweiz ausgewiesen worden sei (was korrekt ist, denn Skrjabin war ja »nur« zum Gehen aufgefordert worden). Es befänden sich derzeit nur einige Mitarbeiter in den Sommerferien.

Sollte Iwan Sergejewitsch Skrjabin aus den »Sommerferien« zurückkehren, wird er in der Schweiz aber wohl umgehend verhaftet.

Der verschwundene Nordkorea-Kenner

Und dann konnten wir kurz vor Fertigstellung dieses Buches noch einen weiteren Fall enthüllen, der ebenfalls das energischere Handeln der Schweiz dokumentiert: Ein in Genf lebender Kanadier – wir gaben ihm aus Gründen des Persönlichkeitsschutzes den Namen Peter Bruce – war im Frühling 2024 plötzlich von der Bildfläche verschwunden. Freunde begannen, sich

Sorgen zu machen. Der stets gesprächige und umtriebige Mann meldete sich einfach nicht mehr bei ihnen. Funkstille im Gruppenchat, unbeantwortete E-Mails, kein Lebenszeichen. Der knapp Sechzigjährige hatte früher für die UNO gearbeitet, inzwischen war er als selbständiger Umweltberater tätig und oft in Fernost unterwegs. In Genf fiel sein Verschwinden auch einigen Diplomatinnen und Diplomaten auf. Insbesondere pflegte Bruce freundschaftliche Kontakte zu Vertretern aus Nordkorea; er lud sie gern auch mal zu sich nach Hause zum Essen und Cognactrinken ein. Selbst der nordkoreanische Botschafter in Bern gehörte zum Bekanntenkreis des Kanadiers – ein kostbarer Kontakt, der Bruce zu einem privilegierten Beobachter dieses abgeschotteten Landes machte.

Peter Bruce war aber keineswegs verschwunden. Er sass, was kaum jemand wusste, im Gefängnis. Die Bundesanwaltschaft verdächtigte ihn der Spionage für einen ausländischen Staat – wahrscheinlich für China, mit dessen Geheimdienst Bruce nachweislich Kontakte pflegte.

Alles hatte auch hier mit einer Überwachungsoperation der Schweizer Spionageabwehr begonnen und zudem – was ganz selten ist – mit einer nachrichtendienstlich aktiven Frau. Die jüngere helvetische Spionagegeschichte ist sehr männerlastig (und damit auch dieses Buch). Für viele Geheimdienste arbeiten eben noch immer vorwiegend Männer. Die GRU schickte beispielsweise in jüngerer Zeit ausschliesslich Agenten an den Genfersee. Und die Schweizer Nachrichtendienste wurden noch nie von einer Frau geführt.

Nun aber hatte der NDB eine in Genf akkreditierte Diplomatin als Agentin des militärischen Nachrichtendiensts Chinas identifiziert. Er begann, die Chinesin zu überwachen. Und beobachtete bald schon, dass sie sich mit Peter Bruce in diversen

Genfer Restaurants traf. Die beiden verhielten sich auffallend konspirativ. Sie tuschelten miteinander und achteten darauf, die Lokale jeweils nicht gemeinsam zu verlassen. Offenbar wollten sie nicht zusammen gesehen werden.

Trotzdem gelang es der Schweizer Spionageabwehr, einige Gesprächsfetzen aufzufangen. Darin ging es unter anderem um nordkoreanische Diplomaten, die in der Schweiz stationiert waren. Bei einem der Treffen beobachtete der NDB auch, dass Bruce einen Zettel unterschrieb und im Gegenzug von der chinesischen Agentin einen Briefumschlag erhielt, den er sofort in seiner Jackentasche verschwinden liess. Der Verdacht lag nahe, dass es sich um eine Zahlung an Bruce und die dazugehörige Quittung handelte. Geld hatte Bruce offenbar nötig. Nach Auskunft von Freunden hatte er sich auch schon über die hohen Lebenshaltungskosten in Genf und seine geringen Einkünfte als Umweltberater beklagt.

Im August 2024 enthüllten wir den Fall, zusammen mit dem deutschen Nachrichtenmagazin »Der Spiegel« und dem auf Nordkorea spezialisierten Onlineportal »NK News«. Peter Bruce war bereits am 14. März 2024 festgenommen worden. Der Verdacht lautet auf: politischer, wirtschaftlicher und militärischer Nachrichtendienst. Auch in diesem Fall haben wir bislang nicht in Erfahrung bringen können, wie Bruce selbst sich zu den Vorwürfen stellt. Seine Anwältin wollte sich nicht öffentlich dazu äussern. Seine Familie scheint von seiner Unschuld überzeugt zu sein. Ob an den Anschuldigungen etwas dran ist, muss das weitere Strafverfahren zeigen. Die chinesische Agentin, die mit Bruce in Genfer Restaurants tuschelte, hat die Schweiz bereits vor einiger Zeit verlassen.

Igor Sergejewitsch Skrjabins und Peter Bruce' Fälle unterscheiden sich in einem wesentlichen Punkt von fast allen anderen in diesem Buch geschilderten. Beide sind weder durch einen Tipp von ausländischen Sicherheitsbehörden noch durch journalistische Recherchen aufgeflogen, auch spielte hier weder Kommissar Zufall noch ein besonders dilettantisches Vorgehen der Ertappten eine Rolle. Grund für die Enttarnung war vielmehr die Entscheidung der Schweizer Spionageabwehr, die Aktivitäten des russischen und des chinesischen Militärgeheimdiensts genauer unter die Lupe zu nehmen und einzelne auffällige Angehörige zu observieren.

Vieles deutet darauf hin, dass die Schweiz nun energischer und gezielter gegen fremde Geheimdienste vorgeht. Sind die ausländischen Agentinnen und Agenten womöglich gerade dabei, ihr Spionageparadies zu verlieren? Ein schöner Gedanke.

Dank

Dieses Buch gäbe es nicht ohne dreifache Unterstützung: von Informantinnen und Informanten, von Kolleginnen und Kollegen und von meinen Liebsten.

Entscheidend zum Inhalt beigetragen haben sogenannte Quellen, denen ich zuerst danken möchte. Nur einzelne dieser Menschen waren berechtigt, preiszugeben, was sie preisgaben. Viele der Informantinnen und Informanten riskieren ihre berufliche Stellung und ihren guten Ruf, damit auch über Spionage und Spionageabwehr, einen der sensibelsten Bereiche des Staatswesens, berichtet werden kann, wenn es geboten ist. Männer und Frauen, die in autoritären Staaten leben, setzen sogar ihr Leben oder ihre Freiheit aufs Spiel, damit Machenschaften von Geheimdiensten öffentlich werden. Vor diesen mutigen Menschen habe ich grössten Respekt.

Namentlich danken kann ich aber meinen Kolleginnen und Kollegen. Mit vielen von ihnen arbeite ich seit Jahren beim »Tages-Anzeiger«, für die »SonntagsZeitung« und die anderen Tamedia-Titel zusammen. Kennen und schätzen lernen durfte ich in dieser Zeit zudem viele hervorragende Rechercheurinnen und Rechercheure von unseren internationalen Partnermedien und auch von unserer Konkurrenz. Mit all diesen Journalistinnen und Journalisten verbinden mich gemeinsame Recherchen oder ein Austausch über Geheimdienste (und andere Themen) – einige sind mir sogar zu guten Freundinnen und Freunden geworden: Sylvain Besson · Jan Bolliger · Catherine Boss ·

Dominique Botti · Christian Brönnimann · Joep Dohmen · Fabian Eberhard · Dominique Eigenmann · Leo Eiholzer · Fiona Endres · Florian Flade · Daniel Foppa · Beni Gafner · Roland Gamp · Christoph Giesen · Daniel Glaus · Christo Grozev · Aviva Guttmann · Markus Häfliger · Lena Kampf · Christoph Lenz · Hans Leyendecker · Georg Mascolo · Frederik Obermaier · Bastian Obermayer · Bernhard Odehnal · Kurt Pelda · Anielle Peterhans · Titus Plattner · Mario Poletti · Simone Rau · Philippe Reichen · Fabian Renz · Enver Robelli · Erich Schmidt-Eenboom · Oliver Schröm · Mario Stäuble · Silvia Stöber · Martin Stoll · Res Strehle · Charlotte Walser · Oliver Zihlmann.

Mit den meisten der Erwähnten habe ich in den vergangenen Jahren gemeinsam zum Thema Nachrichtendienst publiziert. Viele Erkenntnisse, die wir zusammen gewonnen haben, sind in dieses Buch eingeflossen, ohne dass ich dies jeweils speziell erwähnt hätte. Vereinzelt habe ich, mit freundlicher Genehmigung von »Tages-Anzeiger« und Tamedia, sogar kurze Textstellen aus früheren Zeitungsberichten übernommen. Wertvolle Grundlage beim Schreiben waren auch Beiträge anderer Schweizer Medien wie SRF, der »Neuen Zürcher Zeitung« und der »NZZ am Sonntag«, der »Republik«, der WOZ, von »Blick«, »Sonntags-Blick« und CH Media, aber auch von internationalen Titeln wie »Der Spiegel«, »Süddeutsche Zeitung«, »The New York Times«, »The Wall Street Journal«, »The Washington Post«, dem Recherchenetzwerk Bellingcat und »The Insider«.

Besonders zu diesem Buch beigetragen haben Bernhard Odehnal als kritischer Erstleser und Matthias Seemann, der mit seiner juristischen Expertise Gold wert war. Sehr geschätzt habe ich das hochprofessionelle Lektorat von Brigitte Matern und den ansteckenden Elan von Wörterseh-Verlegerin Gaby Baumann-von Arx und ihrem Team.

Unterstützt und gefördert haben das Projekt von Anfang an vonseiten des »Tages-Anzeigers« und Tamedia: Bundeshaus-Chefin Larissa Rhyn, Schweiz-Ressortleiter Mario Stäuble, Chefredaktorin Raphaela Birrer und Verleger Pietro Supino. Eine besondere Freude war es, mit Mirja Gabathuler und Philipp Loser und dem »Tages-Anzeiger«-Podcastteam die Serie »Unter uns – Spione in der Schweiz« zu gestalten. Die Folgen werden parallel zum Erscheinen des Buchs ausgestrahlt. Sie ist bei allen führenden Podcast-Anbietern abrufbar.

Der grösste Dank gebührt meiner Familie. Sie war und ist meine Stütze, die ich für dieses Buch oft in Anspruch nehmen durfte. Schön ist es auch, dass meine Liebsten mir zeigen, dass die Welt nicht nur aus Spioninnen und Spionen besteht. Zum Glück.

Thomas Knellwolf, im September 2024

Unsere Bücher finden Sie überall dort,
wo es gute Bücher gibt, und unter
www.woerterseh.ch

Max Göldi

Gaddafis Rache

Aus dem Tagebuch einer Geisel

624 Seiten
Gebunden, mit Schutzumschlag
13,5 × 21,2 cm

Print ISBN 978-3-03763-103-4
E-Book ISBN 978-3-03763-761-6
www.woerterseh.ch

2008 wurde Hannibal Gaddafi, Sohn des damaligen libyschen Diktators Muammar Gaddafi, in Genf vorübergehend inhaftiert. Der Vorwurf: Er und seine Frau hätten Bedienstete misshandelt. Der Gaddafi-Clan sah seine Familienehre beschmutzt und begann einen unerbittlichen Rachefeldzug gegen die Schweizer Regierung. Um ihr Zugeständnisse abzupressen, nahm das libysche Regime den Schweizer Max Göldi und den schweizerisch-tunesischen Doppelbürger Rachid Hamdani in Haft. Nun erzählt Göldi von den schwierigen, nervenraubenden und völlig absurden Irrungen und Wirrungen, die sein Leben zur Hölle machten.

»Die Geiselnahme von Max Göldi und Rachid Hamdani war für die offizielle Schweiz, vor allem aber natürlich für die Angehörigen und die beiden Herren selbst, absolut zermürbend. Jetzt, fast ein Jahrzehnt später die Aufzeichnungen von Max Göldi zu lesen, ist für mich nicht nur äusserst beeindruckend, sondern auch spannend und in vielerlei Hinsicht erhellend. Sein Buch ist mehr als die Aufarbeitung der Libyen-Krise, es ist die Geschichte eines Menschen, der sich standhaft weigerte, zum Opfer zu werden.«

Hans-Rudolf Merz, Alt-Bundesrat